中国道路的世界历史逻辑

吴迪明 著

The 'World History' logic of China's Road

红旗出版社

图书在版编目（CIP）数据

中国道路的世界历史逻辑 / 吴迪明著. —北京：
红旗出版社，2023.1
ISBN 978-7-5051-5004-1

Ⅰ.①中… Ⅱ.①吴… Ⅲ.①中国特色社会主义—社会主义建设模式—研究②马克思主义—世界史—史学理论—研究 Ⅳ.①D616②A811.692

中国版本图书馆CIP数据核字（2019）第247683号

书　　名	中国道路的世界历史逻辑	
著　　者	吴迪明	
出 品 人	唐中祥　　　　责任编辑　毛传兵	
总 监 制	褚定华　　　　选题策划　刘险涛	
封面设计	文人雅士	
出版发行	红旗出版社　　地　　址　北京市沙滩北街2号	
邮政编码	100727　　　　编 辑 部　010-57274526	
发 行 部	010-57270296	
印　　刷	廊坊市海涛印刷有限公司	
开　　本	710毫米×1000毫米　1/16	
字　　数	237千字　　　　印　　张　15	
版　　次	2020年1月北京第1版　版　　次　2023年1月廊坊第2次印刷	
ISBN 978-7-5051-5004-1　　　　定　　价　60.00元		

欢迎品牌畅销图书项目合作　　联系电话：010-57274627
凡购本书，如有缺页、倒页、脱页，本社发行部负责调换

序

我觉得，衡量一本书的价值高低，在于它是不是能给予人们以理论武器、善事工具、思维启迪，或回答解决实践中的问题，或指明前景开辟未来。

多年来，不少人在思考：为什么一个曾经在经济和科技上并不落后，甚至在世界一度领先的国家，进入近代以来其综合国力却一落千丈？为什么工业革命没有从中国开始，而资本主义作为一种社会制度也没有在当时比较发达的中国诞生？我们从理论与实践上到底怎样认识和处理中国共产党的最高纲领与最低纲领的关系，共产主义、社会主义及社会主义初级阶段的关系？中国共产党带领中国人民取得的新民主主义革命、社会主义革命胜利，并开创中国特色社会主义道路，是世界范围内的"普遍"还是"意外"？在实现中国梦的征程中，我们能驾驭"资本逻辑"并超越"资本逻辑"吗？中国道路是一条什么样的道路，使这样一个大国在短时间内完成了从传统社会向现代社会的转变，用几十年时间走过了一些国家一百年或几百年走过的路？

吴迪明同志《中国道路的世界历史逻辑》这本学术专著问世，系统、深刻、明了地探究并论述了这些人们所思所想所关心的问题，为我们展现了一个分析研究中国道路的理论视角——马克思主义世界历史理论；提供了一个分析研究中国道路的逻辑视角——马克思主义世界历史逻辑。

在这本书中，作者将马克思世界历史理论与中国道路紧密联系，视为一体，用马克思世界历史理论分析中国道路，用中国道路验证马克思世界历史理论。一方面为中国道路的成功开辟、不断丰富与发展，提供了相关的理论支撑；另一方面，为走好中国道路、实现中华民族伟大复兴，提供了相关的理论依据。

从这本学术专著中我们可以看出，马克思世界历史理论所阐明的世界历史发展阶段理论，即从历史向世界历史转变以来，由资本主义世界历史向共产主义（社会主义）世界历史转变的一般规律，为中国特色社会主义道路指明了方向，这就是科学社会主义的方向；马克思世界历史理论所揭示的世界历史发展不平衡规律——在资本主义世界历史中，存在世界历史的主导国（中心国家）与非主导国（边缘国家）之间不平衡的世界体系，为中国特色社会主义利用"资本逻辑"发展自己，走中国特色社会主义道路，提高自身在资本主义世界历史中的主导权和话语权，提供了理论支撑；马克思世界历史理论所表现出的超越民族狭隘性与地域局限性的"世界历史眼光"，为中国特色社会主义道路在发展过程中，正确处理"一般与特殊""民族与世界"的关系，正确认识社会主义是"世界历史性事业"、中国特色社会主义具有"民族性时代性"，提供了辩证思维与历史逻辑思维。

从这本学术专著中我们可以知道，中国道路的世界历史逻辑主要表现在，一是超越"现代性"，这是中国式现代化的战略指导。中国道路生成发展的主题，是顺应世界历史发展趋势，在超越资本主义现代性的基础上，探索实现中国式社会主义的现代化，最终实现人的解放、自由和全面发展。二是超越"资本逻辑"，这是中国道路的现实选择。中国道路处于资本主义占主导地位的世界历史中，超越"资本逻辑"，就需要资本要素的力量为生产力实现向更高层次跃进服务，同时又要尽最大可能限制资本的消极作用，防止"资本逻辑"带来的负面后果。三是超越"民族性"，这是中国道路的世界意义。一方面，中国道路的发展把握了世界历史的潮流，在顺应和影响世界历史的趋势中使中华民族重返世界民族之林，获得民族的认可；另一方面，中国道路以其独树一帜的发展理念和发展模式，阐释了"越是民族的就越是世界的"，其价值意义超越了民族性，获得了世界性价值与意义。

非常高兴的是，我的同事吴迪明同志，多年深耕书海、问计实践、寒暑拼搏，又有了令人羡慕的成果。在恭贺这部学术专著即将付梓之时，我有幸先睹为快，方得以上的了解和感受，是以为序。

李 铁 民

2019年05月于南京半山园

目录 contents

第一章 世界历史理论与中国道路 ……001

第一节 世界历史理论透视中国道路之缘起 ……002
第二节 世界历史理论与中国道路研究现状 ……006
一、马克思世界历史理论研究 ……006
二、中国道路研究 ……012
第三节 世界历史理论与中国道路相关概念厘定 ……018
一、世界历史的概念 ……018
二、中国道路概念、起源与起点 ……021
三、中国道路、中国模式、中国方案概念辨析 ……025
第四节 理解本书的思路、方法与钥匙 ……027

第二章 马克思世界历史理论源流探析 ……030

第一节 马克思世界历史理论的形成与内涵 ……030
一、马克思世界历史理论的来源及形成 ……030
二、马克思世界历史理论的科学内涵 ……036

第二节　马克思世界历史理论的主要内容……………………039
　　一、历史向世界历史的转变…………………………………039
　　二、世界历史发展的矛盾过程………………………………046
　　三、世界历史的发展趋势和人的解放………………………051
　　四、世界历史语境中的"跨越"问题………………………054

第三节　马克思世界历史理论与现代性、全球化的理论辨析……058
　　一、马克思世界历史理论与现代性理论……………………059
　　二、马克思世界历史理论与全球化理论……………………064

第四节　马克思世界历史理论视域下的中国个案………………070
　　一、中国道路研究的理论框架和分析方法…………………070
　　二、中国道路生成发展的"三个时代课题"………………072

第三章　超越"现代性"：中国道路的世界历史脉络………075

第一节　中国道路的由来：近代以来被迫卷入世界历史，革命化
　　　　 与现代化的曲折历程…………………………………076
　　一、鸦片战争与中国变革中心轴的转移……………………077
　　二、资产阶级对器物、制度现代化的初步尝试……………082
　　三、中国共产党对新民主主义道路的独特探索……………087
　　四、20世纪上半叶中国经济依附性增长的趋势与反思……092

第二节　中国道路的奠基：新中国被迫"一边倒"进入世界历史
　　　　 与社会主义现代化的艰辛探索…………………………096
　　一、探寻现代化的三种模式与新中国成立前道路的争论…097
　　二、进入社会主义阵营的必然性与受苏联模式的影响……098
　　三、从全面仿效苏联到以苏联为借鉴的道路探索…………101
　　四、对现代化认识的误区及社会主义建设的挫折…………106

五、改革开放前"30年"的宝贵财富 …………………………… 108
　第三节　中国道路的开辟：改革开放自觉融入世界历史
　　　　　与"中国式现代化"的发展 ……………………………… 111
　　一、改革开放与"建设有中国特色的社会主义道路"
　　　　的初步探索 …………………………………………………… 112
　　二、建立社会主义市场经济与中国特色社会主义道路的全面探索 …… 118
　　三、全面深化改革与中国特色社会主义进入新时代 ……………… 123

第四章　超越"资本逻辑"：中国道路的世界历史解读 …………… 129

　第一节　中国特色社会主义道路的世界历史定位 …………………… 130
　　一、资本主义占统治地位的世界历史是中国道路发展的空间性场域 … 131
　　二、"资本逻辑"是中国道路通向更高社会形态的历时性阶段 …… 136
　　三、世界历史视角下中国特色社会主义的本质特征 ………………… 140
　第二节　把握世界历史发展的静态趋势，驾驭"资本逻辑" ………… 145
　　一、建立与完善社会主义市场经济体制 …………………………… 146
　　二、有效限制"资本"与"市场"的消极作用 …………………… 151
　　三、转化资本主义制度所创造的一切积极成果 …………………… 155
　　四、顺应和影响世界历史趋势，实施开放战略 …………………… 158
　第三节　把握世界历史发展的动态趋势，超越"资本逻辑" ………… 161
　　一、"资本逻辑"给中国带来的正反两方面影响 ………………… 162
　　二、超越"资本逻辑"是中国特色社会主义的价值目标 ………… 165
　　三、中国特色社会主义要为实现人的全面发展创造条件 ………… 168

第五章　超越"民族性"：中国道路的世界历史意义 ……………… 173

　第一节　以中国特色彰显人类文明发展的多样性 …………………… 174

一、创造现代化发展奇迹，使中华民族重回世界民族之林……………175
二、突破"西方模式"，为他国实现现代化提供"中国方案"………179
三、展现文化自信，使中华文明焕发出新的蓬勃生机………………183

第二节 以全面深化改革开创科学社会主义发展新纪元……………188
一、有效回应当今世界两大挑战，引领科学社会主义走出低谷……188
二、正确处理与资本主义国家的关系，重构科学社会主义世界战略……193
三、探索和平条件下社会主义建设经验，丰富发展科学社会主义理论……198

第三节 以独特的发展道路丰富民族复兴战略…………………………201
一、秉持和平发展突破"国强必霸"的零和博弈……………………202
二、用中国智慧、中国力量推进国际秩序与治理体系变革…………206
三、在打造"人类命运共同体"中实现合作共赢……………………210

结 束 语……………………………………………………………………214
后 记………………………………………………………………………216
参 考 文 献………………………………………………………………218

第一章　世界历史理论与中国道路

当今世界面临百年未有之大变局。全球化深入发展、世界体系面临重大转型，中国正前所未有地经历由大到强转变、前所未有地进入世界舞台的中心、前所未有地接近中华民族伟大复兴的中国梦。习近平指出实现中国梦摆在首位的就是走中国道路，即走中国特色社会主义道路。他强调："当代中国的伟大变革，不是简单延续我国历史文化的母版，不是简单套用马克思主义经典作家设想的模板，不是其他国家社会主义实践的再版，也不是国外现代化发展的翻版，不可能找到现成的教科书。"①面对新时代、新情况、新任务，如何破解中国特色社会主义发展进程中的一系列重大理论和现实问题，如何走好中国道路、发出中国声音、探索中国模式、提供中国方案，实现中华民族的伟大复兴成为我们这一代人义不容辞的责任。理论是实践的先导，问题是时代的声音。马克思主义作为中国共产党的指导思想，其理论生命力巨大，其中所蕴含的世界观方法论更是指导中国实践的有力武器。马克思世界历史理论②作为集唯物史观、政治经济学和科学社会主义于一体的综合理论体系，贯穿于马克思和恩格斯毕生的科学研究。这一理论对分析和理解当代全球化、人类面临的全球性问题、民族（国家）的发展和当代国际关系等都有重大理论价值和指导意义。习近平指出"要学习和实践马克思主义关于世界历史的思想"，"我们要站在世界历史的高度审视当今世界发展趋势和面

---

① 习近平：《加快构建中国特色哲学社会科学》，《习近平谈治国理政》（第2卷），北京，外文出版社，2017年版。

② 本书中的马克思世界历史理论包括马克思和恩格斯的思想，最集中的阐述体现在两人合写的《德意志意识形态》《共产党宣言》中，另外一些思想散见于马克思所著《资本论》第1、2、3卷及一些手稿中，如《1844年经济学哲学手稿》、《政治经济学批判》（1857–1858年手稿）等。之所以用马克思世界历史理论而不用马克思主义世界历史理论作为名称，主要是后者所包含的理论比较庞杂，如：卢森堡、列宁等人在世界历史理论方面都有建树，为了避免误解和便于研究，本书集中研究马克思、恩格斯在世界历史方面的理论，故用马克思世界历史理论的提法。这种提法在学术界也比较常用。

临的重大问题"①。笔者用马克思世界历史理论作为分析框架来系统研究中国道路问题,以期用一个全新的视角和方法来理解和解释中国特色社会主义道路的发展与变革,为在新时代推动中国特色社会主义现代化的发展,实现中华民族伟大复兴的中国梦提供坚实的理论支撑。

第一节 世界历史理论透视中国道路之缘起

"道路关乎党的命脉,关乎国家前途、民族命运、人民幸福。"②在当今世界中,无论从社会主义发展或现代化转型的角度来看,中国道路都是最为典型、最为突出、最具魅力的发展道路。中国道路的开辟与发展不仅使占世界五分之一人口的中国通向现代化,中国人民扭转命运走向复兴,社会主义制度优势初步展现,而且为世界经济繁荣、文明进步、人类摆脱贫困、消除冲突动荡、实现公平公正的国际新秩序提供了可借鉴的经验,同时也实现了中华文化与现代文明的交流与交融,让古老而又年轻的中华民族架起一座通向世界文明的桥梁。中国道路,理所应当成为当代学术界包括社会主义、现代化、政治经济学、文化现象学等领域研究的重要对象。

我们是谁?我们从哪里来?我们要向何处去?这是一个哲学领域的经典问题,这样的问题不仅对于个人,对于一个民族、一个国家也时时具有警醒意义。中华民族,一个拥有5000多年文明史的民族,一个在有文字记载的2000多年历史中绝大部分时间都处于世界之巅的民族,一个在最近200年历史中受到巨大创伤和悲痛的民族,一个在最近70年特别是40年中赫然崛起、让世界刮目相看的民族,如何看待、分析、评价自己的兴衰成败史?如何在世界历史的宏大视野下正确认清现实,科学谋划未来,是我们必须面对的重大课题。为什么一个在经济和科技上遥遥领先的大封建帝国进入近代以来其综合国力一落千丈?为什么工业革命没有从中国开始?作为更高一级社会形态的资本主义为什么没有在当时比较发达的中国诞生,而是诞生在经济社会相对落后的欧洲?中国共产党带领中国人民取得的新民主主义革命胜利、社会

---

① 《习近平在纪念马克思诞辰200周年大会上的讲话》,载《人民日报》2018年5月5日2版。
② 《坚定不移沿着中国特色社会主义道路前进,为全面建成小康社会而奋斗》,《十八大以来重要文献选编(上)》,北京,中央文献出版社,2014年版。

主义革命胜利，开创中国特色社会主义道路从世界范围内来看是普遍还是意外？中国道路是所谓的"马克思主义理论上的岔路"，还是马克思主义精神本质的回归？然而时不我待，我们今天正处在一个"时间跳跃"的时代，随时承受着"加速的推进力"[①]。世界范围内来看，全球化浪潮冲击加剧，新保守主义日益抬头，国际力量对比出现新的变化；国内范围看，中国特色社会主义进入新时代，新的主要矛盾的变化给中国发展提出了新机遇新挑战。面对新的伟大斗争，中国道路如何走，才能在世界体系的"中心与次中心、边缘与半边缘"[②]的结构中拾级而上，摆脱"中等收入陷阱"，突破"修昔底德陷阱"，实现现代化强国目标，迎来民族复兴的光明前景。这些理论上的困惑和亟待解决的现实问题，使学者们重新激活了马克思世界历史理论这个重要思想资源，使之成为近年来中国马克思主义理论研究的一个热点问题。

世界历史理论是马克思在扬弃黑格尔关于世界历史思想的合理因素的基础上创立的。马克思通过分析近代以来经济社会，特别是资本主义生产方式的基本矛盾及规律，运用唯物史观与剩余价值学说对黑格尔关于世界历史思想进行批判，使"头足颠倒"的理论重新颠倒过来。这个理论贯穿了其毕生研究的全过程，融入哲学、政治经济学和科学社会主义的理论精髓，是我们从整体上把握和研究马克思主义的一条主线。可以说马克思在分析和讨论许多问题时都是从世界历史的视野和高度出发的，譬如：资本主义发展的重要价值和积极意义、资本主义的基本矛盾及不可调和规律、人的自由解放和全面发展、国家民族的消亡和共产主义的实现等。如果不懂得这一点，就不会懂得马克思思想背后的真正目的，就不会懂得马克思主义的方法论价值，就可能用形而上学的态度去对待马克思主义。当前，我们重新认识马克思世界历史理论，用它作为分析框架透视中国特色社会主义道路的全过程，期待用更加深刻的理论眼光，获得意想不到的收获。

[①] 托夫勒：《未来的冲击》，北京，中信出版社，2006年版，第7—11页。托夫勒指出，"我们现在甚至以一种新的方式去感觉一切过去事件的影响。过去已经以一种双重性的姿态朝我们倒转过来"。他把这种现象称为"时间的跳跃"（time skip）。在谈到人们所感受到扑面而来的是与以往经验统统断绝的现代性，一种"加速的推进力"不断推着社会前进。

[②] 20世纪以来，以沃勒斯坦、霍普金斯等为代表的学者提出"世界体系"理论，试图用中心边缘半边缘的结构关系、世界劳动分工与阶级矛盾冲突来分析世界体系的历史演变，从而解释16世纪以来资本主义发展的历史。这种思想集合了传统发展理论（现代化理论）与"依附理论"等，成为学术界一大突出流派，影响了世界经济的发展。具体见沃勒斯坦：《现代世界体系》（第一卷），北京，社会科学文献出版社，2013年版，第45页，第423页。

中国道路的世界历史逻辑的研究价值主要体现在理论与实践两方面

一方面，为中国道路的成功开辟、不断拓展及发展创新提供了相关的理论支撑。习近平指出，中国特色社会主义道路是"科学社会主义理论逻辑和中国社会发展历史逻辑的辩证统一"[①]。马克思世界历史理论作为考察现代社会[②]发展规律与未来社会发展趋势的理论是唯物史观的重要组成部分，其研究范畴和对象属于历史哲学层面，其发展的根本动力即生产力的发展、资本的扩张与人们交往方式的变革属于政治经济学层面，而最终的归宿即人的自由和全面发展与更高级社会形态的实现属于科学社会主义研究的范畴。马克思世界历史理论从一开始就是以唯物史观的组成部分进入学术研究领域的，因为它所研究的对象——现代社会的演变发展规律是包含在唯物史观的普遍规律之中的，是唯物史观在特殊时段的特殊表现，但是，随着对其研究的深入，学术界也发现马克思世界历史理论有其相对独立性，它所研究现代社会的这些现象是以往所有社会形态都从未出现过的，具有独立性与独特性。长期以来在社会主义国家中，由于种种原因，学术研究中较多关注的往往是资本主义的弊端和不可调和的矛盾以及社会主义革命与无产阶级专政，但对社会主义国家的建设、对外贸易及在世界市场中的地位作用等方面关注不够。正如马克思所说："我考察资产阶级经济制度是按照以下的顺序：资本、土地所有制、雇佣劳动；国家、对外贸易、世界市场。在前三项下，我研究现代资产阶级社会分成的三大阶级的经济生活条件；其他三项的相互联系是一目了然的。"[③]马克思认为一目了然的东西恰恰是我们没有弄清楚的。这就导致了历史上曾经存在的几乎所有的社会主义国家都不知该如何正确认识资本主义的问题、如何正确处理资本主义与社会主义关系的问题、如何建设社会主义的问题……而关于这些问题的答案几乎都能够在马克思世界历史理论之中找到。20世纪80年代末90年代初东欧剧变、苏联解体之后，西方右翼学者"历史终结论""社会主义崩溃论"等思潮甚嚣尘上，对处在风暴之中的科学社会主义产生极大冲击。正当此时，中国力挽狂澜，挺住了风暴，毅然

---

① 习近平：《习近平关于实现中华民族伟大复兴的中国梦论述摘编》，北京，中央文献出版社，2013年版，第26页。
② 按照马克思恩格斯的理解，主要指资产阶级时代与资本主义社会。
③ 马克思：《政治经济学批判》序言，《马克思恩格斯文集》第2卷，北京，人民出版社，2009年版，第588页。

决然坚持了社会主义方向，并在此基础上开辟了中国特色社会主义道路，不仅保住了科学社会主义的果实，而且创造了人类历史上的发展奇迹。如何解释这一发展经验、发展奇迹，如何谋划中国特色社会主义道路未来的发展，这都需要有新的眼光、新的思路、新的格局。作为以马克思主义为指导的政党和国家，我们不能去西方理论中寻找根源与答案——因为西方给全世界开出的药方，即"华盛顿共识"是失败的——只能去马克思主义中寻找答案，这个答案就是马克思世界历史理论。马克思世界历史理论从深层次揭示了现代社会中"资本"的重要作用，以及"市民社会"①所体现出的"对物的依赖"具有一定的"历史贯通性"，即贯穿于从摆脱"对人的依赖之后"发展到"人的自由个性"之前的所有社会形态的始终。研究马克思世界历史理论有两个方面的价值，其一是对由经济社会相对落后的国家率先进入社会主义后，如何在资本主义占主导地位的世界体系中认识社会主义和建设社会主义起到一定的指导作用；其二是对20世纪下半叶以来的全球化趋势做出科学的解释，并在全球化浪潮下为社会主义国家如何应对风险挑战提供理论支撑。无论如何，对于中国这样一个通过"跨越卡夫丁峡谷"进入社会主义并长期处于社会主义初级阶段的国家把握世界历史发展大势、实现自身的发展，其价值意义都不可估量。

另一方面，为走好中国道路，实现中华民族伟大复兴中国梦指明了方向。马克思世界历史理论揭示了世界历史发展的两大规律：一是作为整体性的世界历史由低到高发展所带来的各民族国家由孤立、狭隘和地域性融入世界历史的联系、交往、一体化发展到最终解体消亡的发展过程；二是指处于世界历史发展的资本主义阶段，世界历史在不同地域和民族国家中呈现出的发展不平衡规律，即存在着由所谓的"中心国家"和"边缘国家"构成的世界体系，在这个世界体系中"边缘国家"常常受"中心国家"来自经济、军事、科技、文化等方面的剥削与压榨。这两条规律正好可以指导中国梦从产生到实现的全过程，可以为近代以来中华民族国家独立与现代化发展进程做一个很好的注脚，并且为中国特色社会主义的开辟、发展指明方向。中国特色社会主义道路自从20世纪70年代末开始，面临三大难题：一是如何在资本主义占主导的

---

① 按照马克思恩格斯的理解，市民社会首先是一个商品世界，其中货币君临一切，物支配人。主要是指资产阶级社会。

世界历史中不掉队、不落单,逐渐探寻社会主义现代化的问题;二是如何适应世界历史的第一阶段,即在社会主义初级阶段中不得不贯穿"市民社会"、驾驭"资本逻辑"的问题;三是如何在资本主义所形成的世界体系中逐渐从"边缘国家""半边缘国家"向"中心国家"转变的问题。中国特色社会主义道路发展40年来之所以取得巨大成功,就是着力于这三大难题并探索出了解决方案。因此,从这个意义上讲中国道路的成功绝不是西方所鼓吹的"国家资本主义""官僚资本主义"或"裙带资本主义"的成功,绝对不是脱离或背弃社会主义的成功,反而恰恰是科学社会主义的成功,是马克思世界历史理论的成功,彰显了马克思主义的科学性与生命力。党的十九大把习近平新时代中国特色社会主义思想确立为党的指导思想和行动指南,凸显了中国共产党坚持创新的理论品格,实现了马克思主义中国化的又一次历史性飞跃。只要我们能够读懂理论、坚持正确的理论,我们相信中国特色社会主义道路必将越走越宽广,在不久的将来,必将实现中华民族伟大复兴的中国梦。

第二节 世界历史理论与中国道路研究现状

进入20世纪90年代以后,随着世界两极格局的结束,全球范围内的大联系、大融合、大交流态势日益显现,人类越来越处于全新的、广泛的、相互联系的、相互依赖的世界体系之中。经济全球化、政治多极化、文化多元化、社会分散化深入发展,中国日益融入国际体系,日益进入国际舞台的中心,日益发挥越来越重要的作用。学术界有关马克思世界历史理论与中国道路这两个方面的研究都成为国内外热门的选题,一方面研究成果量比较大,另一方面争论也比较多。但是把这两个问题联系起来,用马克思世界历史理论作为视角或分析框架来透视中国道路的研究不多,形成有分量理论成果的更有限。

一、马克思世界历史理论研究

众多学者围绕这一主题,从不同角度加以分析和考察,有的把马克思世界历史理论作为一种方法论、一种解释框架或者一种视角,并且把科学社会主义、马克思东方道路思想以及中国特色社会主义等纳入其中进行审视和阐发，得出了一些有价值的结论。在中国期刊数据库上搜索"马克思世界历史理论"有学术论文一万多篇，不乏一些优秀的研究成果，高质量的专著也有一些。代表性的有1996年由叶险明著的《马克思的世界历史理论与现时代》（清华大学出版社），2002年由丰子义、杨学功著的《马克思"世界历史"理论与全球化》（人民出版社），2006年由曹荣湘著的《马克思世界历史理论与当代全球化》（中央编译出版社），2006年由赵士发著的《世界历史与和谐发展》（人民出版社），2007年由向延仲著的《马克思世界历史理论研究》（湖南大学出版社），2007年由王作印著的《马克思世界历史理论论纲》（西南财经大学出版社），特别是2014年由叶险明著的《世界历史理论的当代构建》（中国社会科学出版社）从理论深层次"挖掘"，从现实角度"开拓"，近55万字的鸿篇巨制，对马克思世界历史理论做了全方位系统深入的研究，形成了许多有价值的思想。

（一）作为理论体系的"世界历史"

第一，关于马克思世界历史理论的形成发展

叶险明认为，马克思世界历史理论不是在传统的哲学框架内形成的，而是在历史学批判、社会主义批判和政治经济学批判过程中形成和发展的。他指出，马克思世界历史理论的形成从文化逻辑方面来看，是在对近代德意志民族文化[①]的科学批判中形成的。胡为雄认为，马克思世界历史理论主要是根据资本主义的全球性扩张而提出。他认识到资本主义世界市场的开拓而带来的全球性商业活动与殖民运动，正是这种活动打破了狭隘的、地域性的民族关系，使民族、国家之间有限的外部交往转变成世界性的交往，从而使"历史"成为世界性的历史[②]。汪信砚、赵凯荣等学者都对马克思的世界历史理论的理论渊源作为考察，汪信砚认为近代以来的西方思想家如维科、伏尔泰、赫尔德、康德、黑格尔等人所提出的世界历史观为马克思的世界历史理论奠定了思想基础。赵凯荣认为马克思世界历史理论与地理大发现和资本主义工业化、殖民化、全球化历史进程相关。马俊峰认为，世界历史理论作为一种

[①] 这主要是指对"傲慢的"民族主义、极端的国家主义和纯思辨的表达形式的批判。叶险明：《世界历史理论的当代构建》，中国社会科学出版社，2014年版，第3页。

[②] 胡为雄：《马克思的"世界历史"理论与"世界历史"的形成及后果》，载《江苏行政学院学报》2003年第1期。

理论，它是马克思运用其创立的唯物史观以及剩余价值理论全面地研究分析近代以来经济和社会的运动及其发展趋势的结果，是具体地运用生产力和生产关系、经济基础和上层建筑矛盾运动的原理分析当时的政治经济形势特点和变化规律而形成的①。赵士发则分析了马克思世界历史理论的形成、发展、完善的过程。他认为，马克思世界历史理论是马克思毕生研究的成果，其中初步集中的表述是《德意志意识形态》与《共产党宣言》。在《1857—1858年经济学手稿》《资本论》与《人类学笔记》中，马克思以世界历史眼光分别考察了亚细亚社会问题、世界历史对被殖民国家的"双重历史作用"问题、东方社会发展问题及经济落后国家跨越"卡夫丁峡谷"的可能性问题，使世界历史理论进一步完善，并形成了理论体系②。

第二，关于马克思世界历史理论的基本问题与主要内容

马克思世界历史理论的基本问题。叶险明认为马克思世界历史理论是具有自己特定基本问题的科学理论，它所要解决的基本问题就是作为整体的世界历史及其演变发展与世界历史各个构成部分及其演变发展之间关系问题③，只有搞清楚了这个基本问题，才能正确认识历史发展规律与作为总体的世界历史发展的阶段性之间的关系及各个民族国家社会发展阶段性之间的关系。曹荣湘提出要理解马克思世界历史理论必须与现代性联系起来，或者说"世界历史本身就是现代性的一个方面"：从时间上看，世界历史是现代的；从基础上看，它立足于现代经济；从方向上看，是欧洲现代性的全球扩张；从发展趋势上看，它与现代性同属一个过程。因此，他认为世界历史是源于西欧现代性向全世界扩张的结果，其本身属于现代性的重要特征之一；他内在于民族国家的发展，描述的是各民族国家的内在联系逐步加强，并最终完全融合，从而走向共产主义的历史总趋势④。马俊峰认为要理解马克思世界历史理论的实质必须把它和"揭露资本主义的内在矛盾，论证其被社会主义代替的必然性"⑤联系起来，世界历史理论是通过对作为世界历史之本质和动力的

---

① 马俊峰：《马克思世界历史理论的方法论意义》，载《中国社会科学》2013年第6期。
② 赵士发：《世界历史与和谐发展》，北京，人民出版社，2006年版，第104页。
③ 叶险明：《世界历史理论的当代建构》，北京，中国社会科学出版社，2014年版，第14页。
④ 曹荣湘：《马克思世界历史理论与当代全球化》，北京，中央编译出版社，2006年版，第24页，第37页。
⑤ 马俊峰：《马克思世界历史理论的方法论意义》，载《中国社会科学》2013年第6期。

资本主义生产方式和交往方式的分析来揭示它的发展前途,并在这个基础上探讨社会主义的历史前提和实现条件。刘臻认为,马克思的世界历史理论是将作为整体性的世界历史发展视为由地域性的各民族和国家发展之间的相互依存和相互影响所构成的有机联系的总和,并且世界历史的最终趋势是实现全人类都获得彻底自由和解放的共产主义[1]。

马克思世界历史理论的主要内容。几乎所有学者都对这个问题进行了探讨,不论持何种观点,基本上都认可历史向世界历史的转变是马克思世界历史理论的核心内容和基本原理。赵兴良认为马克思世界历史理论主要包括两个方面内容:一是从生产力的发展状况方面揭示了世界历史或全球化形成的历史性及其本质特征;二是从生产力和生产关系的矛盾运动方面揭示了资本主义在世界历史全球化进程中的发展趋势,探索了社会主义、共产主义实现的可能性。[2]何颖认为,马克思世界历史理论包括:趋势论、动力机制论、道路论、价值论、本质论、方法论等[3]。韦定广认为马克思世界历史理论的主要内容有以下三个方面:资本扩张和大工业的成长是世界历史形成的动力基础;从地方性联系到世界性联系是世界历史发展过程的性质;各民族相互依赖、彼此依存是世界历史的本质特征;共产主义则是世界历史发展的最终结果[4]。张晓忠认为马克思"世界历史理论"主要内容包括:世界历史成因论、世界历史矛盾论、世界历史后果论、"世界历史性个人"论、世界历史时代论、世界历史融入论等[5]。曹荣湘认为,马克思世界历史理论的主要内容包括历史向世界历史转变的动力、世界历史发展的矛盾过程、世界历史与世界文化、世界历史与人的发展、世界历史与共产主义等[6]。张天勇、戚甜甜认为,马克思世界历史理论内容丰富而深厚,其中历史向世界历史转化的客观性以及世界历史首先是资本主义的世界历史是该理论的两个重要维度[7]。葛谢飞认为,马克思的世界历史理论涵盖"世界历史"概念、世界历史产生发展的内

---

[1] 刘臻:《从马克思"世界历史"理论看"中国梦"》,载《武夷学院学报》2013年第12期。
[2] 赵兴良:《马克思主义世界历史理论初探》,载《江西社会科学》2003年第1期。
[3] 何颖:《马克思的世界历史理论》,载《马克思主义研究》2003年第2期。
[4] 韦定广:《"世界历史"语境中的人类解放主题》,北京,人民出版社,2004年版,第92—111页。
[5] 张晓忠:《论列宁世界历史理论即全球化思想的三大理论渊源》,载《社会主义研究》2009年第1期。
[6] 曹荣湘:《马克思世界历史理论与当代全球化》,北京,中央编译出版社,2006年版,第1—2页。
[7] 张天勇 戚甜甜:《从马克思世界历史理论看中国道路》,载《江苏社会科学》2014年第6期。

在逻辑及其最终走向等丰富内容,其中生产力的发展是世界历史形成的根本动力;世界历史的形成是一个客观的自然的历史过程;世界历史的最终发展方向和目标必然是共产主义①。还有一些学者从马克思世界历史理论所揭示的规律的角度来归纳其内容与内涵。比如陆剑杰认为,马克思的"世界历史"理论蕴含着三项世界空间整体性的规律:一是世界发展严重不平衡的规律;二是世界范围内的矛盾运动规律;三是单一结构生产方式国家与二元结构生产方式国家并存的规律②。

(二)作为方法论意义的"世界历史"

第一,关于马克思世界历史理论的当代价值与方法论意义

丰子义是从全球化的角度来阐释马克思世界历史理论的当代价值的,他认为,马克思世界历史理论使世界历史的研究达到一种新境界;为观察社会历史开拓了新视野;为推动社会发展提出了新要求③。曹荣湘认为,马克思的世界历史理论就是它的全球化理论④,研究马克思世界历史理论对于理解和解释当代全球化有极为重要的意义。叶险明认为,马克思世界历史理论的方法论意义,涵盖整个人文社会科学,不仅超越"西方中心论",而且对当代社会主义国家在资本全球化的过程中制定和实施正确的战略方针也具有重要的实践意义⑤。陆剑杰认为,马克思在揭示人类社会发展的动态性规律的基础上,也揭示了"世界历史"中的全球范围的结构性规律;前者是贯穿在一切国家、民族实存历史中的内涵性的规律;后者是一切国家、民族发生相互关系的外延性的规律⑥。马俊峰认为,世界历史理论蕴含了马克思分析研究问题的许多重要背景和方法,它对于总结社会主义发展的历史经验,研究和处理全球化时代的诸多重要问题,尤其是处理好民族主体与人类主体的关系

---

① 葛谢飞:《马克思世界历史理论及其对社会主义建设实践的启示》,载《南京政治学院学报》2013年第6期。
② 陆剑杰:《"世界历史"理论的发展和中国现代化道路的选择》,载《宁夏党校学报》2000年第5期。
③ 丰子义:《马克思"世界历史"思想的方法论意义》,载《北京大学学报(哲学社会科学版)》2000年第4期。
④ 曹荣湘:《马克思世界历史理论与当代全球化》,北京,中央编译出版社,2006年版,第4页。
⑤ 叶险明:《世界历史理论的当代构建》,中国社会科学出版社,2014年版,第43页。
⑥ 陆剑杰:《"世界历史"理论的发展和中国现代化道路的选择》,载《宁夏党校学报》2000年第5期。

问题，建设中国特色社会主义，走好中国道路，都具有非常重要的方法论意义①。张爱武认为，马克思世界历史理论的方法论意义有：一是随时随地要从世界历史整体出发，把握历史发展的趋势；二是在世界历史条件下，任何一个民族国家只有融入世界交往实践，才能谋求自身发展；三是正确估量科学技术的巨大作用，推动科技的发展；四是在资本主义占主导地位的世界历史中正确对待社会主义市场经济；五是科学看待"两个灭亡"和"两个绝不会"的思想，推进中国特色社会主义向前发展②。

第二，关于马克思世界历史理论与当代全球化

大多数学者认为马克思世界历史理论对当代的全球化具有指导意义。有的认为世界历史理论本身就是全球化理论，有的则认为二者之间既有联系又有区别。宫敬才认为，二者的一致性可以归纳为四个方面：一是都尊崇进步观念，内含线性历史观；二是都把工业文明以及工业文明的衍生物——信息文明作为客观基础和对照标准；三是承认并肯定工业文明、信息文明的无限扩张性与合理性；四是都坚持普世观念。但二者又有本质的不同：一是主体不同；二是价值取向不同；三是逻辑线段不同③。刘招明认为，必须把全球化同资本主义的发展联系起来，在这个意义上讲，马克思的世界历史理论就是他的全球化思想。马克思世界历史理论的核心"历史向世界历史转变"揭示的就是一个全球化的过程。一是世界史不是一直存在的，而是历史发展的产物；二是历史向世界历史的转变本质上是资本驱动的结果；三是历史向世界历史的转变将导致共产主义世界历史时代的到来④。刘洋认为，世界历史是人类社会发展的必然趋势，全球化是世界历史发展的必然趋势，而世界历史的发展进程同全球化下的普遍交往程度之间在本质上有着内在的有机关联性。⑤叶险明主张用马克思主义世界历史理论对当今全球化问题进行批判。如"全球化"的主体性、全球化的基本矛盾、"政治全球化"及其意义和"文化全

---

① 马俊峰：《马克思世界历史理论的方法论意义》，载《中国社会科学》2013年第6期。
② 张爱武：《马克思恩格斯关于历史向世界历史转变机制的理论及方法论启示》，载《毛泽东邓小平理论研究》2003年第2期。
③ 宫敬才：《马克思世界历史理论与全球化》，光明日报，2000-12-12。
④ 刘招明：《从世界历史到全球化——马克思的世界历史理论及当代拓展》，博士学位论文，长春，吉林大学哲学社会学院，2009年。
⑤ 刘洋：《马克思世界历史理论的全球化意蕴》，载《哲学研究》2013年第2期。

球化"及其意义①。曹荣湘认为，马克思的世界历史理论就是他的全球化理论②。罗文东认为，马克思"世界历史"理论是对全球化的科学预见，他们所揭示的人类社会生活"世界性"和"国际化"，与当今的"全球化"有着内在的必然的联系③。

国外学者也有一些关于马克思世界历史理论的论述。其中最有代表性的是日本望月清司对马克思历史理论的研究。日本的马克思主义学派中对"市民社会"的关注是非常高的。望月清司对马克思历史理论的研究实际上是基于"市民社会"的历史理论。他从原著文本出发，探讨了《德意志意识形态》中的分工逻辑，提出了马克思与恩格斯在历史理论上的区别，马克思是"分工展开史论和市民社会论"，而恩格斯是"所有形态史论"，分析了《关于费尔巴哈的提纲》中的人和社会、《穆勒评注》中的人格和物像以及《政治经济学批判大纲》与《资本论》中的社会关系等，揭示了马克思的历史理论，是从本源共同体以后的人类史，同时它还是论证资本主义属于本来就能为必将到来的"更高级的社会形态"创造客观条件的历史过程的理论④。

二、中国道路研究

近年来，随着中国的发展，"中国热"成为世界现象，国内外学术界都在探讨中国走了一条什么样的道路，能够使这样一个大的国家在短时间内完成从传统社会向现代社会的转变，用几十年的时间走过一些国家一百或两百年走过的路。关于"中国道路"的研究非常多，由于中国道路是一个动态发展的过程，对于其本质和内涵不容易把握清楚，加之附着于之上的意识形态色彩，因此，在许多方面争议比较大。

（一）关于中国道路的概念与起点

中国道路概念是和中国道路的起点紧密相连的。对此，学术界有以下几种观点：第一种观点把中国道路的历史起点定位在1840年，认为中国道路就

---

① 叶险明：《世界历史理论的当代构建》，中国社会科学出版社，2014年版，第428页。
② 曹荣湘：《马克思世界历史理论与当代全球化》，北京，中央编译出版社，2006年版，第3—4页。
③ 罗文东：《马克思的"世界历史"理论与全球化》，载《中共云南省委党校学报》2002年第6期。
④ ［日］望月清司：《马克思历史理论的研究》，韩立新译，北京，北京师范大学出版社，2009年版，第1页。

是近代以来中华民族的复兴之路①；第二种观点把中国道路的历史起点定位在19世纪八九十年代，认为中国道路是近代以来的复兴之路，但时间应从19世纪八九十年代中国大量仁人志士反思、求变、救国图存开始起算，因为从1840年到19世纪八九十年代的四五十年，只是西方世界对中国入侵，我们自己还没有开始探索复兴之路，所以不能算在内②；第三种观点把中国道路的历史起点定位在1921年，认为中国道路是中国共产党带领人民群众走的革命、建设和改革之路③；第四种观点把中国道路的历史起点定位在1949年，认为中国道路主要是社会主义建设和现代化之路，因此，要理解中国道路必须把改革开放前30年与后30年联系起来④；第五种观点认为中国道路是社会主义道路，其起点应该是1956年社会主义改造基本完成，社会主义制度在中国基本建立起来⑤；第六种观点把中国道路的历史起点定位在1978年，认为中国道路是改革开放以来，中国共产党带领人民开辟的中国特色社会主义道路⑥。以上六种观点都有一定的道理，但也有不足之处。要科学把握中国道路的内涵，必须要有一定的历史纵深，还要把握当代中国的显著特点，既要体现历史与逻辑的统一，还要体现普遍与特殊的统一。

（二）关于中国道路的内涵特征

由于视角不一样，学者们有的从经济的角度看待中国道路的内涵特征，有的从经济政治文化等多方面看待，有的从科学社会主义的角度看待，结论不尽相同。程恩富认为，中国道路形成了一整套有独特性的特征。在经济上形成了"四主型经济制度"：公有主体型的多种类产权制度、按劳分配主体型的多要素分配制度；国家主导型的多结构市场制度与自立主导型的多方位开放制度；在政治上形成了"三者统一、四层制度"的架构；在文化上形成了"一个体系、两个主体"的格局；在社会上形成了"一个格局、三个互

---

① 贺新元：《辩证思维下的"中国道路"解读》，载《马克思主义研究》2013年第6期。
② 王庆五：《中国道路、中国模式与中国经验》，载《江苏行政学院学报》2009年第3期。
③ 宣兴章：《中国道路与中国共产党》，载《当代世界》2010年第8期。
④ 朱佳木：《从改革开放前后两个时期的历史性质及其相互关系上认识中国特色社会主义道路的内涵》，载《当代中国史研究》2010年第8期。
⑤ 李慎明：《八大前后开始的中国特色社会主义道路的探索与当今中国的发展壮大》，载《当代中国史研究》2006年第5期。
⑥ 秦刚：《中国特色社会主义：道路与理论体系的关系》，载《中国特色社会主义研究》2008年第1期。

动、四个机制"的体制①。陈平认为，中国道路的特征是：混合经济、政府的"规划协作之手"、把价格作为国际竞争手段、市场经济下新的民主制衡与新的公平模式②。张维为认为，中国道路是一个"文明型国家"的崛起之路，即超大型人口规模、超广阔疆域国土、超悠久历史传统、超丰富文化积淀这四个超级因素复合体的崛起之路，它的特征包括四个方面的制度安排：国家型政党、协商民主、选贤任能与混合经济。姚洋在研究中重点关注了中国道路发展中的"中性政府"③的特征，他认为，具有一个很强自主性、更关注整体利益而不是局部利益、更关注长期利益而不是短期利益的中性政府是中国经济成功的奥秘所在。郭万超认为，"中国道路"有五大特性：自主性、人民性、实践性、整体性与稳定性④。贺新元认为中国道路包含三个基本特征：解放思想、实事求是是思想特征；"一个中心、两个基本点"是路线特征；"五位一体"是布局特征⑤。还有一些国内学者认为中国道路之所以能成功，最重要的是有中国制度的支持。陈锦华就认为"中国模式的核心是中国制度"，突出表现在以下方面：一是坚持马克思主义基本原理，科学分析中国国情；二是中国共产党的核心领导作用；三是解放思想实事求是，激发人民的进取精神；四是稳步推进符合国情的民主法治建设；五是独立自主外交政策；六是根据宪法制定现代化目标⑥。王国敏则指出，中国特色社会主义制度能够维护国家政治稳定、提供足够而丰富的公共物品及服务、具有集中力量办大事的优越性、提供利益沟通和参与渠道，具有很强的自我调节和适应能力。中国制度是"中国道路成绩背后的驱动力"⑦。

与国内学者不一样的是，国外学者多把中国道路的成功归结为比较具体的某一方面，特别是经济方面的成功，而否定其制度上的价值。也有一些学者是戴着有色眼镜看待中国道路的。比如，国外学者提出的有"北京共

---

① 程恩富：《中国模式研究的若干难点》，李建国编：《中国模式之争》，北京，中信出版社，2013年版，第32页。
② 陈平：《中国道路的本质和中国未来的选择》，载《经济社会体制比较》2012年第3期。
③ 姚洋：《中国道路的世界意义》，北京，北京大学出版社，2011年版，第10页。
④ 郭万超：《论中国道路的五大特性》，《党建》2013年第9期。
⑤ 贺新元：《中国道路》，福州，福建人民出版社，2014年版，第235—238页。
⑥ 陈锦华：《中国模式的核心是中国制度》，李建国编：《中国模式之争》，北京，中信出版社，2013年版，第22页。
⑦ 王国敏：《关于"中国模式"与中国道路问题的再探讨》，载《理论探讨》2014年第1期。

识""经济自由加政治压制"①"混合经济加一党政治"等。虽然提法有一定新意，但不够全面、不够准确，意识形态色彩明显。国外学者一般把混合经济看作中国道路（模式）的核心。认为改革开放之前中国由于清一色的公有制，缺乏活力，改革开放之后，发展了非公经济，使经济领域放开搞活，激发了市场的潜能，取得了经济发展的巨大成功。郑永年认为："民营企业的发展为国有企业营造了一个有利的环境，国有企业和民营企业两者相互补充又相互竞争，起到了共同发展的效果。"②还有一些人认为"政府作用"是中国取得成功的重要方面，这一点也是与古典经济学不一样的地方。如谢德华认为："落后国家要实现发展……国家的政府必须积极地参与到发展大计中去并且有意识地介入市场管理。"③也有一些不同的观点。俄共久加诺夫则认为，中国模式就是"社会主义+中国民族传统+国家调控的市场+现代化技术和管理"④。

（三）关于中国道路的独特性与普遍性

少数学者认为中国道路不具有独特性，其世界意义不大，其本身所表现出的市场经济倾向、政府对宏观经济的有效调控、稳定的财政货币政策、对外开放政策等不过是"华盛顿共识"或东亚发展模式的再现，最多只是改良。安德森认为："中国做的这些事情跟'华盛顿共识'实际上没什么差别。'华盛顿共识'如果要找成功的案例，中国大概应该是一个。"⑤乔尔·安得斯认为，中国走的是东亚道路⑥，并不是什么中国道路。大多学者认为中国道路具有独特性、创新性，为其他国家通向现代化提供了新的途径。辛向阳认为，中国的道路颠覆了公有制企业没有效率的传统观点、新型大国必是好战和富有侵略性国家的论点以及经济发展必将导致西方民主的定论，

---

① Rowan Callick, 2007, "The China Model", *The American*, 1（7）:36. 罗恩·卡利克把中国道路看作是经济自由加政治压制。在一些西方学者眼中，共产党一党执政就是政治压制，实行市场经济体制改革就是经济的自由化。
② 郑永年：《中国模式：经验与困局》，杭州，浙江人民出版社，2013年版，第103页。
③ ［美］谢德华：《中国的逻辑：为什么中国的崛起不会威胁西方》，曹槟、孙豫宁译，北京，中信出版社，2011年版，第43页。
④ 《社会主义+中国民族传统+国家调控的市场+现代化技术和管理俄共领袖归纳中国成功公式》，载《参考消息》2004年5月1日1版。
⑤ ［美］乔纳森·安德森：《走出神话：中国不会改变世界的七个理由》，余江等译，北京，中信出版社，2006年版，第165页。
⑥ Joel Andreas, 2008, "Changing Colours In China", *New Left Review*, Nov./Dec.

既有一些成功的事实，又有一些成功的安排。从这个角度上讲，中国道路是独特的，也许不完全适合其他发展中国家，但毕竟为他们提供了一条新的发展道路①。程恩富认为不仅存在中国道路，也存在中国模式，他指出，把马克思主义基本原理同中国具体实际相结合，走自己的道路，建设中国特色社会主义。这是对中国道路独特性的精练概括，因为这一概括既讲了社会主义这个方向、把握了中国国情、民族性和时代性，还维护了世界多样性和发展模式多样化，同时还回答了中国道路从哪里来、向何处去的问题②。关于中国道路的独特性，国外学者也有一些评论。英国教授彼得·诺兰认为，中国开创了有别于美国主导全球自由市场宗教激进主义之外的"第三条道路"。俄罗斯的季塔连科认为，中国的发展是总结比较各国的发展经验教训的基础上，走出了一条符合其国情的道路。英国作家威尔·赫顿认为，中国的发展道路非常独特，它既运用资本主义的发展原理，又不把它当作目标，及发展自由市场经济、又引入国家指导，而是可以提高人民生活水平为目标③。

虽然中国道路是在中国大地上形成的发展的，具有很强的民族色彩，或者说"中国特色"，但并不妨碍其自身可借鉴性与可学习性，这丝毫不能抹杀中国道路给世界带来的经验与价值。有学者分析，中国道路在国际上由否认到逐渐认可，再到今天成为外国政要和学者研究国际关系中不能忽视的重要变量，中国经验越来越成为国外政府治国理政的重要参考。国外学者的主要观点有以下三类：一是"可效仿的榜样说"。马克·莱昂纳德认为，对于广大发展中国家来说，"一种新的对世界的见解正在形成，并可发展为广受认可的中国模式——一条可选择的、非西方的道路，供世界上的其他地区加以仿效"④。实际上中国道路之所以能够被世界上许多发展中国家模仿，一个很重要的原因就是中国在发展过程中很好地处理了经济发展与社会稳定的关系，而这两点在发展中国家都显得尤为重要。美国布鲁金斯学会中国研究中心主任李成认为，一些发展中国家越来越认识到效仿中国模式，保留国有经济中的一些有效成分，以及保留一定程度政府干预，可以解决因完全市场化

---

① 辛向阳 程恩富：《如何理解中国模式》，李建国编：《中国模式之争》，北京，中信出版社，2013年版，第4—9页。
② 程恩富：《中国模式研究的若干难点》，李建国编：《中国模式之争》，北京，中信出版社，2013年版，第30页。
③ 刘志明：《中国道路成功的根本原因》，载《国外理论动态》2012年第1期。
④ 马克·莱昂纳德：《中国在想什么？》，载《东方早报》2008年3月5日C07版。

所带来的社会和政治问题。①经济学家霍米·哈拉斯明确指出，中国模式值得效仿，他认为榜样的力量是非常大的，历史上日本和韩国的崛起就是如此，而今天的中国"很可能会给出一个同样令人信服的例子"②，对于发展中国家而言，这值得效仿而无须心存恐惧。二是"西方的威胁说"。对于一些自由主义者来说，中国的崛起打破了他们所预定的经济自由化必将带来政治民主化的基本逻辑。美国《时代周刊》网站2011年一篇名为Why do we fear the rise of China?的文章提出，为什么我们会这样担心中国的崛起，却不担心印度的崛起？答案很简单，就是中国的政治思想与美国和欧洲的民主、自由、平等、人权的价值相反，中国依靠一种让西方不认可的价值理念崛起，中国的崛起不仅在经济上同美国竞争，在政治理论与价值观上同样会给美国等西方国家带来冲击③。美国一篇题为《中国威胁》的文章也指出："最重要的是，中国崛起虽然没有威胁到今天的民主国家，但西方之外的大多数独裁国家均将其奉为范例。通过经济上的成功把独裁统治合法化，中国使其他国家更难看到民主的未来。"④三是"历史重燃希望说"。福山在"历史终结"论中宣告了社会主义意识形态的灭亡，但中国的成功无疑给处于低潮的社会主义运动重新点燃了新的希望。杨煌认为："中国模式的成功赋予了社会主义新的生机与活力……它告诉世界社会主义道路不仅可以实现国家的现代化，而且可以更好地造福人民。"⑤俄罗斯学者阿·雅科夫列夫说："恰恰是中国特色社会主义注入了在目前条件下体现社会主义的生命力。"⑥

综上所述，虽然关于马克思世界历史理论的研究汗牛充栋，关于中国道路的研究多如牛毛，但是真正把这两者联系起来进行研究的比较少见，学术专著基本上鲜见，学术论文有一些，但总体看来缺乏全面、系统、深入的研究。这就造成在研究马克思世界历史理论的过程中比较注重原著的挖掘、理论的阐释，但把它当作世界观和方法论真正用于解释当代中国发展道路、

---

① 《中国模式源于"中国奇迹"——专访美国布鲁金斯学会中国研究中心主任李成》，载《参考消息》2009年9月17日14版。
② 《世界银行经济学家撰文指出发展中国家无须恐惧中国崛起》，载《参考消息》2005年1月13日1版。
③ [美]迈克尔·舒曼：《为什么我们害怕崛起的中国》，载《参考消息》2011年6月9日14版。
④ [美]斯蒂芬·哈尔珀：《中国崛起是否意味战争》，载《参考消息》2011年3月8日14版。
⑤ 杨煌：《中国模式与社会主义》，北京，中信出版社，2013年版，第75页。
⑥ 李建国编：《中国模式之争》，北京，中信出版社，2013年版，第55页。

发展模式、发展奇迹的不多。而在解释中国道路的过程中往往缺少有说服力的方法论依据而容易陷入西方话语体系，用西方资本主义的理论解释中国道路。本书旨在解决这个问题，从中国道路的生成、发展及世界意义中提取马克思世界历史理论在当代的价值，或者说用马克思世界历史理论来解释中国道路成功的秘密，发掘中国道路的当代价值，预示中国道路未来的走向。这不仅对于中国特色社会主义的发展，而且对于发展中国家和社会主义国家的发展应该都具有不凡的意义。

第三节　世界历史理论与中国道路相关概念厘定

学术界对于马克思世界历史理论、中国道路等概念的定义颇多，莫衷一是。为了论述的需要，也便于更好地研究问题，下面对于本书中的一些重要概念做了必要的厘定与阐释。

一、世界历史的概念

关于世界历史的概念，有两种理解：一种是指历史学、编纂学意义上的世界历史概念，主要是对人类历史自原始、孤立、分散的人群发展为全世界成一密切联系的过程。如，由希罗多德撰写的西方最早一部"世界史"著作《历史》，再如古罗马史学家波里比阿撰写的《通史》中所表现出的"世界主义"——"……在今天这个时代，历史可以说已成为一个有机的整体"[1]等，还有我们经常看到的《世界通史》等教科书中运用的世界历史都属于这一类概念。

另一种是指从哲学方法论角度理解世界历史的概念。沃尔什将此称为"思辨的历史哲学"，其基本点是要发现整个历史过程的意义和目的[2]。这一历史哲学传统的先驱是赫德尔和康德，而18世纪西方在这方面卓有建树的首推维科，在他的《新科学》中主要以研究历史学与哲学统一的问题。但是黑格尔是第一个把"世界历史"既作为理解历史的思辨概念，又赋予其哲学观念特定内涵的哲学大师，黑格尔认为世界历史从本质上讲是精神的历史，是精神的自我展开和完成。世界历史可以说是精神自己回到自己、实现自己、

---

[1] 波里比阿：《通史》（第1卷），伦敦，1920年版，第1页。
[2] 沃尔什：《历史哲学》导论，广西，广西师范大学出版社，2001年版，第18页。

造成自己，继续做出它潜伏在自己本身的表现。[1]精神自身发展的历史是一个辩证的过程，与之相对应，现实的世界历史的发展也是一个辩证的过程。虽然黑格尔是从唯心主义的角度解释世界历史的内涵，但是它所阐明的总体性和辩证法却是有价值的。一方面，他把世界历史作为一个整体进行研究，认为人类历史的发展存在一部"世界历史"；另一方面，他从精神的自我展开出发，指出了世界历史发展的规律性，是一个由低到高发展，最终否定之否定的回复过程。这些思想都深刻地影响了马克思，成为马克思世界历史概念的直接来源。

关于马克思世界历史概念，学术界有多种不同的看法，主要有如下几种。

第一种观点认为，世界历史应特指各民族、国家通过普遍交往，进入相互依存状态，使世界整体化以来的历史。因为世界历史虽存在于今天，但它却形成于近代，即资本主义时代[2]。

第二种观点认为，马克思的世界历史概念有四层含义。一是指人类历史发展的统一性及其共同基础。二是指各个民族和国家的生产力与生产关系的系统间的相互联系、相互作用的总体。三是专指资本主义世界历史时代。四是特指在资本主义发展的一定阶段上所产生的现实的共产主义运动及其结果[3]。这种观点还强调马克思"世界历史"范畴这四层含义不可割裂，它构成了科学的"世界历史"范畴的整体。

第三种观点认为，在马克思世界历史概念包括时空两个维度：一方面，在时间维度上，马克思不仅将世界历史看作人类历史发展的一个新阶段，而且将"未来"也包括在世界历史概念内；另一方面，在空间维度上，马克思的世界历史概念是一个从历史主体的存在与发展角度来揭示人类历史进程特征的概念[4]。也就是说，马克思世界历史概念的时空内涵是与人的物质生产实践密切联系的，它特指16世纪以来资产阶级登上历史舞台后，世界经济、政治、文化一体化所形成的历史。

第四种观点认为，马克思世界历史概念指现代社会产生以来，世界经济、政治、文化一体化，各民族由过去相对孤立的发展走向全面的彼此影

---

[1] 黑格尔：《历史哲学》，上海，上海世纪出版集团，2001年版，第17页。
[2] 杨耕：《马克思世界历史理论的当代意义》，载《北京社会科学》1994年第4期。
[3] 叶险明：《马克思世界历史理论与现时代》，北京，清华大学出版社，2006年版，第55—57页。
[4] 赵士发：《世界历史和经济发展》，北京，人民出版社，2006年版，第7页。

响、彼此渗透、彼此融合的历史状态和趋势。它只是对现代社会产生以来一种新现象的抽象概括①。

第五种观点认为，马克思在实践活动原则发掘出世界历史的新内涵，即自18世纪以来，由资本主义生产和交往方式的迅猛发展而使世界成为统一整体、统一格局的历史。相对于地域狭隘性历史的历史，马克思强调了现实的世界历史，而不是黑格尔所谓的观念的世界历史②。

以上五种观点，都比较深刻地概括了马克思世界历史的概念，基本上都把世界历史看成是现代社会③以来，各民族国家从相互隔绝走向有机统一的整体的过程。有的关注到资本对世界历史的影响，有的提出了世界历史的时间和空间内涵，有的关注到了马克思世界历史概念的不同层次，有的关注到了世界历史的发展趋势。虽然这些观点在某些方面也存在一些瑕疵，比如，对人的主体地位和作用方面的忽视，在世界历史起源的时间上的分歧以及在对世界历史总体性和全面性上的把握不够等，但是这些学术观点为我们进一步深入探索马克思世界历史概念打下了良好的基础。

本书认为，马克思世界历史的概念，包含着以下四大核心要素：一是世界历史是随着生产力发展到一定程度，交往普遍广大，各民族从相互孤立、封闭、狭隘、割裂走向相互联系、渗透、影响、制约的有机整体的过程；二是世界历史起源于资本扩张和世界市场的形成；三是世界历史要经历资本主义和共产主义两个相互连接和继起的发展阶段，即世界历史始于资本主义，成于共产主义；四是世界历史是人的物质生产实践所推动的，其形成与发展是与全人类的解放和人的自由全面发展相一致的。从客观上说，世界历史就是16世纪以来建立在大工业和各民族国家普遍交往的基础上日益形成的民族国家之间相辅相成、相互作用、不可分割的世界整体性联系的历史；从主观上说，世界历史是资本登上历史舞台以来各民族国家通过生产力与生产关系的相互作用，使民族

---

① 曹荣湘：《马克思世界历史理论与当代全球化》，北京，中央编译出版社，2006年版，第14—16页。

② 顾红亮：《马克思的世界历史概念及其念义》，载《学术月刊》1997年第11期。

③ 马克思所说的"现代社会"实则指资本主义社会，起源于16世纪现代世界贸易和世界市场的出现。他指出，"'现代社会'就是存在于一切文明过渡中的资本主义社会，他或多或少地摆脱了中世纪的杂质，或多或少地由于每个过渡的发展而改变了形态，或多或少地有了发展"（《马克思恩格斯选集》第3卷，北京，人民出版社，1995年版，第313页），而"资本的现代生活史，是十六世纪现代世界贸易和世界市场出现的时候开始的"（马克思、恩格斯：《德意志意识形态》，《马克思恩格斯选集》第1卷，北京，人民出版社，1995年版，第114页）。

国家历史转变为世界历史,并最终实现全人类解放的过程。

二、中国道路概念、起源与起点

习近平提出对中国特色社会主义道路的理解要把握四个历史坐标。他指出:这条道路"是在改革开放30多年的伟大实践中走出来的,是在中华人民共和国成立60多年的持续探索中走出来的,是在对近代以来170多年中华民族发展历程的深刻总结中走出来的,是在对中华民族5000多年悠久文明的传承中走出来的,具有深厚的历史渊源和广泛的现实基础"[①]。习近平所指出中国道路的这四个历史坐标凸显了中国道路在历史长河中的四个重要支点,并且把中国道路和中国梦联系起来。

本书认为,首先,中国道路是指中国特色社会主义道路。这条道路是由以邓小平为主要代表的中共中央领导集体成功开辟,由江泽民、胡锦涛、习近平为主要代表的中共中央领导集体不断推向前进的。它是科学社会主义的理论逻辑与中国社会发展历史逻辑的辩证统一。它扎根于中国的实践、反映中国人民的意愿,是中华民族团结奋斗的旗帜,是实现民族复兴的必由之路。如习近平指出的,"实现中国梦必须走中国道路。这就是中国特色社会主义道路"[②]。其次,要正确区分中国道路的起源与起点。即中国道路的起源是1840年鸦片战争及随之而来的中华民族复兴之路的探索;起点是1978年党的十一届三中全会的召开及改革开放与中国特色社会主义的探索。把中国道路的起源定位于1840年鸦片战争及中华民族复兴之路的探索,有如下理由:从世界历史发展趋势看,19世纪中期,正是历史向世界历史转变的关键时期,西方资本主义以资本和工业文明以摧枯拉朽之势向世界未开化之地全面进军,而自新航线开辟以来在西方人眼中的"满地洒满金子"的富饶之地的东方,包括当时的中国在内就成为他们全球殖民扩张的一个主要对象。1840年便成为中国与西方在时间和空间上遭遇的开端,也是两千多年的中国传统农业文明与西方工业文明正面碰撞的关键一步,尽管这一步是在西方坚船利炮下被迫迈出的,结果是伤痕累累的,但在马克思看来历史起到了"不

[①] 习近平:《在第十二届全国人民大会第一次会议上的讲话》,《十八大以来重要文献选编(上)》,北京,人民出版社,2014年版,第234页。

[②] 习近平:《习近平谈治国理政》,北京,外文出版社,2014年版,第39页。

自觉的工具"的作用。从中华民族自身的发展来看，天朝大国、泱泱中华在1840年之前从未有过真正的敌手（除非是自身战乱），直至1820年，清朝的GDP还占据着世界总量的近1/3。但由于清帝国"天下唯我独尊"的心态，无视外部世界发生的深刻变革，依然在自己的小圈子里扬扬自得，致使清朝在经济、政治、文化、科技等几乎所有领域都相继落后于西方。直到1840年第一次鸦片战争之后，国人才在"洋人"的重击之下睁开双眼，然大势已去，中国逐渐沦落为半殖民地半封建国家。有论者认为，虽然1840年鸦片战争是中华民族屈辱史的开始，但"复兴"的努力是从19世纪80年代末90年代初才开始的，主张把中国道路的起点放在19世纪80年代末90年代初。本书认为，这种观点有所不妥。虽然19世纪60年代至90年代初发生了第二次鸦片战争、太平天国起义，由于帝国主义的侵略和渗透带来了近代中国官僚企业和民族资产阶级的出现，造就了数十万产业工人阶级，但是这些都是1840年鸦片战争的结果。因此，从内外结合而论1840年成为中华民族前途命运发生重大变化的分水岭，中国传统而古老的体制在西方列强的强力冲击下慢慢瓦解和转型。自此，中华民族进入了血泪斑斑的近代史，同时也开启了中华民族复兴的艰难道路。习近平指出，"实现中华民族伟大复兴，就是中华民族近代以来最伟大的梦想"[①]，为了实现这个梦想进行探索、试错，最终能够走通并获得成功的路才能称为中国道路。在起源阶段，以毛泽东为主要代表的中共中央领导集体带领中国人民完成了新民主主义革命和社会主义革命，从理论上形成了毛泽东思想，推动了马克思主义中国化的第一次飞跃；从实践上，成功实现了中国历史上最深刻最伟大的社会变革，根本扭转了中华民族不断衰落命运，为中华民族持续走向繁荣富强奠定了最根本的政治基础和前提。

把中国道路的历史起点定位于1978年党的十一届三中全会召开及改革开放与中国特色社会主义的探索，有如下理由：1978年党的十一届三中全会以来，以邓小平、江泽民、胡锦涛、习近平为主要代表的中共中央领导集体带领中国人民在探索社会主义建设规律过程中，实行了改革开放新的伟大革命，走出了一条中国特色社会主义道路，从理论上看，形成了中国特色社会主义理论体系，推动了马克思主义中国化的第二次飞跃；从实践上，确立了中国特色社会主义制度，实现了中国人民从站起来到富起来、强起来的巨大

[①] 习近平：《习近平谈治国理政》，北京，外文出版社，2014年版，第36页。

跨越。习近平指出："实现中国梦必须走中国道路，这就是中国特色社会主义道路。"① 从这个角度上来说，中国特色社会主义道路的开辟与拓展是1840年以来中华民族对民族复兴探索这个长时段中的一个阶段，而且是最为华彩的乐章。后者是前者的渊源和目的，是前者赖以生存和发展的根基和养分来源。正如习近平指出："站在960万平方公里的广袤土地上，吸吮着中华民族的磅礴之力，我们走自己的路，具有无比广阔的舞台，具有无比深厚的历史底蕴，具有无比强大的前进定力。"② 本书认为，对中国道路的理解只有把起源和起点两个时段的历史融会贯通起来，才能真正反映历史的发展和时代的精神，才能更好地认识我们经历的过去、把握现在和展望未来。因此，本书对"中国道路"一词的使用，从起点来看就是特指中国特色社会主义道路，而从起源来看则涵盖了整个中华民族伟大复兴之路。

关于中国道路从起源以来历史的形成阶段，持不同内涵的论者有不同的划分，有的认为从19世纪80—90年代开始，共120余年，分为4个30年③；有的认为从1840年算起，共170余年，分为两个历史阶段和四个时段④。本书认为从广义上说，中国道路的起源从19世纪40年代末鸦片战争开始，到21世纪

---

① 习近平：《加快构建中国特色哲学社会科学》，《习近平谈治国理政》（第2卷），北京，外文出版社，2017年版。

② 中共中央宣传部：《习近平总书记系列重要讲话读本》，北京，学习出版社，人民出版社，2016年版，第39页。

③ 王庆五：《中国道路、中国模式与中国经验》，载《江苏行政学院学报》2009年第3期。王庆五认为中国道路探索至今的120年大约分为四个30年。第一个30年是19世纪80年代末90年代初至20世纪20年代初。中国社会经历了中日"甲午战争"、戊戌变法、八国联军侵略中国、义和团运动、辛亥革命，最终说明中国资产阶级既不能使中华民族走向独立，也不能实现中国现代化的历史使命；第二个30年是20世纪10年代末20年代初至40年代末50年代初。在这个30年，中国共产党领导新民主主义革命，中国人民与帝国主义、官僚资产阶级、地主阶级展开了中国命运的大决战，实现了中华民族的解放和独立，为中国道路开辟了光明的前景；第三个30年是20世纪40年代末50年代初至70年代末80年代初，在毛泽东为代表的中国共产党人的领导下，我们开始了在东方这样一个经济文化都十分落后的、人口众多的国家实现现代化的伟大长征；第四个30年是20世纪70年代末80年代初至21世纪的今天，在几代中国共产党人的领导下，中国人民开辟的中国特色社会主义道路越走越宽广，中国的现代化建设取得了前所未有的进步。

④ 贺新元：《辩证思维下的"中国道路"解读》，载《马克思主义研究》2013年第6期。贺新元认为第一个历史阶段即为第一时段，是从1840年至中国共产党诞生前的80年，主要是各路仁人志士为探求救亡图存而做出的各种尝试与努力。第二个历史阶段是由中国共产党诞生之日开始，主要是中国共产党人站在前人探索的基础上，领导全国各族人民，把马克思主义基本原理与中国具体实际和时代特征相结合，不断引领国家独立、民族解放、国家富强、人民富裕，实现中华民族伟大复兴和现代化，这一历史阶段可分为三个时段，即革命、建设与改革开放。这三个时段最终孕育出中国特色社会主义道路。

中叶实现社会主义现代化共200年左右，大体上可分为两个一百年：第一个100年，从1840年到1949年，主题是被迫卷入世界历史与去殖民化革命，目标是实现民族独立与人民解放；第二个100年，从1949年到2049年，主题是自觉融入并影响世界历史与现代化建设，目标是实现社会主义现代化与中华民族伟大复兴。如习近平指出："我们的奋斗目标是，到2020年国内生产总值和城居民人均收入在2010年基础上翻一番，全面建成小康社会；本世纪中叶，建成富强民主文明和谐的社会主义现代化国家，实现中华民族伟大复兴的中国梦。"①第一个100年大体上可分为两个历史阶段五个历史时期。两个历史阶段，一个是旧民主主义革命时期（1840—1919年），另一个是新民主主义革命时期（1919—1949年）。五个历史阶段分为：第一个是从1840年到1864年，主要表现为在西方工业文明的强烈冲击下中国古代传统体制式微和农民起义风起云涌；第二个是从1864年到1895年，主要表现为西方资本主义的深入渗透与中国半殖民地半封建社会的形成；第三个是1895年到1905年，主要表现民族危机加深和爱国运动的兴起，各路仁人志士为探求救亡图存做出了种种尝试与努力，虽然没有取得成功，但是为找到中国道路的正确方向提供了宝贵经验；第四个是从1905年到1919年，主要表现为资产阶级革命爆发与失败；第五个是从1919年到1949年，主要表现为中国共产党的成立与带领人民夺取新民主主义革命的胜利，这是中国近代以来第一次胜利。第二个100年大体上可分为3个30年：第一个30年是从1949年到20世纪70年代末80年代初，以毛泽东为主要代表的中国共产党人为推动中国社会主义现代化建设做出的艰辛探索；第二个30年是从20世纪70年代末到21世纪10年代初，党的十一届三中全会后，以邓小平、江泽民、胡锦涛为主要代表的中国共产党人开辟了中国特色社会主义道路并把它不断推向前进；第三个30年是从21世纪10年代初到21世纪中叶，党的十八大以后，以习近平同志为核心的党中央统筹推进"五位一体"总体布局，协调推进"四个全面"战略布局，把中国特色社会主义推向了一个新的高度。通过这两个一百年的艰辛探索和努力实践，从根本上扭转近代以来中华民族积贫积弱、任人宰割的不利局面，从实践中开辟的中国特色社会主义道路必将引领中华民族的走向伟大复兴。

---

① 习近平：《习近平谈治国理政》，北京，外文出版社，2014年版，第56页。

三、中国道路、中国模式、中国方案概念辨析

中国道路、中国模式、中国方案都是对20世纪70年代末中国推行改革开放政策之后中国发展奇迹、发展经验的总结和概括，但这三组概念在侧重点、意义、潜台词等方面都存在一些差异。

中国道路的概念在前文中已经有了详细的论述，特指中国特色社会主义道路，其内涵根据党的十八大报告定义可以表述如下："在中国共产党领导下，立足基本国情，以经济建设为中心，坚持四项基本原则，坚持改革开放，解放和发展社会生产力，建设社会主义市场经济、社会主义民主政治、社会主义先进文化、社会主义和谐社会、社会主义生态文明，促进人的全面发展，逐步实现全体人民共同富裕，建设富强民主文明和谐的社会主义现代化国家。"[①]可以看出中国道路是与中国共产党的领导、中国特色社会主义制度、中国特色社会主义理论体系联系最为紧密的。这条道路是中国共产党紧紧依靠人民，把马克思主义基本原理同中国实际和时代特征结合起来，开创和发展的。相对于中国模式、中国方案而言，中国道路是一个意识形态烙印最为深刻和明显的概念，其内涵中的民族独特性与社会主义制度特征是最为突出的。

中国模式是一个争议较大的概念。学术界普遍认为"中国模式"是与"北京共识"联系在一起的，是在2004年由非华人学者乔舒亚·库珀·雷默（Joshua Cooper Ramo）提出的。最初"北京共识"是作为"华盛顿共识"[②]的对立面提出的。主要就是在"华盛顿共识"说"是"的地方，"北京共识"说"否"，因此，"北京共识"没有什么确定的内涵，雷默也承认："它有足够的灵活性，它几乎不能成为一种理论。""北京共识"的原则性条框主要体现在以下三个方面：一是创新和试验，在捍卫国家主权的同时积累不对称力量；二是不搞全盘私有化，对金融业自由化持谨慎态度；三

---

① 《坚定不移沿着中国特色社会主义道路前进，为全面建成小康社会而奋斗》，《十八大以来重要文献选编（上）》，北京，中央文献出版社，2014年版。

② "华盛顿共识"是1989年由美国经济学家约翰·威廉姆森（John Williamson）提出的，旨在为处于发展停滞不前的拉美经济体开出政策药方，目的是让他们平稳度过经济与金融危机，追上东亚诸经济体的发展。"华盛顿共识"从本质上讲属于"新自由主义"的经济框架。自从"华盛顿共识"向拉美等国推广以来，并没有取得想象的成功，很多非西方国家在采用之后并没有因此获得经济、社会的发展与民主的稳定，反而落入"中等收入陷阱"。

是不走西方的老路，坚持自己政治经济发展道路。其中同"华盛顿共识"截然相反的是"北京共识"把市场化改革放在民主化改革之前，并且认为这是"北京共识"最最重要的一个特点。自从"北京共识"的概念提出之后，"中国模式"遭到国内外政治精英、学术界的热炒。"北京共识"的提出是掺杂着西方政治眼光和意识形态目的的。20世纪70年代末80年代初中国改革开放之初，西方社会对中国一片欢迎，他们认为一个西方式的中国马上就要出现了。20世纪80年代末90年代初东欧剧变后中国坚定地站在了科学社会主义一边，这时他们发现中国不可能成为另外一个"自己"，于是就从意识形态出发抛出了"中国威胁论""经济威胁""军事威胁""粮食威胁""安全威胁"等，与此同时对中国进行"遏制""围堵"等，妄图"和平演变"中国，使中国出现苏联那样的变化。当21世纪初，中国的发展势头越来越猛，他们意识到中国的崛起不可阻挡的时候，又别有用心地抛出"中国责任论""中国领导世界""中美国""大国责任论"等。西方论者研究中国模式，提出"北京共识"目的是多样的，有的是对中国取得发展成绩的认可，认为中国找到了一条非西方的现代化发展道路；有的是借用"北京共识""中国模式"对中国进行"捧杀"；有的是这两种目的兼而有之。在学术界，对"中国模式"的争议很大，一部分学者对"中国模式"持肯定态度，认为存在"中国模式"，"中国模式"已经成熟，并且指出"中国模式"对发展中国家的发展有巨大的可借鉴意义；另一部分则对"中国模式"持否定态度，认为不存在"中国模式"，所谓的"中国模式"既没有定型，也不可复制，更不能对外推广和输出。我们的观点是：关于"北京共识"，在中国主流观点中是不认可、不使用的，而对于"中国模式"，虽然最早邓小平使用过"中国模式"的概念，所以我们在使用过程中也是相当谨慎的，以免落入西方设下的政治圈套。相对于中国道路、中国方案而言，中国模式是一个相对中性的概念，其内涵中的普适性与可类比、可复制性是最大的。

"中国方案"是习近平在2016年中国共产党建党95周年大会上提出的。其内涵与中国模式基本一致，但是为了避免国际上对"中国模式"的误读，凸显出中国软实力与话语权，中国共产党用了"中国方案"。相对于中国道路，中国方案的意识形态特征要弱一些，便于不同意识形态的世界各国认同与接受；相对于西方话语体系的"中国模式"，中国方案要谦和得多，由于以美国为首的西方国家在世界范围内强行推行以自由民主为核心的"西方模式"处处碰壁,使"模式"的提法容易让人产生误解,即是不顾其他国家的意愿与国情强行推广。所以中国共产党选用了"中国方案"的概念。"中国方案"的提出体现了"己所不欲勿施于人""和而不同"等中华传统文化的思想精髓。即,虽然20世纪80年代以来中国取得了举世瞩目的发展成就,找到了通向现代化的中国道路、形成了比较成型的一整套中国制度、创造了适应新时代的中国文化与文明范式,但是,中国从不认为应该把这些优秀文明成果强行输出。如果有国家希望学习借鉴中国发展的经验,我们非常欢迎;如果后发国家认为中国经验不符合他们的国情,可以完全忽视。中国一方面可以为他国,特别是后发展国家提供榜样、经验与教训,另一方面也欢迎别国免费搭上中国发展的顺风车。中国为人类探索更好的社会模式提供的只是一个"方案",而非必须遵循的"模式"或"准则"。因此,相对于其他二者而言,中国方案是一个相对超脱的概念,其内涵中的独特性与普适性并存,意识形态特征与可复制性共在,既易于国际社会接受,又不做任何规定性。

以上这三组概念在本书中都有所提及,其含义与上述论述相当。毫无疑问,在本书中,中国道路是核心概念。论述其他两组概念都是为这个核心概念服务的。

第四节 理解本书的思路、方法与钥匙

本书将以中国道路为中心,以马克思世界历史理论为分析框架,展开对中国道路相关问题的研究。从研究思路来看,沿着中国道路生成发展的历史逻辑与理论逻辑是一条明线,而以马克思世界历史理论及其发展趋势是一条暗线,以暗线对明线一以贯穿。即通过马克思世界历史理论来分析看待中国道路的前世今生与未来趋势,以马克思主义的眼光深入剖析中国道路的历史发展、性质内涵及世界意义,更好地理解资本主义世界体系这个中国道路存在发展的时空场域,更好地理解中国道路的内涵、实质、特征以及中国道路与其他发展道路的联系和区别,更好地理解中国特色社会主义道路通向世界历史更高阶段——共产主义社会的发展趋势。

本书的第一部分主要是提出问题，进行概念的厘定与辨析，指出研究分析这个问题的思路、方法与途径。第二部分主要研究整篇论文的理论基础与分析框架，即马克思世界历史理论的主要内容与相关问题，特别是明确指出了马克思世界历史理论所揭示的两大规律与一个基本问题，即世界历史是由低到高发展的动态规律、世界历史在某一特定的历史阶段存在总体上不平衡的静态规律；基本问题是作为整体的世界历史的发展与各民族国家历史发展之间的关系问题。实际上两大规律与一个基本问题的三条成为本书后面三大部分（第三部分至第五部分）的理论红线，贯穿始终。第三部分以马克思世界历史理论为视角，从对资本主义现代化的探寻到最终用社会主义的现代化超越资本主义的现代化这个主题分析了中国道路的起源与发展，揭示了中国道路是在各种道路、各个党派、各种药方屡试不爽，主客观条件层层受阻的条件下，由中国共产党人带领中国人民独立自主开辟的一条新的现代化之路。这条新路是社会主义性质的，是注入了中华民族民族特色、民族风格和民族气派的，它的方向是不仅满足于资本主义现代化的获取，而且还要超越资本主义现代化——用共产主义的现代化（自由个性人的全面发展）代替资本主义的现代化。第四部分重点用马克思世界历史理论所揭示的静态规律与动态规律为理论基础，对中国特色社会主义的本质内涵特征进行了深入剖析。阐明了中国特色社会主义道路一方面在现阶段需要利用"资本逻辑"在资本主义占主导的世界历史中立足脚跟、发展自己；另一方面作为制度的社会主义要"不忘初心"，把握世界历史发展的最终趋势，自觉地向着更高级的阶段"继续前进"。这一部分充分运用唯物史观与马克思主义政治经济学说科学揭示了中国特色社会主义初级阶段、社会主义市场经济、中国特色社会主义产权制度与分配制度以及超越意识形态的对外开放政策等一些现实问题与理论难题。第五部分重点关注了中国特色社会主义道路的民族个性与世界历史发展的总体趋势之间的关系问题，并且从中引申出中国道路的世界意义问题。科学地解释了在一定的历史时期"民族的就是世界的"的内涵意义。结语部分站在更高层次对全书进行了总结概括与升华，并对用马克思世界历史理论透视中国道路的学术发展提出了前沿性的探讨。

本书研究的方法主要包括：一是历史唯物主义与辩证唯物主义相结合的方法。这是本书采取的最主要的方法。马克思世界历史理论本身就是唯物史观的重要组成部分。本书的几乎所有观点都是以唯物史观为基点的,在中国道路的研究过程中通篇贯穿了生产力与生产关系、经济基础与上层建筑之间的关系立场与方法,在分析过程中运用到辩证唯物主义的两点论与重点论、对立统一规律、量变质变规律、否定之否定规律等基本方法。辩证地看待资本主义、社会主义及其社会历史发展规律与趋势;注重一般与个别、理论与实践、当前与长远,科学看待中国特色社会主义、看待社会主义初级阶段、看待市场经济等问题,得出了比较客观、科学的结论。二是历史与逻辑相统一的分析方法。本书在研究过程中既注重历史的纵深性,即时间性,又注重世界的广阔性,即空间性,运用历史与实践相统一的方法考察了中国道路由起源以来到21世纪中叶近200年历史的发展,又重点考察了近30多年来,中国特色社会主义道路开辟之后全球资本主义世界体系的发展,其中充斥了历史、现实、理论与实践,关注到了中国近200年历史发展中辉煌与悲悯交织的乐章,也是把马克思主义基本原理运用于分析解释中国道路的一项艰苦尝试。三是比较分析方法。在研究中国道路过程中,本书多次把中国道路与西方资本主义道路、"苏联模式"等进行比较研究。在中国道路的起源研究中,也把中国的屡次革命(改良)与同时代其他国家的发展改革相比较,既有纵向比较,又有横向比较。这种方法可以使研究者对所研究的核心议题有更加清楚的认识和更加明晰的定位,得出的结论也更加客观与深刻。另外本书还运用了其他一些方法,如思辨研究与实证研究相结合、文献梳理综合研究法等。

第二章 马克思世界历史理论源流探析

何为"马克思世界历史理论"？在马克思的文本中没有专门的论述，而是散见于马克思文本的不同地方，是由这些零散却存在内在逻辑关系的论述构成。可见，马克思本身没有有意识地构建专门的世界历史理论，而是把它作为研究问题、观察问题的一个理论视野和理论方法。这也是学术界对这个理论关注较晚的一个重要原因，开始的时候学术界一般是把它作为唯物史观的一部分看待的，但是，随着对马克思文本整体性研究的深入和对全球化发展的深层次思考，人们逐渐把马克思世界历史理论从唯物史观中独立出来进行研究，越来越揭示其理论价值和实践意义。

第一节 马克思世界历史理论的形成与内涵

世界历史的概念由来已久，一般可以从历史学和哲学两个方面来理解。马克思世界历史理论的概念是从哲学领域来理解世界历史的发展与人类文明进步的。它直接来源于黑格尔的思想，是在用唯物史观对黑格尔唯心主义历史观进行批判性改造的基础上形成的，它本身属于唯物史观的重要组成部分，但是就内涵与外延来说也有其相对独立性。

一、马克思世界历史理论的来源及形成

批判黑格尔的思想是马克思毕生的理论追求，他的世界历史思想也是如此。马克思世界历史理论的直接思想渊源是黑格尔的世界历史思想。黑格尔认为，世界历史从研究方法上分为"原始的历史""反省的历史"和"哲学

的历史"①。其中"原始的历史"所绘画的只是短暂的时期,人物和事变个别的形态,单独的、无反省的各种特点②,只是把历史当作已经发生的经验事实进行简单的堆积罗列,即只是依据一定的材料叙述历史中发生的行动、事变以及导致这些行动和事变发生的动机,至多只能给后世留下一个最清楚的影像或"栩栩如生的描绘"。"反省的历史"的范围是不限于历史学者所叙述的那个时期,相反地,它的精神是超越现时代的。对反省的历史而言,重要的不再是观念的重现,而是对历史资料的整理,这个整体不是一般历史资料的简单堆砌,而是根据工作者自己的精神来整理。如果说"原始的历史"是从具体的、个别的行动、事变回到内在的"观念领域",那么"反省的历史"则是从内在的"观念领域"出发,根据工作者自身的原则来叙述各种行动、事变的意义和目的。因此,每一位历史学家都是别出心裁,都有他们自己的特别的方法③。

黑格尔最为推崇的是"哲学的历史",在他看来,只有从哲学的角度审视历史,才能透过各种偶然性和特殊性的现象看到历史的真实,发现人类各民族发展如何从荒蛮走向现代的原因和依据,并从中寻找历史发展的规律,这才是世界历史本身。不言而喻,黑格尔的哲学洞见极为深刻,按照柯林武德的话说,由赫尔德④于1784年所开始的历史学运动到黑格尔达到了高峰⑤。正如后来恩格斯所高度评价的那样:"黑格尔第一次……把整个自然的、历史的和精神的世界描写为一个过程,即把它描写为处在不断的运动、变化、转变和发展中,并企图揭示这种运动和发展的内在联系。"⑥黑格尔认为"哲学的历史"是思想的历史,这个思想不是若干自生的观念,即不能把历史当作一种消极的材料,不许它保存本来的面目,逼迫它去适合一种思想。这种用以观察历史唯一的"思想"是理性,他认为,"理性"是世界的主宰,世界历史因此是一种合理的过程。⑦理性统治着世界,世界历史是理性的产物,

---

① 黑格尔:《历史哲学》,上海,上海世纪出版集团,2001年版,第1页。
② 黑格尔:《历史哲学》,上海,上海世纪出版集团,2001年版,第2页。
③ 黑格尔:《历史哲学》,上海,上海世纪出版集团,2001年版,第4页。
④ 赫尔德,德国哲学家,18世纪历史哲学的重要代表人物之一,是维柯的主要继承者,力图在多变的历史事实中去寻找不变的历史规律。
⑤ R.G. 柯林武德:《历史的观念》,北京,中国社会科学出版社,1986年版,第128—129页。
⑥ 恩格斯:《反杜林论》,《马克思恩格斯文集》第9卷,北京,人民出版社,2009年版,第8页。
⑦ 黑格尔:《历史哲学》,上海,上海世纪出版集团,2001年版,第8页。

受理性支配，是"精神"自我表现、自我实现、自我回复的舞台，是精神自身展开的过程。精神的"实体"或"本质"是自由，"自由"是"精神"的唯一真理。世界历史是精神的展开过程，即是自由的发展和实现。黑格尔指出，"如像一粒萌芽中已经含有树木的全部性质和果实的滋味色相，所以'精神'在最初迹象中已经含有'历史'的全体"。①世界历史的发展是从东方到西方的，就像太阳的东升西落一样，东方国家与西方国家相比是较低级的阶段，因为东方人不知道"精神"的本质是自由，他们只知道一个人是自由的，这个人只是一个专制的君主，希腊和罗马世界少数人是自由的，而不是人人是自由的，他们的生活和光辉是与奴隶制息息相关的，而各日耳曼民族知道了一切人（人类之为人类）是绝对自由的，因为，他们知道了"精神"的自由造成它最特殊的本性。在黑格尔看来，世界历史也需要人类的"热情"来推动，他声称"假如没有热情，世界上一切伟大的事业都不会成功"②。精神（那个"观念"）和人类的热情两者交织成世界历史的经纬线，但是，精神是第一位的，人类的热情是第二位的，是受精神支配的。人们的现实活动是"世界精神"实现其目的的工具和手段，对此，所有个人都是无所知的，他们只是无意识地或者不自觉地实现了它。即便是那些天才伟人作为"世界历史人物"也只是"世界精神的代理人"，拯救普通人的灵魂，把一切个人带领到自觉。因为，人们"仅仅认得特殊性，而且只能支配特殊性"③，在历史的进程中，他们只是为了实现自己的欲望和利益，而在无意识中不自觉地完成了世界精神的目的。

  黑格尔的世界历史的思想无疑是唯心主义的，但通过唯心主义形式所表达的历史观见解，比以往各种历史学家的论述都更为深刻，有学者甚至声称黑格尔世界历史思想是近代西方"世界历史观念的终结"④。作为黑格尔的学生，马克思吸取了黑格尔世界历史的思想的合理内核，用他创立的唯物史观及剩余价值学说对其核心概念进行了"头足倒置"的根本性改造和创造性转化，创立了科学的世界历史理论。黑格尔世界历史思想对马克思的影响主要体现在世界历史的总体性和辩证法方法论这两个方面，其对黑格尔世界历史

---

① 黑格尔：《历史哲学》，上海，上海世纪出版集团，2001年版，第18页。
② 黑格尔：《历史哲学》，上海，上海世纪出版集团，2001年版，第23页。
③ 黑格尔：《历史哲学》，上海，上海世纪出版集团，2001年版，第16页。
④ 叶险明：《世界历史理论的当代构建》，北京，中国社会科学出版社，2014年版，第58页。

思想的批判和超越也主要围绕这两个方面展开。

一方面，马克思在总体性历史观上对黑格尔的批判和超越。总体性历史观是维柯开创的，后经赫尔德、康德等人不断发展，黑格尔以其"巨大的历史感"建立起宏大完备的哲学体系，使总体性历史观达到了顶峰。总体性历史观包括两个方面的思想，一方面认为世界历史是一个有机的整体，其发展不是一些偶然的、特殊的、琐碎的人物、事变及其目的动机的堆砌，而是有内在规律的发展过程，并且力图寻找其中的规律。黑格尔认为世界历史的发展是有其规律性的，应该透过那些纷繁复杂的现象看到其内在的规律，这个思想深深地影响了马克思，但他又从唯心主义来看待认识这个规律，认为这个规律是"精神"的自我展开的过程，一切表现出来的人的活动和事变均是"精神"的呈现，在此基础上，他提出了人类历史的发展阶段：第一个阶段是"精神"汨没于"自然"之中，第二个阶段是"精神"发展到了它的自由意识，第三个阶段是从特殊的自由形式提高到纯粹的普遍性，升华到了精神性本质的自我意识和自我感觉[①]。马克思继承了黑格尔关于世界历史的发展是有规律性的思想，但马克思从现实的人出发，对唯心主义历史观进行了彻底的改造，认为世界历史的发展不是"精神""理性"或"观念"的运动，而是现实的人的物质生活资料的实践，在此基础上提出了人类历史发展的三个阶段：第一阶段是人的依赖关系；第二阶段是物的依赖性为基础的人的独立性；第三阶段是人的自由个性的全面发展。可以说经过马克思改造过的总体性历史观从抽象的概念上升到具体的实践之上了。另一方面世界历史与各民族国家历史的关系问题。黑格尔给出的"世界历史"的概念基本上等同于一般意义上的"人类历史"，是指各个民族历史发展的总和。他认为世界历史是一直以来都有的，从他的唯心主义框架出发认识到了世界历史发展的统一性和一致性，却忽视了历史发展过程中的质变、断裂和跨越的过程。马克思在深刻分析生产力和生产关系的辩证关系和人的物质实践的基础上，关注到了世界历史的质变、断裂的发展过程。指出世界历史并不是各民族国家历史发展的简单叠加，世界历史并不是自有人类历史以来就存在的，而是产生于资本主义生产方式的出现和发展，他鲜明地指出"世界历史不是过去一

[①] 黑格尔：《历史哲学》，上海，上海世纪出版集团，2001年版，第57页。

直存在的，作为世界历史的历史的结果"①，是大工业"首次开创了世界历史"②。至此，历史才转变为世界历史，这是人类历史发展到近代以后（资本主义大工业发展起来以后）各民族国家通过交往而不断连接成一个整体的结果，它与前资本主义时代各民族国家囿于其地域中相互隔绝的、孤立的发展时代有着本质性的差别。正是这种不同，"世界历史"才具有了特定含义，而且凸显了现实性基础和方法论意义。

另一方面，马克思在辩证法方法论上对黑格尔的批判和超越。黑格尔从唯心主义从发，把世界历史解释成精神的自我实现、自我发展到自我解体和重生的过程，"精神"在发展过程中注定要完成的便是它的解体，同时也是另一种精神，另一个世界历史民族、另一个世界历史纪元的发生。他拿"不死之鸟"来作比喻，指出，当"精神"脱掉它的生存皮囊时，它并不仅仅转入另一皮囊之中……它再度出生时是神采飞扬、光华四射，形成一个更为纯粹的精神③。这种死亡是生命的结局，生命也是死亡的后果的伟大思想，蕴含着了不起的辩证法思想。这一思想对马克思的世界历史理论有着深远的影响。马克思认为，历史向世界历史的转变，不是世界精神或者某个形而上学的神秘主义方面的抽象行为，而是完全物质的、可以通过经验证明的行动，每一个过着实际生活的、需要吃喝穿的个人都可以证明这种行动④。因为从根本上说它是生产力和交往关系发展的必然结果，是现实生活的人们的需要，在资本主义及大工业时代超越了民族国家地域的限制而与整个世界相联系的必然结果。另外，黑格尔的"世界历史"思想虽然以矛盾的辩证发展为动力，但却表现为一种不彻底的发展观。他认为世界历史是从东方开始直到西方结束，就是从东方历史出发，经过希腊、罗马发展到日耳曼历史的过程，世界历史到西方，特别是到日耳曼就是终止了，完结了，发展就结束了。这种历史终结论带有强烈的欧洲中心主义色彩，甚至可以说是德意志中心主义的色彩。正因为此，他的理论就此完备了，如果没有历史的终结，它的理论

---

① 马克思：《政治经济学批判》导言，《马克思恩格斯选集》第2卷，北京，人民出版社，1995年版，第28页。
② 马克思 恩格斯：《德意志意识形态》，《马克思恩格斯文集》第1卷，北京，人民出版社，2009年版，第566页。
③ 黑格尔：《历史哲学》，上海，上海世纪出版集团，2001年版，第73页。
④ 马克思 恩格斯：《德意志意识形态》，《马克思恩格斯文集》第1卷，北京，人民出版社，2009年版，第541页。

体系还不可能完满，但同时，他再也突破不了自己"思辨的历史哲学"了。与此相反，马克思的世界历史理论在发展观的阐发中，由于找到了生产力与生产关系，经济基础与上层建筑这两对辩证统一的矛盾运动，揭示了世界历史发展趋势，由历史向世界历史的转变（及世界历史的产生），到不断发展，最终解体是它的归宿。世界历史的解体即是民族的消亡、国家的消亡、阶级的消亡。马克思慷慨地指出，"无产阶级只有在世界历史意义上才能存在，就像共产主义——它的事业——只有作为'世界历史性的'存在才有可能实现一样"①。人类终将走向自由人的联合体，实现自由个人的全面发展。这种辩证法方法论是对黑格尔旧式辩证法方法论的合理扬弃，是彻底的发展观的体现。从这个意义上说，马克思世界历史理论突破了黑格尔的欧洲中心论，是致力于全人类解放的理论，体现了真正世界主义的志向和价值。

马克思"世界历史"概念的首次提出是在《1844年经济学哲学手稿》，对"世界历史"的集中表述是在1845—1846年与恩格斯合著的《德意志意识形态》一书中。在这部著作中，马克思较多地使用了"世界历史""世界市场""世界历史性""世界历史意义上"等概念，提出"地域性的个人为世界历史性的、经验上普遍的个人所代替"，指出"许多仅仅依靠自己劳动为生的人陷于绝境，这种状况是以世界市场的存在为前提的"，"无产阶级的存在只有在世界历史意义上才能存在"②，并且提出了"历史向世界历史转变"的著名命题，即"各个相互影响的活动范围在这个发展进程中越是扩大，各民族的原始封闭状态由于日益完善的生产方式、交往以及因交往而自然形成的不同民族之间的分工消灭得越是彻底，历史也就越是成为世界历史"③。可以说《德意志意识形态》中马克思对世界历史的集中阐述是世界历史理论形成的基础，而马克思世界历史理论的成型应该在1848年发表的《共产党宣言》（简称《宣言》）中。在《宣言》中马克思通过对资本主义本质特征的理论概括，特别是"两个必然"规律的揭示，使"世界历史"不仅具

---

① 马克思 恩格斯：《德意志意识形态》，《马克思恩格斯文集》第1卷，北京，人民出版社，2009年版，第539页。
② 马克思：《政治经济学批判》导言，《马克思恩格斯选集》第2卷，北京，人民出版社，1995年版，第538—539页。
③ 马克思：《政治经济学批判》导言，《马克思恩格斯选集》第2卷，北京，人民出版社，1995年版，第541页。

有了解释过去的价值,更是具备了预见未来的意义。在《〈政治经济学批判〉导言》《政治经济学批判》(1857—1858年手稿)等著作中,马克思对亚细亚生产方式进行了较为系统的阐释,并把理论的视角伸向世界落后民族国家的发展。在《资本论》中,马克思对资本主义世界历史时代的实质、矛盾与特征作了科学的分析,使其世界历史理论得到了更为科学的支撑。学术界以往忽视《资本论》在世界历史理论形成发展中的作用,笔者认为,这是不妥的。如果不借助于对生产方式和交往方式、资本生产及流通、剩余价值及其实现、国际市场和殖民地问题的充分展开和理论研究,不了解进行这种理论探索的立场、目的和主旨,"世界历史"就只能停留在抽象的或半抽象的概念上。正是在《资本论》中的展开分析,特别是第二卷中对资本流通过程的系统探索,才使"世界历史"由抽象上升到"具体概念"的形态。在马克思晚年所写的"历史学笔记"和"人类学笔记"中,世界历史理论得到了更进一步的补充和发展,特别是马克思晚年对东方社会发展道路的思考,对经济社会落后国家"跨越卡夫丁峡谷"的问题进行了科学的分析,使世界历史理论展现了更为广阔的新的生机和活力。

二、马克思世界历史理论的科学内涵

关于马克思世界历史理论的内涵的问题,学者们从不同的角度给出了回答。比如,日本教授望月清司非常重视"市民社会"在马克思世界历史理论中的核心地位和作用。他认为,马克思的历史理论是从本源共同体以后的人类史=世界史的积累出发去具体描述资本主义在世界历史中的过渡性逻辑的。同时它还是论证资本主义属于本来就能为必将到来的"更高级的社会形态"创造客观条件历史过程的理论[1]。中国学者一般从两种角度来看待世界历史理论。第一种认为,马克思世界历史理论是唯物史观的组成部分。比如,有学者认为,世界历史是马克思唯物史观在人类历史研究领域的成果体现,涵盖"世界历史"概念、世界历史产生发展的内在逻辑及其最终走向等丰富内容[2];也有学者认为,马克思世界历史理论是分析历史发展规律和趋势,批

---

[1] [日]望月清司:《马克思历史理论的研究》,北京,北京师范大学出版集团,2009年版,第5页。
[2] 葛谢飞:《马克思世界历史理论及其对社会主义建设实践的启示》,载《南京政治学院学报》2013年第6期。

判资本主义社会,把握社会主义前途命运历史走向和无产阶级解放道路的哲学工具①。另一种认为,马克思世界历史理论是一种新的视野和方法,在马克思整个理论中具有全局和基础性地位。比如,一些学者提到的"世界眼光""世界历史思维"等都属于这一类。

笔者认为,世界历史理论是马克思创造性运用其创立的唯物史观及剩余价值学说,辩证地运用生产力和生产关系、经济基础和上层建筑两对矛盾运动的一般原理全面系统地研究分析近代以来经济社会运动及其发展趋势得出的科学的结论,它是一个包括了世界历史的生成逻辑、世界历史的运行机制、世界历史的发展趋势、世界历史的发展与人的解放等的有机联系的理论体系。

理解马克思世界历史理论内涵,需要把握以下三个基本点。

第一,马克思世界历史理论的基本问题是作为整体的世界历史及其演变发展与世界历史各个构成部分(各民族国家)及其演变发展间的关系问题②。有人认为这两者之间是包含与被包含的关系,有人认为是整体与部分的关系——"世界历史形成之后,人类历史与民族历史的关系不再仅仅是一般和特殊的关系,而且同时具有了整体和部分的关系"③。笔者同意后一种观点,认为应该从系统论的角度来看待这个问题,两者的关系应该是系统这个整体与其组成部分之间的关系。世界历史不是各民族国家的演变发展的简单组合,不是以哪一个民族国家的意志为转移的(即使是世界历史的主导国也做不到),而是各民族国家演变发展的合力所推动的;世界历史的演变发展不能代替各民族国家的演变发展,但是它却制约着后者演变发展的总体方向和性质。如果真正从方法论意义上,搞清楚了这个问题,就能较好地看待诸如社会发展阶段"一"和"多"的问题、社会发展"单线"与"多线"等问题。这对于看待像中国这样经济社会落后的东方大国从不典型的封建社会跨越资本主义制度的"卡夫丁峡谷",一步步走上中国特色社会主义道路的可行性与必然性有重大的理论和现实意义。

第二,马克思世界历史理论阐明了物质生产劳动实践是推动人类历史

---

① 张天勇 戚甜甜:《从马克思世界历史理论看中国道路》,载《江苏社会科学》2014年第6期。
② 叶险明:《世界历史理论的当代构建》,北京,中国社会科学出版社,2014年版,第293页。
③ 杨耕:《马克思的社会发展理论研究述评》,北京,载《中国社会科学》1996年第1期。

形成和发展的根基，揭示了人类社会从前资本主义社会形态（亚西亚的、古代的、封建的社会形态）、资本主义社会形态到更高级的社会形态（共产主义社会形态）由低级向高级发展的阶梯过程。马克思指出："因为对社会主义的人来说，整个所谓世界历史不外是人通过人的劳动而诞生的过程，是自然界对人说来的生成过程，所以，关于他通过自身而诞生、关于他的形成过程，他有直观的、无可辩驳的证明。"①这主要是从纵向来考察的，即生产力发展的连续性视角。从这个以意义上讲，马克思世界历史理论科学地揭示了"世界历史"的发展图式，也就是我们熟知的"五阶段论"或"三阶段论"②。本书认为无论"五阶段论"或"三阶段论"都揭示了世界历史这个整体发展的一般规律及对这个规律的阶段性描述，不能简单地把世界历史发展的阶段性与各个民族国家发展的阶段性同一起来，断定按照马克思世界历史理论，每个民族国家的发展必须经历"五阶段"或"三阶段"的过程，这是错误的，也是完全不懂得马克思世界历史理论方法论的表现。

第三，马克思站在世界历史发展的高度，确立了资本主义在世界历史进程中不可替代位置和无法跨越的阶段。"资产阶级，由于开拓了世界市场，使一切国家的生产和消费都成为世界性的了。"③也就是说在世界历史的形成与发展中，"资本主义"是世界历史最终要攀登的一个阶梯④。按照马克思的逻辑，资本"首次开创了"世界历史，但真正意义上的世界历史始于资本主义，完成于共产主义，由于资本不可调和的矛盾性，因此，资本主义担负着为"新社会"创造物质基础和培育革命力量的历史使命。从这个意义上讲，无论世界历史整体形态的发展经历怎样的阶段，资本主义生产方式是不可跨越的。马克思的这一理论与当前资本主义社会占世界主体地位的现实是一致

---

① 马克思：《1844年经济学哲学手稿》，《马克思恩格斯文集》第1卷，北京，人民出版社，2009年版，第196页。

② 关于马克思社会形态"三阶段"与"五阶段"论的争论，由来已久，学术界认为马克思没有明确地提出"五阶段"论，即原始社会、奴隶社会、封建社会、资本主义社会和共产主义社会，只是后人按照苏联教科书继承下来的，而苏联教科书主要是通过《〈政治经济学批判〉序言》（1859年）总结出来的；而"三阶段"论是马克思在《政治经济学批判》（1857—1858年手稿）中明确提出的，即人的依赖关系、物的依赖性为基础的人的独立性和人的自由个性的全面发展。

③ 马克思 恩格斯：《共产党宣言》，《马克思恩格斯文集》第2卷，北京，人民出版社，2009年版，第35页。

④ ［日］望月清司：《马克思历史理论的研究》，北京，北京师范大学出版集团，2009年版，第3页。

的。对于系统中的部分——各个民族国家而言,虽然不能说每个民族国家都必须经历资本主义这个历史阶段,但是必然会受到世界历史这个系统整体发展阶段的影响和制约。这一点在对中国特色社会主义的建设发展中同样具有方法论意义,即使中国道路的发展由于特殊的历史条件和历史机缘可以跨越资本主义社会形态,但是在发展的初期及相当长的历史过程中必然处于资本主义占主体的世界历史之中。

从以上三个层面上讲,马克思世界历史理论既是一种独立的具有自身研究范畴的理论体系,也是一种新的历史观(唯物史观的组成部分)和方法论。它不仅研究世界历史的整体演变及发展,还研究各个民族国家在这个历史进程中的演变发展;不仅是具体描述资本主义产生、发展和灭亡的历史,即揭示资本主义在世界历史中的过渡性,同时它还论证了资本主义本身是为未来更高级的社会形态创造客观历史条件的重要一环。正如英国历史学家卡尔在《历史是什么?》中提出的著名命题:"历史不仅是过去与现在之间的对话,还是过去与未来之间的对话。"①马克思的世界历史理论做到了。

第二节 马克思世界历史理论的主要内容

马克思世界历史理论的内容非常丰富,不同学者有不同的概括方式,本书认为应该遵循世界历史从产生、发展、成熟,到最终消亡的线索来展开,主要阐述"历史向世界历史的转变""世界历史发展的矛盾过程"与"世界历史的发展趋势和人的解放"三个部分的内容,最后增加了"世界历史语境中的'跨越'问题"这一部分。一方面,"东方道路"思想是马克思晚年思考的重要问题和对世界历史研究的重要成果;另一方面,研究它对中国这个经济社会落后国家不经过资本主义制度直接进入社会主义也有一定的现实意义。

一、历史向世界历史的转变

历史向世界历史的转变是马克思在《德意志意识形态》中首次提出的,是马克思世界历史理论的核心原理,它是世界历史的产生机理,也是马克思世界历史

---

① [英]E.H.卡尔:《历史是什么?》,北京,商务印书馆,2008年版。

理论诸多环节得以存在和延伸的基础。通过对马克思世界历史理论的梳理，本书认为，历史向世界历史转变的时间是新航路的开辟和地理大发现，转变的动力是生产的普遍发展与交往的扩大，转变成型的标志是世界市场的形成。

与黑格尔不同，马克思认为世界历史不是一直存在的，而是资本主义生产方式出现以后的特有产物，他指出，"世界史不是过去一直存在的；作为世界史的历史是结果"①。在分析过程中，马克思首先抓住了物质生产生活这个历史的"现实基础"指出，"全部人类历史的第一个前提无疑是有生命的个人的存在"②，这个前提就是人们为了创造历史，必须先解决生存问题，即，解决吃穿住等一系列问题，实实在在地生活下来，按马克思的话讲，第一个历史活动就是"生产物质生活本身"③，同时，在"生产物质生活本身"的过程中满足这种需要的活动和为满足需要而用的工具又引起新的需要，这是人类历史活动的第二个基本要素，第三个基本要素是除了生产自己生命之外生产他人的生命，即繁殖。马克思指出，这三个方面不是三个发展阶段，应该看作从历史的最初起就同时存在并起作用的。无论是通过物质生活资料的生产而生产自己的生命，还是通过繁殖而生产他人的生命，都表现为双重关系，自然关系与社会关系。这里的社会关系是指许多人的共同活动，这种活动不论条件、方式和目的，它是实实在在的现实的实践，而不是"观念""理性"或者"绝对精神"的产物。因此，马克思指出，"一定的生产方式或一定的工业阶段始终是与一定的共同活动方式或一定的社会阶段联系着的，而这种共同活动方式本身就是'生产力'"，"人们所达到的生产力的总和决定着社会状况，因而始终必须把'人类历史'同工业和交往的历史联系起来研究和探讨"④。由以上论述，我们可以看出：一方面，马克思把世界历史置于物质生产实践这个坚实的基础之上，从生产力与生产关系的相互矛盾推导出世界历史的产生、发展、成熟和解体，这使他找到了研究历史的新方法，也使新的历史观诞生；另一方面，社会生产与社会交往成为马克思

---

① 马克思：《1857—1858年经济学手稿摘选导言》，《马克思恩格斯文集》第8卷，北京，人民出版社，2009年版，第34页。

② 马克思 恩格斯：《德意志意识形态》，《马克思恩格斯文集》第1卷，北京，人民出版社，2009年版，第519页。

③ 马克思 恩格斯：《德意志意识形态》，《马克思恩格斯文集》第1卷，北京，人民出版社，2009年版，第531页。

④ E.H.卡尔：《历史是什么？》，北京，商务印书馆，2008年版，第533页。

研究世界历史的两条线索，作为推动历史向世界历史转变的动力贯穿始终。

第一，新航路的开辟与地理大发现为历史转变为世界历史拉开了序幕。15世纪末和16世纪初，西欧封建社会生产力的迅速发展，上层社会对东方奢侈品，如香料、宝石、丝绸、化妆品需求的激增以及商品货币经济的急剧增长，特别是对黄金的需求猛增，这都要求扩大与东方各国的联系。而15世纪中叶，随着中东欧奥匈帝国的兴起，控制了东西方之间的传统商路，不仅对过往商品征收苛税，而且还进行海盗劫掠，促使大西洋沿岸国家必须从海上开辟新航路。1487年，迪亚士（Bartholmeu Dias）的船队沿非洲西海岸南下，首次绕过非洲最南端的好望角到达非洲东岸；1492年哥伦布（Christopher Columbus）从西班牙出发横跨了大西洋发现了美洲新大陆；1498年达·伽马（Gama Vasco, da）开辟了通往东方印度的新航路；1519年麦哲伦（Ferdinand Magellan）完成了首次环球航行，世界迎来了大航海时代。如果说起初开辟新航路主要是由于经济和贸易上的强烈欲望和宗教文化传播的话，那么它的开辟给人类带来了意想不到的后果和深远的影响：其一，它扩大了世界范围内的交往，使各民族突破了其地域性限制，更多地了解了其他民族国家，逐渐摆脱孤立和狭隘，变成世界历史性的民族。汤因比认为，在16世纪以前，"人间的世界大家庭分裂了许多互不相干的住宅"，故人类文明也是"互不相干的"，而15世纪的航海大发现使人类的脚步从一个大陆跨到另一个大陆之上，从而实现从草原到海洋的革命性变革①。其二，它促使了新兴资本主义向全球的扩散，最终导致了世界市场的形成。正如马克思所说："在十六世纪和十七世纪，由于地理上的发现而在商业上发生的并迅速促进了商人资本发展的大革命，是促进封建生产方式向资本主义生产方式过渡的一个主要因素。世界市场的突然扩大，流通商品种类的增多，欧洲各国竭力想占用亚洲产品和美洲富源的竞争热，殖民制度……所有这一切对打破生产的封建束缚起了重大的作用。"②其三，新航路的开辟引起了殖民征服运动。怀揣着对黄金的强烈渴望，欧洲的冒险家用武力强占亚洲、非洲、美洲、大洋洲等土地，使这些地方变为殖民地。殖民地变成了征服者的原料市场，又是商品

---

① 汤因比：《文明经受着考验》，杭州，浙江人民出版社，1998年版，第55页、第61页、第462页。

② 马克思：《资本论》第3卷，《马克思恩格斯全集》第25卷（上），北京，人民出版社，1974年版，第371—372页。

销售的市场，它对宗主国财富的积累和进一步扩张起到了极大的作用。如果不借助世界历史范围内的殖民征服，而仅靠资本主义自身自然积累的速度，是不可能如此之快地完成资本原始积累的。同时，在殖民征服的过程中，更伴随惨无人道的种族灭绝、鸦片贸易、黑奴交易等，在西欧各宗主国掀起资本和财富的狂热的时候，同样对其他国家和民族带来了无尽的伤害。新航路的开辟与地理大发现不仅使欧洲民族国家进入了世界历史，也迫使世界上其他一些民族国家被迫卷进世界历史中来。正如马克思指出的："它使未开化和半开化的国家从属于文明国家，使农民的民族从属于资产阶级的民族，使东方从属于西方。"[①] 而这种毫无准备地卷进世界历史一开始与其说是历史发展的必然，不如说是那些民族的灾难。但无论如何，新航路的开辟与地理大发现拉开了世界广泛交往的序幕，为人类社会进入了一个新的世界历史时代——资本主义历史时代——创造了条件。

第二，生产力的发展及其引起交往的普遍发展是世界历史形成的根本因素。在马克思看来，世界历史的形成和发展是生产力不断发展的结果。由于生产力的发展人类历史上有了分工，先是家庭的分工，然后是社会的广泛分工，随着社会分工的不断深入，产生了城市与乡村的分离、生产与交往的分离，同时扩大了商品的交换，使商品交换拓展到全球形成了世界市场，世界市场的极大需求又促使生产力迅猛发展，进而产生大工业，大工业又以机器大生产实现最广泛的分工，最终使各个民族国家连接成为互渗透、相互影响的一个整体，各民族国家的历史就转变成为世界历史。马克思因此认为，随着生产力的发展和交往的不断扩大，人们的世界历史性存在已经是"经验存在"了。

马克思认为前资本主义的历史都是地域性的民族历史。因为落后的社会生产力不足以打破限制各民族普遍交往的自然隔阂和屏障，只有生产力发展到一定程度后，出现了社会分工，进而产生大工业和世界市场，世界历史才会最终形成。马克思把资本主义世界历史的形成过程分成了三个阶段：第一个阶段是在传统农业劳动和工场手工业劳动的中世纪时期。由于生产力和交往都不发达，流通也不充分，城市中的资本是自然形成的资本，它是由住

---

① 马克思 恩格斯：《共产党宣言》，《马克思恩格斯文集》第2卷，北京，人民出版社，2009年版，第36页。

房、手工劳动工具和自然形成的世代相袭而组成的，只能是父传子、子传孙。这种资本，按马克思的话说它不是"现代资本"，不能用"货币来计算"，因此，它是"等级"资本①。随着生产力的发展和分工的进一步扩大导致商业劳动同工业劳动的分离，也就是生产和交往的分离。形成了商人这一特殊的阶级，商人阶级的形成使商业资本脱离了原先的自然属性，更倾向于流动性。马克思看到了商人阶级在推动交往方面的重要意义，他指出："随着交往集中在一个特殊阶级手里，随着商人所促成的同城市近郊以外地区的通商的扩大，在生产和交往之间也立即发生了相互作用。城市彼此建立了联系，新的劳动工具从一个城市运往另一个城市，生产和交往之间的分工随即引起了各城市之间在生产上的新的分工，不久每一个城市都设立一个占优势的工业部门。最初的地域局限性开始逐渐消失。"②第二个阶段是17世纪中叶到18世纪末商业的加速发展与工场手工业的发展时期。这一时期的典型标志就是地理大发现的殖民地经济所带来的巨大财富与巨大需求。但是由于世界市场被人为地分割成了多个部分，其中每一个部分又都由单一的宗主国来经营，资本的运动相比之前虽然已经大大加速，但相对来说总体上还是缓慢的。第三个时期是机器大工业时期。随着生产力的进一步发展以及科学技术的推动，工场手工业逐渐被机器大工业所代替，社会分工"片面化"和"非独立化"到了极为细致的程度。每一个人都成了机器上不可缺少的一部分，作为局部工人每天重复着机械的劳动，社会分工形成了"一个以人为器官的生产机构"。分工的细化和普遍化，反过来又促进机器大工业的发展，大工业使竞争白热化，创造了巨大的生产力和现代的交通工具，最终创造了现代的世界。马克思指出，"大工业创造了交通工具和现代的世界市场，控制了商业，把所有的资本都变成了工业资本，从而使流通加速、资本集中"，大工业"首次开创了世界历史，因为它使每个文明国家以及这些国家中的每一个人的需要的满足都依赖于整个世界，因为它消灭了各国以往自然形成的闭关自守状态"。③

---

① 马克思 恩格斯：《德意志意识形态》，《马克思恩格斯文集》第1卷，北京，人民出版社，2009年版，第558页。
② 马克思 恩格斯：《德意志意识形态》，《马克思恩格斯文集》第1卷，北京，人民出版社，2009年版，第559页。
③ 马克思 恩格斯：《德意志意识形态》，《马克思恩格斯文集》第1卷，北京，人民出版社，2009年版，第566页。

同时马克思认为在大工业和普遍交往的发展过程中,科学技术的发展是关键性因素,它对世界历史的形成起到了巨大的推动作用。比如,在生产过程中,马克思认为科学技术是"人类的手创造出来的人类头脑的器官",是物化的知识的力量,在生产的发展过程中,它们已经直接变成了生产力。恩格斯指出,"英国工人阶级的历史是从18世纪后半期,从蒸汽机和棉花加工机的发明开始的。大家知道,这些发明推动了产业革命,产业革命同时又引起了市民社会中的全面变革,而它的世界历史意义只是在现在才开始被认识清楚"①。科学技术的发明同样推动了交往在世界范围内的普遍扩大。正如马克思指出,"如果在英国发明了一种机器,他夺走了印度和中国的无数劳动者的饭碗,并引起这些国家的整个生存形式的改变,那么,这个发明便成为一个世界历史性的事实"②。正是由于科学技术的发展,才使劳动方式发生革命性变革,社会分工的细化程度无所不及,从而使人们真正脱离地域性、特殊性和民族性,实现向世界历史的转变。但是和大工业和普遍交往相比,科学技术的作用不是根本性的。因为,科技的突破也是由大工业的发展和交往扩大而引起的。

由此可以看出,对于世界历史的形成,马克思透过新航路的开辟与地理大发现这个"直观"和"感性",认为这种历史事件不是偶然的、孤立的、特殊的,其发生是有着深刻的经济和社会原因的,经过深入考察,最终得出结论:社会分工的不断细化和生产力的发展与交往的普遍扩大是形成世界历史的根本动因。

第三,资本的贪婪和扩张是形成世界历史的内在驱动力。为什么资本主义时代生产力会得到如此大的发展,以至"在它不到一百年的阶级统治中所创造的生产力,比过去一切世代创造的全部生产力还要多,还要大"③?马克思在分析资本的特性之后认为,正是由于资本的贪婪性与扩张性使生产力极大发展,世界范围内的交往极大丰富,促进了世界市场的形成,最终推动历史转变为世界历史。资本的贪婪性与扩张性在于资本一方面卸下了所有领域

---

① 恩格斯:《英国工人阶级状况》,《马克思恩格斯全集》第2卷,北京,人民出版社,1979年版,第281页。
② 马克思 恩格斯:《德意志意识形态》,《马克思恩格斯文集》第1卷,北京,人民出版社,2009年版,第541页。
③ 马克思 恩格斯:《共产党宣言》,《马克思恩格斯文集》第2卷,北京,人民出版社,2009年版,第36页。

第二章 马克思世界历史理论源流探析

仁义与道德、高尚与美好的光环，撕下了人与人之间温情脉脉的面纱，把一切关系都变成了纯粹的赤裸裸的金钱关系；另一方面作为财富一般形式——货币——的代表，资本力图超越任何一种界限以实现自己无止境的和无限制的欲望。资本的贪婪和扩张性体现在生产领域、消费领域和流通领域各个方面。如，马克思指出："资本的趋势是（1）不断扩大流通范围；（2）在一切地点把生产变成由资本推动的生产。"①

资本作为生产剩余价值的价值，只有不断地占有新的剩余价值，不论是通过占有绝对剩余价值还是相对剩余价值，才能维持自身的生存与发展。如马克思所说："创造世界市场的趋势已经直接包含在资本的概念本身中。任何界限都表现为必须克服的限制。"②首先，在生产领域，要让交换成为生产本身的目的，必须要抵制和消灭直接的、不进入交换领域的使用价值的生产，还要提高生产效率，增加相对剩余价值；其次，在消费领域，随着剩余价值的增加，需要生产出和不断寻求新的消费；最后，在流通领域内部扩大消费范围，要求把现有的消费量扩大，并把现有的消费推广到更大范围，以便产生新的需要，还要有意生产出新的需要，不断发现和创造出新的使用价值。正如马克思指出，"以资本为基础的生产，其条件是创造一个不断扩大的流通范围，不管是直接扩大这个范围，还是在这个范围内把更多的地点创造为生产地点"③。也就是说，当一国的资源和市场不能满足资本扩张的需要的时候，它就会不顾一切地冲破这个限制，打破民族国家之间地域的界限，向世界范围内扩张，并且是自发地向能够获取最多剩余价值的地区和部分扩张，按照马克思的理解，这种扩张可以是商业资本的扩张，也可能是工业资本的扩张，但后者比前者层次更高，因为它是"获得自由的资本"，是真正意义上的"现代资本"。正是它推动了大工业的发展和普遍的交往。而这种趋势是资本的贪婪的本性所决定的，因此是不可阻挡的。

马克思认为："只有资本才创造出资产阶级社会，并创造出社会成员对自然界和社会联系本身的普遍占有。由此产生了资本的伟大的文明作用；它

---

① 马克思：《1857—1858年经济学手稿摘选》，《马克思恩格斯文集》第8卷，北京，人民出版社，2009年版，第89页。

② 恩格斯：《英国工人阶级状况》，《马克思恩格斯全集》第2卷，北京，人民出版社，1979年版，第88页。

③ 马克思：《1857—1858年经济学手稿摘选》，《马克思恩格斯文集》第8卷，北京，人民出版社，2009年版，第88页。

创造了这样一个社会阶段，与这个社会阶段相比，一切以前的社会阶段都只表现为人类的地方性发展和对自然的崇拜。"① 由于资本的贪婪和扩张性，资本主义的发展也是在矛盾中运动的，旧的矛盾解决之后，新的矛盾又产生出来，人们越来越发现只要资本本身存在，矛盾就不可避免。而转嫁资本矛盾的一个重要途径就是向其他民族国家扩张，如马克思如说，"资产阶级，由于开拓了世界市场，使一切国家的生产和消费都成为世界性的了"②。资本的扩张带来全球范围内的国际竞争，而国际竞争的本质是资本的竞争。资本竞争的白热化使经济危机不可避免，由于世界市场的形成，经济危机将波及处于世界历史的各个民族国家，又给各国带来灾难。

因此，马克思在分析资本在全球的扩张之后，一方面认识到资本的积极作用，特别是对生产力发展的巨大推动作用，世界历史产生于资本主义大工业的发展和世界范围内普遍交往的形成；另一方面，也看到了资本的贪婪和破坏性给世界各国，特别是被迫卷入世界历史的民族国家带来的灾难。

二、世界历史发展的矛盾过程

马克思对世界历史的探究，不是就历史来谈历史，而是为了揭示历史发展的规律。马克思认为，世界历史的发展是包括两个历史阶段的：第一个是由各民族国家的历史向资本主义世界历史转变的过程，即资本主义世界历史的演变和发展过程；第二个是由资本主义世界历史向共产主义世界历史转变的过程，即资本主义制度的灭亡和共产主义的兴起，人类社会进入世界历史新纪元的过程。这两个过程是相互衔接和相互承启的，它的演变是世界历史发展规律决定的，归根到底是生产力与交往关系之间的矛盾运动所带来的，因此，是不以人的意志为转移的。目前世界历史的发展正处于第一阶段，这是我们所处的历史坐标。由此发展阶段，我们可以看出世界历史发展的矛盾过程主要体现在两个方面：一是作为整体性的世界历史由低到高发展所带来的各民族国家由孤立、狭隘和地域性融入世界历史的联系、交往、一体化发展到最终解体消亡的矛盾过程；二是在世界历史发展的第一阶段，世界历史

---

① 马克思 恩格斯：《德意志意识形态》，《马克思恩格斯文集》第1卷，北京，人民出版社，2009年版，第541页。

② 马克思 恩格斯：《共产党宣言》，《马克思恩格斯文集》第2卷，北京，人民出版社，2009年版，第35页。

在不同地域和民族国家中发展的不平衡矛盾过程。从性质上看,第一个矛盾是根本性矛盾,它贯穿世界历史的全过程,我们把它称为动态矛盾;第二个矛盾是暂时性矛盾,它是世界历史发展第一阶段的特有现象,我们把它称为静态矛盾。以往在传统社会主义研究中,我们更关注第一个矛盾,研究社会主义如何代替资本主义的问题,而忽视第二个矛盾,即如何正确认识世界历史在第一阶段发展的不平衡规律,更好地驾驭和运用这种规律,在资本主义占主导地位的世界历史中使社会主义国家赢得一席之地的问题。下面对这两大矛盾进行简要分析。

第一,世界历史发展的动态矛盾。即作为整体性的世界历史由低到高发展所带来的各民族国家由孤立、狭隘和地域性融入世界历史的联系、交往、一体化发展到最终解体消亡的矛盾过程。产生这个矛盾的根源在于生产力与生产关系、经济基础与上层建筑的矛盾运动。如马克思所说:"起初是自主活动的条件,后来却变成了自主活动的桎梏,这些条件在整个历史发展过程中构成各种交往形式的相互联系的序列,各种交往形式的联系就在于:已成为桎梏的旧交往形式被适应于比较发达的生产力,因而也适应于进步的个人自主活动方式的新交往形式所代替;新的交往形式又会成为桎梏,然后又为另一种交往形式所代替。由于这些条件在历史发展的每一阶段都是与同一时期的生产力的发展相适应的,所以它们的历史同时也是发展着的、由每一个新的一代承受下来的生产力的历史。"[①]在上述论述中,马克思阐明了世界历史发展的根本矛盾动力,正是由于生产力的发展,并与生产关系的更迭交替,才使世界历史由从无到有、由低到高发展。马克思指出,"大体说来,亚西亚的、古希腊罗马的、封建的和现代资产阶级的生产方式可以看作是经济的社会形态演进的几个时代"[②]。按照马克思的理解,资产阶级生产关系作为社会生产关系中最后一个对抗形式,随着它向共产主义社会生产关系的过渡,"人类社会的史前时期"就此终结,而真正的人类社会历史由此翻开。在亚西亚的、古希腊罗马的、封建的生产关系发展过程中,各民族国家的主要还是处于狭隘的地域性的状态,虽然各民族有一些交往,但由于生产力发

---

① 马克思 恩格斯:《德意志意识形态》,《马克思恩格斯文集》第 1 卷,北京,人民出版社,2009 年版,第 576 页。
② 马克思 恩格斯《政治经济学批判序言》,《马克思恩格斯文集》第 2 卷,北京,人民出版社,2009 年版,第 592 页。

展水平有限，交往只有局部的、片面的，历史总的来说还只是各民族国家的历史。而到了资本主义发展阶段，由于机器大工业的出现，生产力水平极大提高，世界范围内的联系和交往急剧扩大，形成了世界市场，各民族国家因此连接成为一个整体，各国历史转变为世界历史；资本主义一方面创造了无与伦比的巨大生产力，把世界历史推向极高的阶段，另一方面，它也创造出了它的对立面，即"在资产阶级社会的胎胞里发展的生产力，同时又创造着解决这种对抗的物质条件"。[1]这种对抗的物质条件越来越多，终有一天，量变成为质变，未来新的社会（共产主义社会）必将代替资本主义社会，开启一个全新的世界历史。所以说，资本主义的世界历史只是开篇、起步和初级阶段，真正的世界历史应该在共产主义社会中实现、完成和进入高级阶段。

同样的历程，各民族国家的发展应该是这样：在人类历史的发展过程中由部落逐渐发展成为民族国家，随着封建社会的晚期资本主义的出现，民族国家的地位越来越突出，特别是1648年，欧洲三十年战争之后，威斯特法利亚和约的签订，标志着主权国家作为国际社会的主体凸现出来，人类历史的发展进入民族国家历史时期，随着生产力和交往的不断发展，民族国家由孤立连接成为一个整体，进入资本主义世界历史阶段，而随着生产资料私有制与社会化大生产之间矛盾的加剧和不可调和，资本主义生产方式必然的灭亡，导致私有制的灭亡、民族国家的消亡，进入世界历史的完成的高级阶段，即世界历史的共产主义阶段。这里就涉及民族国家社会发展阶段与世界历史发展阶段之间的关系问题。本书认为，这两者之间应该是系统与构成部分的关系，世界历史的发展阶段与各民族国家的发展阶段不能等同。但作为系统的"总体"的世界历史是一种"普照的光"，它对使民族国家的就像"使社会一切要素从属于自己，或者把自己还缺乏的器官从社会中创造出来"[2]一样，开始的时候是一些"文明国家"代表着世界历史的方向，首先进入世界历史时间，然而，随着世界市场的扩大，一切民族国家都被卷进世界历史，并且民族国家将越来越处于从属地位，越来越服从于世界历史的发展。由此可见，世界历史的发展是一个极具强迫的过程，任何民族国家只有

---

[1] 马克思 恩格斯：《政治经济学批判序言》，《马克思恩格斯文集》第2卷，北京，人民出版社，2009年版，第592页。

[2] 马克思：《1857—1858年经济学手稿摘选》，《马克思恩格斯全集》第46卷（上），北京，人民出版社，1979年版，第236页。

符合它的发展趋势和方向，才能有一席之地，到最后西方的"文明国家"也是如此，不可能阻止世界历史的发展进程，也不可能改变世界历史的发展方向。任何有悖于世界历史进程的民族国家，即使在某一特定时期能够取得所谓的"成功"，从历史的长时段来看，终究是要灭亡的。

第二，世界历史发展的不平衡矛盾。是指在世界历史发展的第一阶段，世界历史在不同地域和民族国家中发展的不平衡矛盾。世界历史在资本主义的发展阶段，是不平衡的，即存在着所谓的"中心国家"和"边缘国家"。中心国家一般是发达的资本主义国家，率先进入世界历史的国家，在推动世界历史的发展过程中起到领导作用和核心推动作用的国家，而边缘国家一般是非资本主义国家，未开化和半开化国家，在世界历史的发展过程中，它们一般是被迫卷入世界历史，被世界历史的发展趋势裹挟着往前走的国家。它们之间的不平衡主要体现在：从经济上看，中心国家处于全球价值链的高端，为全球提供观念、标准、规范及生产工艺等高附加值的产品与服务，而边缘国家处在全球价值链的中低端，为全球提供原材料、半成品和低端加工制造业产品与服务。中心国家通过殖民、剥削、掠夺边缘国家的财富实现自身的财富聚集，并与边缘国家逐渐拉开差距，最终造成世界范围内贫富差距扩大。从政治上看，中心国家通过殖民、施加政治影响等干涉边缘国家的发展道路，使之政治上不能独立，必须依附中心国家。从文化上看，中心国家认为自己的文化意识形态是世界上最优越的，是世界其他国家的风范，并强制推广本国文化和意识形态。从科学和军事上看，它们以自身科技和军事的绝对优势，以确保它们的绝对领导地位。

在马克思看来，19世纪，整个世界经济的中心是英国，是世界领导国，欧洲大陆和北美等一系列资本主义相对不发达国家是依附国，而大部分亚洲，包括印度、中国、拉丁美洲和非洲等殖民地国家是边缘国，共同形成了一个不平衡的世界历史体系。而这一不平衡体系不是永恒不变的，随着资本的进一步扩张和北美的崛起，20世纪后，世界的中心由英国转移到了美国。马克思还解释了美国的发展起点高，他指出："北美的发展是在已经发达的历史时代起步的，在那里这种发展异常迅速。……可见，这些国家在开始发展的时候就拥有老的国家的最进步的个人，因而，也就拥有与这些个人相适应的、在老的国家里还没有能够实行的最发达的交往形式。"①对于世界历史发展的不平衡问题,马克思指出了它的进步性与残酷性。一方面,他认可了资本主义世界历史发展的进步性,认为这是一种代表了历史发展趋势的力量。历史向世界历史的转变从一开始就饱含着历史与伦理的惨烈冲突,而面对这一冲突,马克思首先是站在历史这一边的,在描述英国对东方印度殖民的文字中,他写道:"的确,英国在印度斯坦造成社会革命完全是受极卑鄙的利益所驱使……但问题在于,如果亚洲的社会状态没有一个根本的革命,人类能不能实现自己的使命?如果不能,那么,英国不管犯下多少罪行,它造成这个革命毕竟是充当了历史的不自觉的工具。"②针对东方的未开化国家,马克思认为从世界历史的角度看,印度"根本没有历史,至少是没有为人所知的历史",印度的历史最多只是"一次一次被征服的历史"③。只有英国这样的"文明国家"对"边缘国家"的征服、殖民,才能引起殖民地国家的革命,而这个革命是带有进步性质的。换言之,那么"未开化、半开化国家"如果没有"文明国家"的"帮助",完全靠它们自己的力量的话,它们是不能够进入世界历史的,如果这样必将被世界历史所抛弃。为此,马克思提出了殖民主义的"双重使命"思想,即"英国在印度要完成双重的使命:一个是破坏的使命,即消灭旧的亚洲式的社会;另一个是重建的使命,即在亚洲为西方式的社会奠定物质基础"④。

另一方面,马克思从关注每个人的发展角度来看待世界历史的不平衡性时,也深刻地指出了它的残酷性和惨烈性,体现了强烈的人道主义关怀。这方面的思想主要体现在他晚年的《人类学笔记》和马克思给维·伊·查苏利奇的信中。如,马克思指出,"谁都知道,那里的土地公有制是由于英国的野蛮行为才被消灭的,这种行为不是使当地人民前进,

---

① 马克思 恩格斯:《德意志意识形态》,《马克思恩格斯文集》第1卷,北京,人民出版社,2009年版,第576—577页。
② 马克思:《不列颠在印度的统治》,《马克思恩格斯文集》第2卷,北京,人民出版社,2009年版,第683页。
③ 马克思:《不列颠在印度统治的未来结果》,《马克思恩格斯文集》第2卷,北京:人民出版社,2009年版,第685页。
④ 马克思:《不列颠在印度统治的未来结果》,《马克思恩格斯文集》第2卷,北京:人民出版社,2009年版,第686页。

而是使他们后退"①，"英国人在东印度就进行过让公社自杀的尝试；他们得到的结果不过是破坏了当地的农业，使荒年更加频繁，饥馑更加严重"。②马克思所处的年代是殖民主义疯狂扩张的年代，一面是殖民主义对世界历史发展的促进，一面是它给殖民地人民带来的巨大痛苦，这使马克思非常苦恼。有的学者认为，马克思从早年时对殖民主义"双重使命"的积极评价，到晚年时，对其否定评价，意味着马克思思想的变化，从生产力论转向人道主义论。本书认为是不对的，从总体上看，马克思还是更倾向于历史发展的进步性的，如他所说："个性的比较高度发展，只有以牺牲个人的历史过程为代价。……在人类，也想在动植物界一样，种族的利益总是要靠牺牲个体的利益来为自己开辟道路的。"③马克思所论述的世界历史发展的结构性的不平衡矛盾对今天的实践依然有巨大的指导意义。随着时代的发展与资本主义生产方式的发展变化，马克思之后的许多学者继承马克思的这一成果提出了"帝国主义论""依附理论""世界体系理论"④等，对这个问题的研究开拓了新的视野。

概言之，马克思揭示了世界历史发展的矛盾过程，这一趋势是进步的，但具体的进程是残酷的。而世界历史发展的最终归宿是以实现人的解放、自由、全面发展为目的的。

三、世界历史的发展趋势和人的解放

马克思的世界历史理论揭示了世界历史的发展图式，其中隐含在世界历

---

① 马克思：《给维·伊·查苏利奇的复信》，《马克思恩格斯文集》第3卷，北京，人民出版社，2009年版，第584页。
② 马克思：《给维·伊·查苏利奇的复信》，《马克思恩格斯文集》第3卷，北京，人民出版社，2009年版，第587页。
③ 《马克思恩格斯全集》第34卷，北京，人民出版社，2008年版，第127页。
④ "帝国主义论"是列宁提出来的，他认为，在垄断资本主义阶段，资本主义的发展不仅迅速，而且极不平衡：一方面，发达的资本主义国家形成了资本家的垄断同盟；另一方面，处于垄断地位的却是极少数积累了巨额资本的最富国家。根据帝国主义经济发展的不平衡规律，列宁指出：社会主义不能在所有国家内同时取得胜利。它将首先在一个或几个国家内获得胜利，而其余的国家在一段时间内将仍然是资产阶级的或资产阶级以前的国家。"依附理论"是20世纪60年代初至70年代中期在拉美产生的。其代表人物为保罗·巴兰、萨米尔·阿明、冈德·弗兰克、特奥托尼奥·多斯桑托斯等，依附论认为，第三世界国家的不发达不是落后资本主义一个阶段，而是资本主义世界性扩张的结果，主张第三世界国家要实现发展必须与西方发达国家脱钩、断链，走自力更生的道路。"世界体系理论"是20世纪70年代后，由以伊曼努尔·沃勒斯坦为代表的学者提出的，世界体系论把依附论"中心—边缘"的分析范式扩展了"中心—半边缘—边缘"的结构，并且指出，处于这三个部分的国家是会发生变化的。

史发展的深层次的原因就是对人的解放的关注。正如马克思所说，"历史不过是追求着自己目的的人的活动而已"[①]。在《德意志意识形态中》马克思是从人的分工发展史的视角来分析世界历史的发展的。分工的历史是这样的：城市和农村的分离（物质劳动与精神劳动的分工、手工业的出现、资本和地产的分离）→生产与交往的分离（商人阶级的形成、现代意义上的商业资本的出现）→不同城市之间的分工（工场手工业的产生、机器的出现加快分工的细化）→大工业（世界市场的形成、真正意义上的现代资本——工业资本的出现）→作为异化的分工消亡（私有制的消亡、资本的消亡）。在对待分工的问题上，马克思持以下两方面的观点：一方面，马克思认为分工是生产力巨大发展的关键，是产生普遍交往的必要环节，是历史转变为世界历史的重要原因；另一方面，他又认为分工对人的发展来讲是一种异化，是阻碍人的自由而全面发展的因素。如，马克思指出："只要分工还不是自愿的，而是自然形成的，那么人本身的活动对人来说就成为一种异己的、同他对立的力量，这种力量压迫着人，而不是人驾驭着这种力量。"[②]在此基础上，世界历史的发展图式可以解释为这样：共同体中的个人→共同体内交往→共同体之间交往→私有制的产生与市民社会的形成→大工业的发展与资本主义世界市场→完成了的普遍交往与自由人的联合体。其中，共同体是指人与人之间交往无须中介的社会，而社会则是指人与人之间交往需要借助于共同体。在人类历史的早期，人与人之间的交往往往是直接的，社会形态基本上表现为"本源共同体"或"部落共同体"。随着私有制的出现和共同体的瓦解，人与人之间的关系变成了借助于商品交换的私有者之间的关系，社会形态也变成了以分工和交换为基础的市民社会，在这样的市民社会中，劳动不再是像过去那样是人的"自由自在的活动"了，而是成了一种异化的力量统治着人本身，随着大工业的发展与资本主义世界市场的形成，分工越来越细化，使人越来越脱离本身的目的与意义，人的剥削、压迫、异化无处不在，当这种异化发展到极致时，历史发展的新阶段出现了，就是扬弃这种异化的阶段，即"自由人的联合体"阶段，它是世界历史发展的否定之否定阶段，就是要

---

① 马克思 恩格斯：《神圣家族》，《马克思恩格斯文集》第1卷，北京，人民出版社，2009年版，第295页。
② 马克思 恩格斯：《德意志意识形态》，《马克思恩格斯文集》第1卷，北京，人民出版社，2009年版，第537页。

将人与人之间的间接关系再次回归于直接的分工和协作关系,在新的更高层次上回归于共同体。由此可见,马克思对世界历史进程的描述可以简化为"无中介的社会共同体→劳动和分工关系异化的社会→社会化了的自由人全面发展的联合体"。

在马克思看来,世界历史的发展过程与人的本质的实现的过程是一致的,即人向自身的人、社会的人的复归的过程。他指出,"每一个单独的人的解放程度是与历史完全转变到世界历史的程度是一致的"[①]。马克思在《政治经济学批判》(1857—1858年手稿)中对人的发展阶段进行了比较系统的阐述,提出了著名的"三阶段"论,即人的依赖关系、物的依赖性为基础的人的独立性和人的自由个性全面发展。第一个阶段,人的依赖关系是最初的社会形式。在这个阶段,马克思指出,"人的生产能力只是在狭小的范围内和孤立的地点上发展着"[②]。从世界历史的发展来看,此时世界历史还没有产生,生产力发展低下。一方面人的发展受限于自然界,为了"有生命的个人存在"而不自由;另一方面,人与人之间的交往只限于共同体内,人们之间或者是以血缘为纽带联系,或者是统治与被统治,服从与被服从的关系,从社会关系上看也根本谈不上自由,或者只有"一个人的自由"[③],绝大多数都不自由。第二个阶段,物的依赖性为基础的人的独立性。这个阶段与第一个阶段相比,人从自然形成的关系中解脱出来,但同时人却受物的奴役,依赖物。从世界历史的发展来看,此时生产力的发展产生了巨大飞跃,资本主义的世界历史已经形成,人们的普遍交往扩大到全世界,形成了世界市场。人相对于自然界来讲,自由程度大大提高,但是由于分工的深化,私有制的发展,人始终不能支配自己的劳动,不能实现"自由自觉的活动"这个人的本质。虽然第二个阶段,人将会受到物的盘剥、役使,人将会以一种异化的状态出现,但是马克思认为,这是必须经过的环节,就像经过人间炼狱之后,才能到达天堂一样。因为只有"在这种形式下,才形成普遍的社会物质变换、全面的关系、多方面的需要以及全面

---

① 马克思 恩格斯:《德意志意识形态》,《马克思恩格斯文集》第1卷,北京,人民出版社,2009年版,第541页。

② 马克思:《政治经济学批判》(1857—1858年手稿)摘选,《马克思恩格斯文集》第8卷,北京,人民出版社,2009年版,第52页。

③ 黑格尔语,黑格尔认为在东方亚细亚社会的专制结构中,只有一个人——皇权是自由的。见黑格尔:《历史哲学》,上海,上海世纪出版集团,2001年版,第2页。

的能力的体系"①，一句话，只有这个阶段，才能为下一个更高级的阶段创造物质基础、社会基础和人的基础。第三个阶段，人的自由个性全面发展。这个阶段，人真正成为自己的主人，可以控制和驾驭自然和社会关系，从而形成自由个性。从世界历史的发展来看，这个阶段是世界历史的真正完成，是新的未来社会，即共产主义的实现。在这个社会中，个人重新驾驭物的力量，分工消灭、民族消亡、国家消亡、阶级消亡，重新回复到真正的共同体中，这个共同体是一切自由人的联合体。

四、世界历史语境中的"跨越"问题

本书中的"跨越"问题，是指经济社会落后国家（特别是除欧洲以外的国家）跨过资本主义社会这个"卡夫丁峡谷"直接过渡到共产主义（社会主义）的问题。

要研究这个问题，首先我们来看看在马克思的语境中，世界历史的发展是如何从资本主义过渡到共产主义（社会主义）的？马克思认为世界历史的发展为进入共产主义创造了条件。实现共产主义是人类历史发展的必然，因为这是消灭人的异化，实现人的解放，成立自由人的联合体的必然要求。他认为要消灭这种异化就必须具备两个实际前提，即要让这种异化把人类的大多数变成完全"没有财产的人"，同时这些人又同现存的有钱有教养的世界相对立。那么要具备这两个实际前提的一个"绝对必须的实际前提"②就是生产力的巨大增长和高度发展。因为只有生产力巨大增长和高度发展了，其一，才能消灭贫穷、消灭极端贫穷的普遍化，而在极端贫穷的情况下，人们又开始为争取必需品而斗争，这样的话，"全部陈腐污浊的东西又要死灰复燃"③；其二，只有生产力的普遍发展，人们的普遍交往才能建立起来，才能使一切民族中产生无产者即"没有财产"的群众，使每一个民族都依赖于其他民族的变革；其三，只有生产力巨大而高度的发展，才能使地域性的个人转变为世界历史性的、经验上普遍的个人。因此，马克思深刻指出："共产主义只有作为占统治地位

---

① 马克思：《政治经济学批判》（1857—1858年手稿）摘选，《马克思恩格斯文集》第8卷，北京，人民出版社，2009年版，第52页。
② 马克思 恩格斯：《德意志意识形态》，《马克思恩格斯文集》第1卷，北京，人民出版社，2009年版，第538页。
③ 马克思 恩格斯：《德意志意识形态》，《马克思恩格斯文集》第1卷，北京，人民出版社，2009年版，第538页。

的各民族'一下子'同时发生的行动，在经验上才是可能的，而这是以生产力的普遍发展和与此相联系的世界交往为前提的。"①从这个意义上说，"无产阶级只有在世界历史意义上才能存在，就像共产主义——它的事业——只有作为'世界历史性的'存在才有可能实现一样"②。由此可以得出以下结论：第一，要进入未来更高阶段的社会（共产主义或社会主义），生产力的普遍发展和世界交往的普遍扩大这个前提是必不可少的。因为它创造了通向未来社会的物质条件、社会条件、精神条件和智力条件。其中，最为重要的是它创造了一个具有"世界历史意义"的阶级——无产阶级，他们是资产阶级的掘墓人，是实现这种变革的新生力量。第二，资本主义的生产方式是必不可少的。马克思虽然在许多场合批判了资本主义的罪恶，给人带来的剥削、压迫与异化，但同时他认为唯有世界历史在资本主义的发展，才能为通向未来之路创造条件，只有资本主义的生产方式才能实现生产力的巨大发展和世界的普遍交往，才能培育市民社会和大工业，才能让异化变得"不堪忍受"，才能使无产者与资产者的对立不可调和而爆发革命，并在无产阶级的累累白骨上为即将到来的"自由个人的全面发展"的时代奠定基础。第三，共产主义应该是世界占统治地位的民族同时发生的行动，孤立的、狭隘的、地域性的共产主义是不存在的。因此，在马克思的语境中，社会主义革命应该首先发生在占世界历史统治地位的发达资本主义国家，并且是"一下子同时发生的行动"，但是，由于"生产力的普遍发展"与"世界交往的普遍发展"也给经济社会相对落后国家实现社会主义带来了重大机遇。他指出，"一切历史冲突都根源于生产力和交往之间的矛盾。此外，不一定非要等到这种矛盾在某一国家发展到极端尖锐的地步，才导致这个国家内发生冲突。由广泛的国际交往所引起的同工业比较发达的国家的竞争，就足以使工业比较不发达的国家内产生类似的矛盾（例如，英国工业的竞争使德国潜在的无产阶级显露出来了）"③。虽然，这里还没有提出由前资本主义社会形态直接跨越到社会主义社会形态的命题，但是，明显为后者提供了理论支撑。我们需要注意的是，马克思关于世界历史发展、无产阶级革命

---

① 马克思 恩格斯：《德意志意识形态》，《马克思恩格斯文集》第1卷，北京，人民出版社，2009年版，第538页。
② 马克思 恩格斯：《德意志意识形态》，《马克思恩格斯文集》第1卷，北京，人民出版社，2009年版，第539页。
③ 马克思 恩格斯：《德意志意识形态》，《马克思恩格斯文集》第1卷，北京，人民出版社，2009年版，第567—568页。

以及共产主义实现的历史进程的考察主要是基于16世纪以来西欧资本主义生产方式从起源到发展的历史过程。脱离了这样具体的、历史的视角，把马克思世界历史理论当作一般发展道路的历史哲学理论，使一切民族，不管它们所处的历史环境如何，都必须走这条道路——以便最后都达到在保证社会劳动生产力高度发展的同时又保证每个生产者个人最全面的发展的这样一种经济形态。这样做的话，会带给马克思过多的荣誉，同时，也带给他过多的侮辱。

真正让马克思研究世界历史的视角转向东方社会的主要基于以下两点：一是，1871年，巴黎公社失败以后，西欧的无产阶级革命转入低潮，而此时，俄国的革命形势风起云涌，迅速高涨；二是，在这样的革命形势下，俄国一些进步知识分子就"俄国农村公社与俄国革命道路的问题"向马克思讨教，俄国是"首先摧毁农村公社以过渡到资本主义制度呢，还是可以在发展它所特有的历史条件的同时取得资本主义制度的全部成果，而又不经受资本主义制度的苦难"。[①]这两个事件，引起了马克思对于东方社会的关注，他学习俄语，深入研究俄国农村公社制度及其残余表现形式，深入考察1861年沙皇农奴制改革后俄国社会发展的状况，对由资本主义向社会主义转化途径、过渡形式进行了进一步思考，其中提出了"不通过资本主义制度的卡夫丁峡谷，而占有资本主义制度所创造的一切积极成果"[②]的思想。

马克思认为俄国的农业公社存在不同于较早原始公社的一些特征，具有固有的"二重性"：一方面，公有制及与之相适应的各种社会关系使公社基础稳固；另一方面，房屋、产品的私有及耕地的小块耕种使人的个性获得发展。他认为俄国是在全国范围内把"农业公社"保存到他们那个时代的唯一的欧洲国家。马克思指出资本主义生产的起源实质上是"生产者和生产资料的分离"，而这个全部过程的基础是对农民的剥夺。这个过程英国是彻底完成了，而西欧的其他国家都正在经历着同样的运动[③]。俄国由于农业生产和与之相应的农村社会状态处于很不发达的阶段，所以资本主义生产发展缓慢，全国范围内的"农业公社"的基本保留。俄国"农业公社"这种既具备

---

① 马克思：《给〈祖国记事〉杂志编辑部的信》，《马克思恩格斯文集》第3卷，北京，人民出版社，2009年版，第464页。
② 马克思：《给维·伊·查苏利奇的复信》，《马克思恩格斯文集》第3卷，北京，人民出版社，2009年版，第580页。
③ 马克思：《给维·伊·查苏利奇的复信》，《马克思恩格斯文集》第3卷，北京，人民出版社，2009年版，第570页。

公有制又具备私有制的二重性,决定了它的发展前景有两种选择:要么"它所包含的私有制因素战胜集体因素",要么是"后者战胜前者"。马克思认为,"这两种结局都是可能的,但是,对于其中任何一种,显然都必须有完全不同的历史环境。一切都取决于它所处的历史环境"①。从这里可以看出,马克思没有机械地肯定或否定俄国农村公社"跨越"的可能,提出主要是根据历史条件的变化来判断,体现了历史唯物主义和辩证法的思想。在此基础上,马克思提出了俄国农村公社实现"跨越"的可能性。第一,世界历史的发展与资本主义的二重性为实现"跨越"创造了机遇和条件。马克思指出,"俄国不是脱离现代世界孤立存在的"②。随着世界历史的形成和发展,资本主义的二重性更加清晰地展现在人们面前,一方面,资本主义创造了巨大的生产力,推动了大工业和市场化在世界范围内的发展。俄国可以把资本主义所创造的生产力、大工业等成果一下子引到自己这里来,在借鉴和移植资本主义一切优秀文明的基础上,实现对资本主义制度的"跨越";另一方面,资本主义正面临严重的危机。在资本主义世界历史中,资本主义的发展始终是影响东方社会发展的重要变量。当占主导地位的资本主义处于发展的上升阶段,东方社会民族国家只能被动地卷入世界历史——如果它们不想灭亡的话,而当资本主义已经明显处于盛极而衰、不断下行的历史阶段,就为东方社会的"跨越"提供了很好的机遇和条件。而俄国公社所处的时代正是资本主义制度同科学、同人民群众以至同它自己所产生的生产力相对抗的境地③。资本主义危机正将无产阶级和劳动人民拖入新的苦海之中,而这种危机是资本主义制度本身解决不了的,只有自身的灭亡才能真正解脱。如马克思所说,"在俄国公社面前,资本主义正经历着危机,这种危机只能随着资本主义的消灭,随着现代社会恢复的'古代'类型社会的公有制而告终"④。第二,俄国"农村公社"本身的具体条件有利于实现"跨越"。首先,1861

---

① 马克思:《给维·伊·查苏利奇的复信》,《马克思恩格斯文集》第3卷,北京,人民出版社,2009年版,第574页。
② 马克思:《给维·伊·查苏利奇的复信》,《马克思恩格斯文集》第3卷,北京,人民出版社,2009年版,第571页。
③ 马克思:《给〈祖国记事〉杂志编辑部的信》,《马克思恩格斯文集》第3卷,北京,人民出版社,2009年版,第572页。
④ 马克思:《给维·伊·查苏利奇的复信》,《马克思恩格斯文集》第3卷,北京,人民出版社,2009年版,第580页。

年俄国农奴制改革后,土地的公有制虽然出现了一定程度的解体,但是农民的负担加重了,而期望大规模组织起来集体劳动的愿望提高了,俄国"农村公社"的土地公有制可以使农民逐步地把小地块个体耕作转化为集体耕作;其次,俄国的土地天然地势适合大规模地使用机器,进行农业的大工业的改造;再次,俄国"农村公社"同控制着世界市场的西方生产同时存在,以至"农村公社"所需的设备、肥料、农艺上的一切资料可以从世界市场上找到。这样的话,俄国的"跨越"就存在可能的基础。有了"跨越"的可能就能实现"跨越"了吗?对此,马克思的答案也是谨慎的,因为,他认为要实现跨越必须有俄国革命,而且还必须与西方工人革命相互映衬、相互补充,"假如俄国革命将成为西方工人革命的信号而双方互相补充的话,那么现今的俄国公有制便能成为共产主义发展的起点"①。

综上所述,我们可以得出以下结论:其一,"跨越"出现的历史条件是资本主义在世界历史中的发展进程和状况;其二,"跨越"的是资本主义的制度形态,而在世界历史中资本主义生产方式所创造的生产力和交往方式则跨越不了;其三,"跨越"的问题的方法论在于一切都取决于当时的历史环境,正如"社会发展形态说"一样,"跨越论"也不是指导东方社会发展道路的一般历史哲学,具体民族国家的发展道路还需具体情况具体分析。

第三节 马克思世界历史理论与现代性、全球化的理论辨析

马克思世界历史理论从提出到现今已经有170余年了,在世界历史的发展过程中出现了各种各样的潮流或发展趋势,如:现代化、全球化的现象,与此相对应为了阐释这些现象,出现了各种各样的理论,如:现代化理论、全球化理论、殖民理论、依附理论、世界体系理论等,这些现象和理论都与马克思的世界历史理论有着千丝万缕的联系,为了更好地理解世界历史理论及其在当代的发展,更好地把握中国近代以来所处的历史方位和所经历的历史阶段,下面对现代性和全球化的理论思潮进行简要辨析。

---

① 马克思 恩格斯:《共产党宣言》,《马克思恩格斯文集》第2卷,北京,人民出版社,2009年版,第18页。

一、马克思世界历史理论与现代性理论

现代性，顾名思义，就是现代社会与传统社会的本质区别。"现代"一词最早使用于文艺复兴时期，资产阶级启蒙学者把文艺复兴之后的新时代称为现代，而学术界主流观点，认为现代性应该是16世纪以来所形成的现代社会的总体状况和基本特性。关于现代性的内涵，不同学者看法不一，有从经济角度阐释的，有从制度的角度解释的，也有从文化心里方面来理解的。吉登斯认为，马克思、涂尔干和韦伯分别从资本主义、工业主义和理性化方面界定了现代社会①，而他融合了以上三人的思想，认为现代性应当包含世界观、经济、政治、文化等多个层面的内涵，最简单地说：现代性是现代社会或工业文明的简略表述②。现代性包含四个制度方面的维度：第一，资本主义，即"在竞争性劳动和产品市场情境下的资本积累"；第二，工业主义，即"自然的改变：'人化环境'的发展"；第三，监督权力，即"对信息和社会督导的控制"；第四，军事力量，即"在战争工业化情境下对暴力工具的控制"。③与"现代性"联系紧密的一个概念是"现代化"。现代化是指人类社会自工业革命以来所经历的一场急剧变革，这一变革的主要特征是工业化，使工业主义渗透到政治、经济、文化、社会和人的思想等各个领域，导致由传统农业社会向现代工业社会的全球性大转型的过程。现代性与现代化既相互联系又存在不同，"现代性"是关于现代社会本质的概括，倾向于静态特征；而现代化是对现代社会生成发展的动态过程的描述，倾向于动态过程。从历史的观点来看，现代性是现代化进程的结果，又是现代化进一步发展的前提。当前，现代性理论的提出实际上是对西方现代化理论④的批判与反思。西方现代化理论将某种单一的"现代模式"预设成一个历史发展的必经之路，认为"前现代国家"、地区的发展必须要遵循"现代化"国家曾经走

---

① 安东尼·吉登斯：《资本主义与现代社会理论》，上海，上海译文出版社，2013年版，第1页。
② 安东尼·吉登斯：《第三条道路：社会民主主义的复兴》，北京，北京大学出版社，2000年版，第166页。
③ 安东尼·吉登斯：《现代性的后果》，南京，译林出版社，2000年版，第52页。
④ 西方现代化形成的历史时期主要是20世纪40—60年代，代表人物如：美国经济学家罗斯托，在1960年出版了《经济成长的阶段》，他把现代社会的形成划分为"传统社会""为起飞创造前提条件""起飞""向成熟推进""高额大众消费"五个阶段（1975年该书新版中增加"追求生活质量"作为第六个阶段）。在此书中罗斯托认为，美国不仅是现代化的样板，而且它的责任就是靠它"影响事态发展的资源和能力所及，在世界许多地区帮助维护现代化进程中的国家主权完整和独立自主"（罗斯托：《经济成长的阶段——非共产党宣言》，《从第七层楼上展望世界》，商务印书馆，1973年版，第84页）。

过的道路。现代性理论实际上是对这种理论所导致的现代性问题的反思和批判，力求找到现代社会最本质的东西，并谋求更为合理的发展路径和目标。

马克思早就形成"现代"的概念，对工业社会和工业文明也有深刻的认识，多次提到"现代资产阶级社会""现代资本家阶级""现代国家政权""现代工业""无产阶级即现代工人阶级"等，但却没有专门探讨过"现代性"的范畴与理论。马克思是从资本主义的角度来阐释现代性的。在马克思的文本中，"现代生产方式"是指资本主义生产方式，马克思所指的现代性特征主要也是指资本主义时代的特征。现代性是马克思世界历史理论的题中应有之义。世界历史的生成、在矛盾中发展和在新的更高层次上重生是伴随着现代性的生成与发展、矛盾与困境、终结与超越的过程的。可以说，现代性是世界历史发展的一条主要脉络。

第一，世界历史的产生与现代性的产生具有一致性。首先，16世纪是世界历史的起源，同时也是现代性的开端。16世纪以来地理大发现和新航路的开辟，16—17世纪的科学革命，17世纪英国政治革命和18世纪的法国大革命，18世纪后期19世纪初的工业革命，由这些引起的变化冲击了整个世界，形成了世界性的转变，影响了人与人之间的相互关系。马克思指出："世界贸易和世界市场在16世纪揭开了资本的现代生活史。"① "世界市场的突然扩大，流通商品种类的倍增，欧洲各国竭力想占有亚洲产品和美洲宝藏的竞争热，殖民制度——所有这一切对打破生产的封建束缚起了重大的作用。但现代生产方式，在它的最初时期，即工场手工业时期，只是在它的各种条件在中世纪内已经形成的地方，才得到了发展。"② 马克思所指的这个不同于中世纪的"现代生产方式"所引起一系列变革的时代就是"现代"。而这种"现代生产方式"是由大工业带来的，正是产生于17世纪的大工业在"首次开创了世界历史"的同时开启了"现代性"，使现代社会与前现代社会之间出现了巨大的差别，甚至可以说断裂。如吉登斯所说："现代性以前所未有的方式，把我们抛离了所有类型的社会秩序的轨道，从而形成了其生活形态。在外延和内涵两方面，现代性卷入的变革比过往时代的绝大多数变迁特性都更

---

① 马克思：《资本论》第1卷，《马克思恩格斯文集》第5卷，北京，人民出版社，2009年版，第171页。

② 马克思：《资本论》第3卷，《马克思恩格斯文集》第7卷，北京，人民出版社，2009年版，第371页。

加意义深远。"①然而，16世纪的世界市场和世界贸易还没有真正形成世界历史，这时的"现代性"只是萌芽，还处于其幼年时期。真正的世界历史的形成要到18世纪后30年，随着资本主义生产方式和大工业的发展而产生，而作为整体性的现代性的出现也是在那个时候。其次，世界历史与现代性产生的根本原因是现代生产。现代生产与资本主义制度是紧密联系在一起的，现代生产的起源史即是资本与雇佣劳动的形成史。在马克思的唯物史观中，"现代生产"是一个二重性概念，它遵循使用价值生产和价值增殖的双重逻辑。实际上，它就是在资本雇佣劳动的条件下不断产生出异化后果的资本主义生产。它不同于传统生产的特点在于：一方面，在物质上它以工业化为推动力，创造了发达生产力；另一方面，在社会层面，它是资本主义生产关系的再生产。可以说现代生产的核心是资本增值的过程。在资本主义时代，现代生产所具有的"物品——使用价值"生产与"劳动时间——价值"增殖的双重逻辑，便构成了现代性的最深层次的根源。同时现代生产在物质内容上表现为生产力的巨大发展、科技的发明和普遍运用、便捷的交通工具的出现与世界范围内的普遍交往，这些都是从民族国家的历史转变为世界历史不可缺少的。再次，世界历史与现代性产生的基本动力都源于资本。在马克思看来，现代社会及资本主义社会之所以能够在它所统治的时间里史无前例地加速度飞速发展，在创造巨大生产力的同时造成在政治制度、思想文化上的巨大变迁，甚至是断裂，其内部必然存在一个原动力，这个原动力就是资本。现代性的各种要素、现象和后果，都与资本增殖的动力源之间具有直接或间接的深层次联系。前面论述中，本书已经详细描述了在人类历史的发展过程中，资本如何从地产中分离出来、形成商业资本，到大工业时代形成工业资本的过程。可以说资本产生于资本主义生产方式的出现，并依靠现代生产增殖，同时，它又作为一种强大的推动力量，使资本主义生产方式不断扩张。

第二，世界历史的发展过程就是把西欧的现代性扩张到全球的过程。马克思指出："工业较发达的国家向工业较不发达的国家所显示的，只是后者未来的景象。"②这一段论述表明了马克思对于经济社会落后国家的发展道路

---

① 安东尼·吉登斯：《现代性的后果》，南京，凤凰出版传媒集团，译林出版社，2007年版，第4页。
② 马克思：《资本论》第1卷，《马克思恩格斯文集》第5卷，北京，人民出版社，2009年版，第8页。

和实现工业化的看法。马克思认为现代性的起源及资本主义生产的起源，实质上是"生产者和生产资料的分离"，而这个过程到马克思所处的那个年代只有英国完成了，"西欧其他国家都正在经历着同样的运用"①。其他"不文明国家"或"野蛮民族"还处于传统的农业社会之中。因此，世界历史发展的一个重要的作用就是使西欧的现代性和工业文明传播到全世界。在对东方社会的研究中，马克思认为东方社会完全处于混沌状态，商品生产发育缓慢，市场机制不健全，人治代替法治，特权横行，整个社会万马齐喑、停滞不前、缺乏创新精神。这些都成为东方社会几千年"超稳定结构"的根源，而印度就是这方面的典型。他认为，单靠东方社会自身没有能力摆脱这种命运，如果没有外力的介入，东方社会不可能实现革命性变革，不可能进入世界历史，不可能从传统农业社会进入现代工业社会而获得现代性。为此，马克思指出了英国对印度殖民的双重作用，即破坏和建设的作用。一方面，马克思认为，殖民主义充当了"历史的不自觉的工具"，打破了东方传统社会的桎梏；另一方面，需要在东方社会建立起现代社会。同时，马克思认为世界历史的发展在全世界产生了世界历史性阶级——无产阶级，即现代工人阶级。无产阶级是现代资本主义社会的产物，代表了现代生产的方向，具有典型的现代性，同时，无产阶级又是世界历史性的，一方面能够把现代性传播到全世界；另一方面又是资本主义现代性解体的重要推手。因此，马克思认为，当现代性由世界历史的发展传播到全球之后，资产阶级现代性就开始走向盛极而衰的下坡路了，这便是现代性的解体和新的现代性的重生。

第三，世界历史的真正完成与现代性的解体是一个过程的两个方面。如前所述，历史向世界历史的转变的本质是资本主义现代性不断向世界范围内的扩张，从本质上看，它是资本主义社会的基本矛盾在全球范围内的动态表现，资本主义的基本矛盾是生产资料私有制同社会化大生产之间的矛盾，而随着世界历史的发展，这种基本矛盾必然推及全球，就出现了生产力发展日趋国际化与生产力以及诸要素发展不平衡之间的矛盾。生产力发展的国际化本应该要求在世界范围内突破民族、疆域、地界而平等地相互往来，而由于发展的不平衡，先进生产力及其影响生产力发展的重要因素大多集中在少数

---

① 马克思：《给维·伊·查苏利奇的复信》，《马克思恩格斯文集》第3卷，北京，人民出版社，2009年版，第570页。

主要资本主义国家中,而这些国家垄断了各种资源,获取高额的垄断利润,不断推行各种形式的不平等国际秩序,大力推进经济政治文化的殖民主义,严重阻碍了人类社会总体生产力水平的提高。这种矛盾是资本主义本身无法解决的,是资本的二重性带来的,因此资本在世界范围内扩张的过程本身就包含着否定的因素。世界历史的真正完成,就意味着资本主义世界历史的消亡,随即进入共产主义阶段。只有在共产主义阶段,消灭了私有制,消灭了劳动异化,人与人之间不再是物的依赖关系,民族消亡、阶级消亡、国家消亡,真正的自由人的联合体才会出现,世界历史到这里才是真正地完成。现代性的解体是现代性的基本矛盾所带来的,马克思是从"资本逻辑"来看待现代性逻辑的,从根本上说,"资本逻辑"决定着现代性逻辑。因此,现代性的基本矛盾是由资本的基本矛盾带来的。马克思指出,"资本本身就是矛盾"。资本的这个基本矛盾来源于其本身的二重性,即创造文明的逻辑与价值增殖逻辑之间的对立统一①。具体表现为,商品的使用价值与价值、生产商品的具体劳动与抽象劳动以及劳动过程中使用价值的生产与价值增殖的对立统一,从而开启了资本主义总危机的可能性。最终导致资本主义经济危机呈周期性出现,随着世界历史的发展,这周期性的经济危机越来越对世界经济造成巨大的影响,而这种危机是资本主义本身的危机,是现代性本身的危机,是不可调和与被消灭的。马克思指出,"资本主义制度正经历着危机,这种危机只能随着资本主义的消灭,随着现代社会回复到'古代'类型的公有制而告终"②。马克思所说的"古代"类型的公有制是资本主义现代性的解体和对资本主义现代性的一种超越。因此,世界历史的真正完成与现代性的解体所描述的都是同一个过程,即"资本主义的灭亡与共产主义的胜利""资产阶级的灭亡与无产阶级的胜利"③。

综上所述,马克思世界历史理论的发展与现代性的发展可以看作是同一历史过程,但是马克思世界历史理论与西方现代性理论是完全不同的,马克思世界历史理论是对西方现代性理论的超越。

---

① 丰子义:《走向现实的社会历史哲学——马克思社会历史理论的当代价值》,武汉,武汉大学出版社,2010年版,第396页。
② 马克思:《给维·伊·查苏利奇的复信》,《马克思恩格斯文集》第3卷,北京,人民出版社,2009年版,第572页。
③ 马克思 恩格斯:《共产党宣言》,《马克思恩格斯文集》第2卷,北京,人民出版社,2009年版,第43页。

二、马克思世界历史理论与全球化理论

全球化是一个涵盖宽广、既简单又复杂的概念。说它简单，谁都可以感受到它的存在，给它下一个定义；说它复杂，实际上到目前为止，关于全球化的概念仍然是莫衷一是，而它所带来的影响几乎涉及经济、社会、政治、文化等所有领域。按照乌尔里希·贝克的说法，"全球化是过去和未来数年里使用（滥用）最多、界定最少、最容易被误解、最模糊并且政治上最有影响的（标语和有争议的）词语"①。作为一个热词，经济全球化的概念，是在1985年，首先由美国的泰奥多·莱维特（Theodore Levitt）提出的，用来描述此前20年间世界经济的巨大变化，即"商品、服务、资本和技术在世界生产、消费、和投资领域中的扩散"②。而20世纪70年代后全球化浪潮的兴起，又促使人们把目光投向马克思，因为，许多论者认为全球化的景象与马克思170多年前描述的世界历史发展的现象之间存在极大的相似性。正如约翰·卡西迪所说，虽然"'全球化'是20世纪末每一个人都谈论的时髦词语，但150年前马克思就预见到它的许多后果"。③这一类论者指出现今时代的全球化与马克思所处的那个时代有着连续性，因此，马克思世界历史理论就是"全球化理论"；另一类论者指出，当前全球化无论从层次上、性质上都明显比马克思世界历史理论高许多，马克思的世界历史理论根本无法与现今的全球化扯上关系。不管是持连续论者，抑或持断裂论者，都反映了他们对于全球化与马克思世界历史理论关系的根本看法。其实这两种观点都有值得商讨的地方，为了后续的展开论述，本书认为有必要在这里从理论上把这二者的关系做一个厘清。

第一，来看全球化。涉及三个问题，全球化的概念、全球化的阶段与全球化的基本矛盾及解决。第一，全球化的概念。1997年国际货币基金组织（IMF）主要从经济出发提出了国际上比较认可的概念，即"全球化是跨国商品与服务交易及国际资本流动规模和形式的增加，以及技术的广泛迅速传播使世界各国经济的相互依赖性增加"④。这一定义基本上描述了经济全球

---

① 乌尔里希·贝克：《什么是全球化》，上海，华东师范大学出版社，2008年版，第23页。
② 关立新 王博 郑磊：《马克思"世界历史"理论与经济全球化指向》，北京，中央编译出版社，2013年版，第2页。
③ 约翰·卡西迪：《马克思的回归》，载俞可平：《全球化时代的"马克思主义"》，北京，中央编译出版社，1998年版，第4页。
④ 国际货币基金组织：《世界经济展望》，北京，中国金融出版社，1997年版，第45页。

化的过程和形式,揭示了各民族国家在其中越来越紧密的关系,反映了全球化的现象和本质。但不同学者从不同角度理解提出了多种全球化概念。如尤尔根·哈贝马斯是从经济、政治的角度来理解"全球化"的,认为其是"世界经济制度的结构性转变",具体表现为市场全球化,特别强调市场全球化的过程,并提出了4个指标:国际贸易促使各国国民经济日益依赖世界经济、金融市场的全球网络化推动的短期投资造成了流动性更强的资本、由跨国公司引起的对外直接投资的增长、"新兴工业国家"工业产品出口的急剧增长对经合组织国家的竞争压力①。根据上述描述,哈贝马斯认为,全球化是一种"跨国性的"世界经济体系观念,这种新理念打破了国内贸易与对外贸易的界限,为作为主体的民族国家规定了新前景。而乌尔里希·贝克首先区分了全球性、全球主义与全球化,认为全球性是一种客观存在的世界性的去疆界,从而带来的各种经济、文化和政治形式的碰撞;全球主义是指世界市场统治的思想,把全球性的各个方面都归因于经济领域,在此基础上指出了全球化概念:"全球化指这些发展过程,其结果是各民族国家及其主权遭到跨国行为主体它们的权利机遇、方针取向及网络的认同和破坏,并且被横向联系起来。"②"全球化指经济、信息、生态、技术、跨文化冲突和全民社会各领域里可感受的日常行为的去除疆界性……这样理解的全球化意味着消灭距离,人们被扔进了不希望的、无法理解的跨国生活方式中。"③由上可以看出,贝克的全球化概念包含了经济、政治、文化、社会等各个方面,是一种全方位的跨国的联系与影响。全球化大师罗兰·罗伯森指出:"作为一个概念,全球化既指世界的压缩,又指认为世界是一个整体意识的增强。"④由此看出,罗伯森既强调了全球化存在的客观性,又指出了对它认识的主观性。认为全球化实现了"普遍主义主题和特殊主义主题"的统一,带来了"经验的普遍性和日益增多的对特殊性的预期"与"普遍性的经验和日益增多的对普遍性的预期"⑤。那些被视为适用于全人类的普遍的原则和被认为只适用于地域性的原则已经维系在一起,成了"全球网"的一部分。西方这些关于

---

① 乌尔里希·贝克:《全球化与政治》,北京,中央编译出版社,2000年版,第75页。
② 乌尔里希·贝克:《什么是全球化》,上海,华东师范大学出版社,2008年版,第13页。
③ 关立新 王博 郑磊:《马克思"世界历史"理论与经济全球化指向》,北京,中央编译出版社,2013年版,第24页。
④ 罗兰·罗伯森:《全球化社会理论与全球文化》,上海,上海人民出版社,2000年版,第11页。
⑤ 国际货币基金组织:《世界经济展望》,北京,中国金融出版社,1997年版,第147页。

全球化概念的思想可以说仁者见仁、智者见智，但基本上有几点是基本认可的。一是全球化是一种超越地域性的、跨国，使世界更加紧密联系成一个整体的运动；二是全球化的动力主要来自经济领域，以商品和资本的跨国流动与世界市场带动其他领域的相互联系；三是全球化带来的一大问题是跨国趋势与民族国家主权间的关系问题。

第二，全球化的阶段。关于这个问题，比较有代表性的是罗兰·罗伯森与戴维·赫尔德。罗伯森从民族社会、个体自我、诸社会构成的世界体系和人类四个要素来描述全球化的历程，分为以下5个阶段（见表2-1）[1]：

表 2-1

15世纪初期到18世纪中期	萌芽阶段
18世纪中叶到19世纪70年代	开始阶段
19世纪70年代到20世纪20年代中期	起飞阶段
20世纪20年代中期到60年代后期	争霸阶段
20世纪60年代后期到90年代初	不确定性阶段

赫尔德根据年鉴学派的"长波段"理论，认为对全球化阶段的划分应该是从数个世纪开始考察。其中包括前现代的全球化（开始于9000—11000年前）、现代早期的全球化（1500—1850年）、现代的全球化（1850—1945年）和当代的全球化[2]。虽然罗伯森与赫尔德都对全球化的各阶段做了比较科学的划分，但本书认为，要理解真正的全球化，必须要把它与资本主义联系在一起，因为无论从哪个方面来看，资本主义造成了人类历史的"断裂"（如现代性论者所说），或者造成了历史向世界历史的转变（如马克思所说），如果把全球化仅仅看作是一种平铺直叙的过程，还不足以理解它和它对于我们今天的影响。这里，需要介绍一下阿里夫·德里克的观点，德里克主张要理解全球化必须与资本主义的起源、发展联系起来。德里克认为正是资本主义的崛起才有可能使全球化成为一种连续不断的趋势，既是经济全球

---

[1] 罗兰·罗伯森：《全球化社会理论与全球文化》，上海，上海人民出版社，2000年版，第84—85页。

[2] 戴维·赫尔德等：《全球大变革——全球化时代的政治、经济与文化》，北京，社会科学文献出版社，2001年版，第575—584页。

化同时也是政治和文化全球化。"如果资本主义的起源在于早先的生产方式的发展演变，那么这一点既不否定资本主义将要在统一世界方面起到的空前历史作用，也不展现整个人类历史，倒是展现作为当代全球化的历史语境的资本主义结构"①。"不提及资本主义在全球的胜利，全球化是不可理解的"②。在此基础上，德里克把全球化分为三个阶段：第一阶段：19世纪。这个阶段全球化表现为欧洲资本主义的普遍化，即欧洲资本主义经济的扩张。第二阶段：19世纪晚期到第二次世界大战。这个阶段中全球化表现为资本主义的一体化与新的分裂分化。资本主义出现了发展中的不平衡矛盾，而在非资本主义地区出现了殖民与民族解放斗争。第三阶段：20世纪70年代以来。表现为资本主义世界体系的最新发展。虽然仍保留中心—外围形式和相适应的发达—不发达的状况，但资本主义通过"新的国际劳动分工"实现了生产的跨国化。虽然德里克没有像马克思那样深刻地指出资本主义的暂时性，但把资本主义纳入全球化的视野内，作为一个重要变量加以分析，是非常可取的。根据德里克的论述，学界把"全球化"的概念分为广义和狭义两种。广义的全球化泛指资本主义生产关系萌芽和产生以来，迄至今日仍在继续的，世界各国的相互联系和相互影响日益拓展和加深的过程。狭义的全球化则特指20世纪70年代第三次科技产业革命以来，特别是80年代西方世界普遍奉行新自由主义政策以来，世界经济政治关系的最新发展③。本书中对于全球化的概念就是从以上广义和狭义这两个方面使用的。

第三，全球化的基本矛盾及解决。关于全球化的基本矛盾，学者们都有自己的看法，一般认为全球化的基本矛盾主要是跨国公司所带来的全球一体化与各民族国家之间的矛盾。也有学者认为从更深层次上说，应该是"跨国公司所代表的国际垄断资本的利益和第三世界民族国家所代表的利益之间的矛盾"④。本书认为全球化的基本矛盾说到底是"一"与"多"的矛盾，"一"主要指"一体化"，即全球范围内的相互依存、相互协调、相互渗透与相互影响；"多"主要指"多元化"，即全球中呈现出来的彼此分散、彼此离异、彼

---

① 阿里夫·德里克：《后革命氛围》，北京，中国社会科学出版社，1999年版，第7页。
② 关立新 王博 郑磊：《马克思"世界历史"理论与经济全球化指向》，北京，中央编译出版社，2013年版，第171页。
③ 丰子义 杨学功：《马克思"世界历史"与全球化》，北京，人民出版社，2002年版，第170页。
④ 吕世荣：《马克思的世界历史思想与经济全球化》，载《哲学研究》2002年第10期。

此摩擦与彼此冲突。这既是矛盾又是动力。其中"一体化"与"民族国家主权"之间的矛盾、"全球"与"本土"之间的矛盾、全球化与反全球化之间的矛盾、传统资本主义国家与新型工业国家之间的矛盾等都是围绕这个基本矛盾展开的。在这个矛盾中，大多数全球化论者都提到了随着全球化进程的加剧，民族国家的主权与控制力将会随之削弱，如：哈贝马斯、贝克等人都有此类论述，但实际上，我们也应该意识到全球化不一定使民族国家主权削弱，也有可能增强。比如，在第三世界国家内，受西方资本主义殖民后出现强烈的民族主义倾向。对此，吉登斯从文化心理的角度看待全球化，认为全球化趋势既有可能削弱民族情感的一些方面，也有可能增强民族主义情绪。"在全球化过程加速进行的条件下，民族国家变得'对生活的大问题来说太小，对生活的小问题来说又太大'。与此同时，当社会关系横向延伸并成为全球化过程的一部分时，我们又看到地方自治与地区文化认同性的压力日益增强的势头"[①]。关于这个基本矛盾如何解决的问题，西方全球化理论基本上没有给出很好的答案，因为要彻底解决这个问题，靠资本主义本身是不行的。可以说全球化的基本矛盾是资本主义基本矛盾在全球范围内的扩张，虽可在一定程度上缓解资本主义国家内部的阵痛，但从世界范围内来看，矛盾依然存在，不可消灭。因此，要实现全球化的平衡发展，使世界上每一个单位都平等地参与其中，在资本主义占统治地位的时代是不可能实现的，这就需要借助马克思世界历史理论的方法论，只有等到未来更高级的社会形态真正实现时，当世界历史真正完成时，当资本主义私有制真正消灭、民族国家消亡时，才能彻底地解决。

马克思世界历史理论与全球化的关系应该是基于以下两点：第一，就客观事实的全球化而言，马克思世界历史理论描述的就是资本主义时期人类历史从地域性、狭隘性、民族性走向连接性和一体化的过程，世界历史理论本身就是当时的全球化理论。换言之，只有当我们将资本主义的发展演变与全球化结合起来，并在资本主义这个特定的历史阶段上理解全球化的时候，我们才可以指出：马克思世界历史理论就是他的全球化理论。其核心"历史向世界历史转变"揭示的就是一个全球化发展的过程。因此，可以说广义上的全球化与马克思的世界历史理论是有着基本一致的契合点的。它主要包含了以下几个要点：其一，世界历史不是一直都存在的，历史向世界历史的转变

---

① 安东尼·吉登斯：《现代性的后果》，北京，译林出版社，2000年版，第56—57页。

是在资本主义生产方法出现后才有的,正如从广义上说,全球化也是在资本主义生产方式所孕育出来的;其二,世界历史的发展要靠资本在国际范围内的流动而推动的,这一点同样是广义的全球化实现的基本动力;其三,世界历史的发展最终导致共产主义,如同全球化的基本矛盾的真正解决也需在共产主义才能实现一样。

第二,就理论话语的全球化而言,马克思世界历史理论与西方的全球化理论虽然描述了同一个过程,但是在立场方法及深刻程度上,二者存在诸多不同。首先,马克思的世界历史理论是在揭示历史发展规律的基础上,对资本主义全球化的过程及其对人类的意义进行了阐述;而西方全球化理论没有揭示社会发展规律,仅仅是在维护私有制基础上对其资本运行规律的现状进行指认,因而是非批判和非历史的。其次,马克思世界历史理论的价值旨趣是实现人的自由、平等和全面发展,并在此基础上一方面对资本主义全球化的进步性进行了称赞;另一方面,对其不人道的、不平等的、残酷和罪恶的方面进行了不留余地的批判;而西方全球化理论看不到其中所包含的制度本身解决不了的矛盾,仅仅看作资本主义的一体化。再次,马克思的世界历史理论是分为两个历史阶段的,由资本主义开启,最终由共产主义完成;而西方全球化理论看不到资本主义的暂时性,认为资本主义就是历史的终结,无须超越也无法超越。最后,马克思的世界历史理论找到了解决问题的力量,对无产阶级这个群体给予了巨大关注,并提出无产阶级就是扬弃资本的最终力量;而一些西方全球化论者抹杀矛盾,打着"人权高于主权"的旗号,把自己的价值观念和生活方式资本强行推广到全世界。因此,马克思世界历史理论不能等同于西方的经济全球化理论。若是这样,我们就有可能在全球化中迷失和沉沦,但是,如果看不到经济全球化是世界历史的初始阶段,就不能自觉地参与全球化过程,丧失发展机遇。

综上所述,现代性与全球化都与马克思世界历史理论有着千丝万缕的联系,站在马克思世界历史理论的高度来俯视这两种经验事实也好,还是理论思潮也好,都会看得更清和更透。简单说来,现代性属于马克思世界历史理论内涵的特质,体现了它的时间轴;而全球化属于马克思世界历史理论外延的特质,体现了它的空间轴。而时空之间是可以转换的,即全球化就是现代性在全球范围内的扩张。现代性问题和全球化问题是中国近代以来一直思索的两个大问题,它给我们的启示在于:中国的现代化只有在正确看待和处理全球化矛盾中才能实现,全球化不等于现代化,在全球化过程中不一定就能实现现代化;但现代化的性质决定了当前中国的现代化不可能在封闭中进行,只有在全球化中才能实现。

第四节 马克思世界历史理论视域下的中国个案

在当代世界历史与社会主义的发展中,中国道路无疑是最具典型性、最独特、最有价值的。中国道路的成功开辟、不断发展、走向成熟不仅使中国人民站起来、富起来、强起来,而且对于全球范围内减少贫困、消灭动荡、促进繁荣进步都具有积极意义。如何看待、评价中国道路,为中国道路的发展提供理论上的支撑成为学术界需要研究的重大问题。以往对中国道路的研究和探讨中,有人运用西方现代化理论、全球化理论、依附理论、现代世界体系理论等,虽然关注到了中国的东方社会性质和具体的国情,但是,难免脱离不了西方中心论或西方的话语权优势。而马克思世界历史理论正好为我们分析中国道路的问题提供了一个理论框架。从前面的论述中,我们认为这个理论框架不仅涵盖现代性、全球化、资本扩张理论等西方理论所涉及的内容,也涵盖革命化、民族解放、社会主义等与近现代中国密切相关的内容,为更好地理解中国道路的形成发展提供了思路,并为中国道路未来的发展趋势指明了方向。

一、中国道路研究的理论框架和分析方法

对于中国道路的研究,特别是近代以来中国历史与道路的研究,国内外学者提出了不同的分析框架,总的说来可分为两种基本观点。一种是外因论,认为中国道路的选择和发展主要是由西方资本主义的渗透和入侵,他们运用"侵略—反侵略"的分析框架。以往在中国学术界对近代中国社会变迁的研究主要停留在革命的视角,基本上以帝国主义的侵略与反帝反封建为分析框架,致使我们对一些基本问题的认识有这样或那样的偏差和误解。比如,我们对资本主义的认识,过多地看到它的残酷、压榨人性的一面,加上

与革命实践的激情相结合，以道德义愤压倒了对资本主义历史地位及作用的科学分析，于是在革命者眼里资本主义就变成了"恶魔"，革命就是要人为地消灭它，消灭得越快越好，越彻底越好。然而，在马克思那里，始终是把资本主义当作人类历史发展的一个必要环节、必要阶段和作为社会主义的历史前提来理解的。没有资本主义这样一个必经之路，社会主义是不可能实现的。再如，我们对资本主义渗透和入侵的认识，更多地从民族主义的立场出发，往往只看到了它给我们带来的灾难，没有看到这是一种历史发展的趋势，也不能认识与驾驭这种历史趋势，更没有认识到资本主义的殖民统治在无意中充当了"历史的不自觉"的工具。正如黑格尔讲，人们"仅仅认得特殊性，而且只能支配特殊性"①。另一种是内因论，认为中国道路的选择和发展面对"三千年未有之变局"②主要是传统农业文明的落后性、制度的顽固性与社会的超稳定性的弱点，他们运用"传统—现代性"的分析框架。这种观点从马克斯·韦伯提出儒家学说阻碍资本主义的兴起开始，体现了西方研究中国近代史的视角。可以指出的是无论是哪一种观点都有其片面性，不能完整地反映中国近代历史的发展与现代化的进程，但同时也说明近代以来中国的发展历史极其复杂，不能用简单的单线论来解释。从根本上来说，中国近代变革中多重矛盾纠缠在一起：一是殖民主义侵略与反殖民侵略之间的矛盾；二是资本主义生产方式与中国古代自给自足小农经济之间的矛盾；三是正在兴起的以基督教文化为核心的现代工业文明与以儒家文化为核心的古老农业文明之间的矛盾。这三重矛盾相互交织，它是征服与奋起、传统与现代、东方与西方之间的剧烈碰撞，在这其中遵循的是武力与实力、达尔文主义、丛林法则，撕掉的是礼仪、仁爱与法度。

近代中国变化的动态表明，中国的历史绝不是一种对西方现代性入侵的被动反应，而是一场中国人主动应对内忧外患的奋斗征程，他们力图更新并改造自己的国家，使之从一个以自我为中心、以小农经济为主体、以儒家思想为主导的日渐衰落的帝国，转变为一个在国际大家庭中获得正当席位的近代民族国家，恢复中华文明以往的荣光，实现民族复兴的宏愿。为了更好地分析中国近代以来至今的历史，既避免"西方中心论""中国中心论"，也避免先入为主

---

① 黑格尔：《历史哲学》，上海，上海世纪出版集团，2001年版，第16页。
② 李鸿章：《李文忠公全集"奏稿"》第19卷，上海，1921年版，第45页。

的"革命中心论",本书提出要以马克思世界历史理论为分析框架。把对"中国道路"的思考放在中华民族遭遇西方文明的巨大冲击并备受欺侮后,从谋求富国强兵、国家独立到逐渐融入世界历史进程、借鉴现代文明成果自觉推进现代化建设的总体背景下,透视中华民族自己选择发展道路和方式的曲折历程,总结中国在传统社会转变为现代社会这个漫长的社会转型过程中的经验教训,并前瞻性地指明中国现代化道路的发展方向,这条道路对世界上其他民族国家的影响及对世界历史发展和人类解放的价值意义。

在马克思世界历史理论的分析框架下探寻和思考中国道路时,一定要认识到,是否能够找到一条符合中国国情、实现民族复兴的科学道路,取决于我们是否能够正确认识中国这种迟滞性的、后发的现代化状态所要必须经历的客观规律和历史进程,又能准确把握这种后发起点和方位所提供的实现追赶和超越的历史机遇和选择空间。正如马克思指出,"人们不能自由选择自己的生产力——这是他们的全部历史的基础,因为任何生产力都是一种既得的力量,是以往的活动的产物"①,"一个国家应该而且可以向其他国家学习。一个社会即使探索到了本身运动的自然规律……它还是既不能跳过也不能用法令取消自然的发展阶段。但是它能缩短和减轻分娩的痛苦"②。因此,中国道路的选择和开辟是合规律性和合目的性的统一,是普遍性与特殊性的统一,是历史的必然与人民奋斗的统一。

二、中国道路生成发展的"三个时代课题"

从以上论述中本书认为,研究中国道路不可回避的三个时代课题是:超越"现代性"——中国式现代化的探寻;超越"资本逻辑"——中国道路的现实选择;超越"民族性"——中国道路的世界意义。这三大时代课题是相辅相成、相互交织、相互影响又相互渗透的,它们既体现了马克思世界历史理论的基本原理和发展趋势,又反映出1840年鸦片战争以来中国道路生成和发展的核心要素。

第一个时代课题:超越"现代性"——中国式现代化的探寻。反映的是

---

① 马克思:《马克思致帕维尔·瓦西里耶维奇·安年科夫》,《马克思恩格斯文集》第10卷,北京,人民出版社,2009年版,第43页。
② 马克思:《资本论》第1卷,《马克思恩格斯文集》第5卷,北京,人民出版社,2009年版,第9—10页。

马克思世界历史理论所揭示的"历史向世界历史转变"的总体性规律，即世界历史的发展是由低到高的发展过程，起先产生于资本主义时代，具体表现为资本主义现代性在全球范围内的扩张，最终完成于共产主义社会，实现超越。而中国道路的产生发展的主题是顺应世界历史的发展潮流在探寻现代性获得现代性的基础上超越资本主义现代性，最终实现人的解放、自由和全面发展。从发展道路的不可选择性与可选择性的辩证关系看，现代性的获得是不可选择的，也就是不可逾越的，因为这是世界历史发展的必然趋势；而现代性的获得方式是可以选择的：是通过西方资本主义道路获得现代性？还是通过自身探索的独特道路获得现代性？这需要根据中国的实际情况找到符合国情的发展道路。"超越"就是不把西方现代性看作"历史的终结"，把对传统西方现代性的批判、超越与中国式现代化的探寻统一起来，坚持对社会主义现代化的追求，对人的解放、自由和全面发展的持续关注。

第二个时代课题：超越"资本逻辑"——中国道路的现实选择。反映的是马克思世界历史理论所揭示的世界历史发展的不平衡规律，即当今世界是资本主义占主导地位的世界历史。在这样的世界历史发展过程中，存在结构性的不平衡，世界性交往把处于不同发展阶段的民族置放在同一个平台上进行竞争和合作，表现为资本主义较发达的民族国家对其他民族国家的剥削、侵略和掠夺。当前中国道路所处的正是这样一种国际环境，要在这样的环境中不被历史所淘汰，必须驾驭"资本逻辑"，"资本逻辑"即资本作为占支配地位的现代生产方式是不可选择和不可逾越的，因为它是通向更高级社会的炼狱和阶梯——不论是否符合人们的意愿，而"资本逻辑"的运用是可以选择的，是资本主义市场经济？还是社会主义市场经济？而"超越"从现实看是运用"资本逻辑"而不是沉迷"资本逻辑"，要尽可能大地发挥"资本逻辑"的优势和长处为发展生产力实现向更高层次的跃进做准备，同时也要尽可能多地限制资本的副作用，防止"资本逻辑"带来的不良后果。

第三个时代课题：超越"民族性"——中国道路的世界意义。反映的是马克思世界历史理论中的基本问题，即"作为整体的世界历史与各民族（国家）历史"之间的关系问题。两者之间既是个别和一般的关系，又是部分与整体的关系。民族主体的超越即民族消亡、民族解体，全世界民族去除狭隘性、地域性、孤立性而连接成一个整体的趋势是不可选择的，是必然的。但是在真正的共产主义社会到来之前，民族主体性还是必要的。一方面，对于近代中国这样一个半封建半殖民地国家而言，首先是为获得现代化的前提——实现民族独立、国家统一而奋斗。中国道路把握了世界历史的潮流，在顺应和影响世界历史的趋势中使中华民族重返世界民族之林，获得了民族性的认可；另一方面，对于获得政治独立和解放的现代中国而言，还必须关注人类主体、人类价值、人类共同利益，在民族国家的发展中探求人类价值的最大公约数，实现民族国家主体与人类主体相结合。中国道路以其独树一帜的发展理念与发展模式科学阐释了"越是民族的就越是世界的"，其价值与意义超越了民族性，获得了世界性的意义。另外，在资本主义占主导的世界历史中，不能过早取消民族性而操之过急地以世界性代替国家利益。这样的话不仅会违背世界历史发展规律，也会给中国特色社会主义的发展带来灾难，苏共垮台、苏联解体的前车之鉴就在眼前。

这三个时代课题贯穿于1840年后中国整个近现代史，贯穿中华民族的复兴之路。但是它们在不同的历史阶段的重点不尽相同，如：从1840年鸦片战争后至1949年民族独立和解放之前，重点主要是通过革命对现代化和实现现代化的前提——民族独立和主体的探寻；从1949年民族独立、新中国成立之后至今，重点主要是超越"资本逻辑"以获得现代化；而中国道路今后发展的重点则表现为通过展示自身道路的成功而实现民族性与世界性的统一。以下三章将围绕这个分析框架和思路展开论述。

第三章　超越"现代性"：中国道路的世界历史脉络

19世纪中叶以后，当世界历史"把一切民族甚至最野蛮的民族都卷到文明中来"①，当西方资本主义文明在欧洲、美洲显得极有创造力和生机勃勃的同时，带给中国这个古老东方大国的，却是破坏性大于建设性、幻灭性大于启蒙性。它加速了旧秩序的瓦解、毁灭，却没有提供可替代的新秩序，这给中国人留下了在旧的废墟上构建一个新秩序的艰巨任务。在这一时期，中国人背负着传统的巨大包袱，却对突如其来的西方世界一无所知，他们在一个被资本主义世界历史冲击得不成样子，逐渐被边缘化、殖民化的古老封建国家探寻适合自己的生存和发展道路，其间经历了各种农民起义、封建官僚自上而下的改革、资产阶级改良运动、资产阶级革命和无产阶级政党领导的新民主主义革命……终于在100多年后新中国成立时实现了民族独立和人民解放，基本上解决了生存问题；直到1978年改革开放，开创了中国特色社会主义道路之后，才基本上解决了发展问题。因此，贯穿整个中国近代史的两条主线，一条是如何在内忧外患、悲苦交加的逆境中通过革命、奋斗，实现民族解放和国家独立，获得实现现代化的前提；另一条是如何在西方主导的资本主义世界历史的新天地中寻求现代化，探索一条求生之道。正如近代史专家胡绳先生指出："在近代中国前面摆着两个问题：即一、如何摆脱帝国主义的统治和压迫，成为一个独立的国家；二、如何使中国近代化。这两个问题显然是密切相关的。"②从客观来看，旧制度自身的衰败化与外来资本主义的殖民化成为一股极大的消极力量；从主观上看，革命化（去殖民化）

---

① 马克思 恩格斯：《共产党宣言》，《马克思恩格斯文集》第2卷，北京，人民出版社，2009年版，第35页。
② 胡绳：《关于近代中国与世界的几个问题》，载于《人民日报》1990年10月17日。

与现代化又成为一股反扑的积极力量,这两股力量的斗争构成了这一时段的主题,消极力量越是强大,就越激起积极力量的斗志,在不断的摸索、总结和反思中,通过革命、建设与改革,中国人民逐渐掌握了自己的命运,并把自己的命运同世界历史的发展大势紧密结合起来——由被迫卷入世界历史到逐渐符合世界历史,再到某些方面代表世界历史的发展趋势,最终形成了中国道路,创造了中国奇迹。这是一条探索现代化与超越现代化的道路,前一个"现代化"的性质是不确定的,是资本主义的抑或是社会主义的,对于中国近代来说,只要是现代化的东西我们都是欢迎的;后一个"现代化"是资本主义的现代化,所谓超越,即是用社会主义的现代化超越资本主义的现代化,使历史"自觉地"而不是"自发地"向世界历史的发展趋势演进,这便是中国道路的生成逻辑。

第一节 中国道路的由来:近代以来被迫卷入世界历史,革命化与现代化的曲折历程

自远古以来,人口众多的中国哺育了与众不同的灿烂文明,有着先进的哲学、文化艺术、社会管理、技术发明和政治制度。在过去2000年的时间中,有近1800年在世界上都是遥遥领先的,只有在最近的两百年里才沦为落后者。具体说来,就是从1840年鸦片战争以来,中国从辉煌的地位上跌落下来,呈现出一种历史的畸变。由于根深蒂固的文化优越感与帝国之后一落千丈的政治现实之间的巨大反差,每一名中国人产生了深深的屈辱感,这就是中华民族复兴的开始,也是中国道路的由来。1840年的鸦片战争,由于西方资本的扩张与冲击,古老中国依靠"内源式"[①]实现从传统社会到现代社会转型宣告终结,中国的现代化道路从一开始注定就是外诱式的,而这种外诱式的道路又具有历史的进步性与道德伦理批判性的二重性质,导致古老的中华帝国一面是以沦为半封建半殖民地的境遇进入世界历史,一面是国内仁人

[①] 我国现代化理论著名专家罗荣渠先生提出通向现代化的多样化道路大致可分为两大类不同的起源,一类是内源性现代化,这是社会自身力量的内部创新,经历漫长过程的社会变革的道路,又称内源性变迁,其外来的影响居与次要地位;另一类是外源或外诱的现代化,这是在国际环境影响下,社会受外部冲击而引起内部的思想和政治变革并进而推动经济变革的道路,又称为外诱变迁,其内部创新居于次要地位。见罗荣渠:《现代化新论》,上海,华东师范大学出版社,2013年版,第101页。

志士在这种历史进程中试验各种救亡图存的努力,其本身的矛盾在于一方面想要融入世界历史进程,融入世界现代化的洪流中;另一方面从西方殖民主义和封建主义的魔爪中挣脱出来,实现民族独立和解放。其中如何对待西方文明的冲击(包括物质文明和精神文明),是学习?拿来主义?实用主义?如何保持中国传统文明和民族独立性,是坚持坚守?是改造改良?是革命打碎?……这些都成为这一时期的主要问题,而中国道路的第一个100年的前80年展现的就是这样一幅处在融入与挣脱的矛盾中左右摇摆的历史性图景。直到1921年中国共产党的诞生,在总结了各种势力的试错的经验教训之后,把马克思主义与中国实际相结合,走出了一条符合中国国情的革命道路,开启了中华民族复兴之路的希望。

如上文所述,从历史学的角度可以把这100年划分为两大时期与五个阶段[①],但为了弄清中国道路的由来,本书认为近代中国发展进程中几个重要的历史阶段不容忽视。一是鸦片战争后中国变革中心轴的转移,由以自我为中心转到以西方为中心;二是1861—1895年的"自强运动",主要学"技",对西方的坚船利炮进行学习借鉴;三是1898—1912年"立宪运动"与资产阶级革命,主要进行政治改造和革命;四是1917—1923年"五四运动"与中国共产党的诞生,主要进行思想文化革命。从19世纪初对西方的轻蔑排斥到20世纪20年代对西方的崇拜,中国通过首先学习器物技术,主张"师夷长技以制夷"到学习借鉴国家管理和政治制度原理,最后触及精神生活的最核心层面,对传统的儒家学说进行批判和改造,对西方"科学"与"民主"价值的推崇,中国走过了一条漫长的道路。正是这一次次重大历史事件促使中国不断思考与世界的关系问题以及旧中国的多少成分应予于抛弃,近代西方的多少东西值得采纳。

一、鸦片战争与中国变革中心轴的转移

14—15世纪在西方,西欧经过文艺复兴运动的冲洗,黑暗的中世纪的宣告结束,随着宗教改革、启蒙运动、各国政治革命的发展,近代资本主义的曙光日渐开启。15世纪末到16世纪地理大发现和新航路的开辟,18世纪末19世纪初发端于英国的工业革命极大地推动了资本主义生产方式的发展。资

[①] 参看本书第一章第三节第二小节:中国道路的概念、起源与起点。

本主义思潮经过几个阶段的风起云涌，给西欧各国的经济社会发展起到了巨大的推动作用，同时，它也以势不可当之势向非资本主义民族国家传播；在世界东方，中华帝国是一个历史悠久的文明古国，它的封建社会制度已延续有两千多年之久，在漫长的历史进程中中华文明以极大的包容性和海纳百川的胸怀兼容并蓄外来文化，历史上每每遇到外来的思想思潮、宗教信仰、社会制度等，都能够化于无形，把它们融入中华文明的伟大洪流之中。但是，明清两代三百余年来，封建王朝奉行闭关自守政策，时时处处以世界中心自居，不屑与蛮夷之邦往来。正是这三百年闭关锁国的后果，使中国的经济社会、科学文化比起西方现今的资本主义国家，落后了足有5个世纪之遥。

从晚明时期到清朝，共约有500名耶稣会士来华，其中80人对文化交流做出了重大贡献①。中国人从他们那里学到了大炮铸造、历法、算数、天文、几何、地理等自然科学以及音乐、艺术、建筑等。尽管耶稣会士带来了西方文明的样本，但这些并没有成为中国进行现代化的催化剂，中国的士大夫阶层总体上对自己的文化自负非凡，认为不需要吸收外来的知识与他国交往。这种"中国中心观"在清朝乾隆执政时期对待当时作为新兴工业强国英国的马戛尔尼使团来访的态度中可见一斑。1792年9月26日，马戛尔尼勋爵率领84名使团成员从伦敦出发，带着丰盛的礼品包括天象仪、地球仪、机械工具、天文钟、望远镜、测量仪、化学与电机工具等远赴中国进行访问，其名义是英国国王向乾隆皇帝祝贺80华诞寿辰，实际上是要收集关于中国的一切情报，最核心的实际上要求是唤起中国对英国产品的兴趣，希望在北京设置外交代表，以便尽可能地把贸易扩展到整个中国。使团于1793年到达中国后，受到了当时朝廷的隆重欢迎，乾隆皇帝只接受了贺寿的好意，却不屑与之交往，他自负地宣称，虽然中国深为嘉许英国"倾心向化"、遣使前来的恭顺之诚，但要派外交代表来北京居住的请求却不能满足，因为这与天朝体制不合，至于扩展贸易的请求，乾隆皇帝声称："天朝无所不有，然从不贵奇巧，并更无需尔国置办物件。"②中国上层普遍存在的"中国中心观"与闭关锁国的短视思想，是近代以来中国落后于世界的重要原因，这也是鸦片战争产生的深层次原因。当马戛尔尼使团这个耗费巨大的出访变成一场彻底的外

---

① 徐中约：《中国近代史》，北京，世界图书出版公司，2008年版，第82页。
② "MacNair"，Ⅰ，2-4. 转引自徐中约：《中国近代史》，北京，世界图书出版公司，2008年版，第127页。

第三章 超越"现代性":中国道路的世界历史脉络

交失败,当英国人在资本贪婪的本性驱动下,发现一个"无穷尽的市场,使人们产生不切实际的希望"①,而这种"希望"马上就又变成失望的时候,一个邪恶的念头产生了,向东方帝国输入鸦片,这是一个连他们自己都感到残忍的罪恶行径。如蒙·马丁指出:"'奴隶贸易'比起'鸦片贸易'来,都要算是仁慈的。我们没有毁灭非洲人的肉体,因为我们的直接利益要求保持他们的生命;我们没有败坏他们的品格、腐蚀他们的思想,也没有毁灭他们的灵魂。可是鸦片贩子在腐蚀、败坏和毁灭了不幸的罪人的精神存在以后,还杀害他们的肉体。"②据统计,1800年由东印度公司输入中国的鸦片数量为2000箱。由于英国政府在印度实行了鸦片的垄断,中国采取了禁止鸦片贸易的措施。但是,在巨大的利益面前,清朝的官员和海关人员都被英国人弄得道德堕落,这些严厉的惩罚措施和严格的海关禁令都没有起到作用。1820年,鸦片输入量达到5147箱,1824年为12639箱,1834年这个数字上升为21785箱。吸食鸦片对经济的影响是非常严重的,因为把钱花在了鸦片上,导致对其他商品的需求停滞,其后果是市场的萎缩。1847年一个调查英中贸易状况而委派的下院委员会的报告说,"扩大我们交往的结果竟一点也没有实现我们的合理期望……我们发现,贸易受到阻碍并不是中国不需要英国商品或别国竞争加强……花钱买鸦片……消耗了白银从而大大妨碍了中国人的一般贸易"③。一位在中国的美国大商人把对华贸易的全部问题归结为一点:"停止哪一种贸易——鸦片贸易还是美英产品的出口贸易?"④此外,鸦片贸易引起了白银的持续外流,1831—1833年,三年间就将近有1000万银两从中国流出⑤,这大大改变了鸦片贸易之前中国的贸易顺差状况(据统计,1781—1790年,流入中国的白银达1640万两,1800—1820年则达2600万两)。在19世纪30年代中后期,这种白银外流的情况最为严重,每年约有400万到500万

---

① 马克思:《鸦片贸易史》,《马克思恩格斯文集》第2卷,北京,人民出版社,2009年版,第629页。
② "MacNair", Ⅰ, 2-4. 转引自徐中约:《中国近代史》,北京,世界图书出版公司,2008年版,第630页。
③ 马克思:《鸦片贸易史》,《马克思恩格斯文集》第2卷,北京,人民出版社,2009年版,第629页。
④ "MacNair", Ⅰ, 2-4. 转引自徐中约:《中国近代史》,北京,世界图书出版公司,2008年版,第631页。
⑤ Hsin-pao Chang, 1964, "Commissioner Lin and the Opium War", *Cambridge, Mass*, 41.

元的白银流出①。白银的枯竭严重扰乱了国内的经济秩序,导致市面上白银与铜钱之间的兑换比率一升再升,也使得清政府国库空虚。在鸦片贸易带来的巨大灾难——导致臣民家破人亡、官员腐败、道德沦丧、国库空虚、白银外流——面前,清政府终于坐不住了,1839年派林则徐为钦差大臣赴广东主理销毁鸦片一事。1839年6月,林则徐在广东虎门展开了轰轰烈烈的销烟运动。这场运动看似赢得了道义和法律的巨大胜利,但这个胜利是虚幻的,因为在一个行将没落的代表传统农业文明的帝国与新型的代表现代文明的工业强国之间的对抗一开始就注定败了。马克思深刻地指出一个"文明人"以"自私自利的原则"开始行使极其不道德的行径与"坚持道德"的"半野蛮人"对抗了②。"一个人口几乎占人类三分之一的大帝国,不顾时势,安于现状,人为地隔绝于世并因此竭力以天朝尽善尽美的幻想自欺。这样一个帝国注定最后要在一场殊死的决斗中被打垮"③。也如恩格斯所说,"中国的南方人在反对外国人的斗争中所表现的那种狂热本身,似乎表明他们已觉悟到旧中国遇到极大的危险;过不了多少年,我们就会亲眼看到世界上最古老的帝国的垂死挣扎,看到整个亚洲新纪元的曙光"④。

表面上是清政府的禁烟销烟运动触发了1840年的鸦片战争,实际上这场战争迟早都会来,是西方文明与东方社会的碰撞和冲合过程中的必然,其结局也正如马克思和恩格斯所预料的一样,以西方现代工业文明完胜东方传统农业文明而告终。但是鸦片战争不是一个结束,而是一个开始,是中国沦为半殖民地半封建国家的开始,是中国被卷入世界市场并感受世界历史发展不平衡性的开始,是中国社会现代化进程由以自己的帝国为中心轴转向以西方新兴资本主义世界的中心轴的开始。鸦片战争不同于中国历史上以往任何一次战争。虽然历史上中国大地上也经历过许多战争,但是战争都没有打断中华文明的源远流长,也就是说无论战争多么残酷,中国并不存在文化上的生存问题。而鸦片战争则不同,它代表的不仅仅是西方从武力上对古老东方帝

---

① Hsin-pao Chang, 1964, "Commissioner Lin and the Opium War", Cambridge, Mass, 42.
② 马克思:《鸦片贸易史》,《马克思恩格斯文集》第2卷,北京,人民出版社,2009年版,第632页。
③ 马克思:《鸦片贸易史》,《马克思恩格斯文集》第2卷,北京,人民出版社,2009年版,第632页。
④ 恩格斯:《波斯和中国》,《马克思恩格斯文集》第2卷,北京,人民出版社,2009年版,第628页。

国的征服，最重要的是导致以儒家为主导的中华文化受到前所未有的挑战。从此之后在中华民族开始发生由民族国家历史向世界历史的转化过程，这个过程中始终包含着剧烈的冲突：一方面是西方资本主义遍及世界的资本扩张和全球财富掠夺的高歌猛进；另一方面是非西方民族国家惨遭蹂躏、生死相抗的曲折历程。作为古老帝国的中国来说，自鸦片战争之后，围绕自身帝国为中心轴的微变式变革戛然而止，一切进入世界历史时间，将围绕着资本主义世界历史这个中心轴而发生突变式变革，这种变革从根本上说是经济基础层面的，但也是涵盖了政治制度、思想文化和观念形态等上层建筑的各个层面，是由外源诱发型的从传统农业社会向现代工商业社会的根本转型。如洛维特指出的那样，"资本主义生产方式在现代世界所扮演的角色，就如同古代命运一样。这种决定命运的力量变得越来越强大了，人们无法摆脱它"[①]。因此，这场战争给中国人带来的不仅仅是"失败"惨痛，更是全方位的巨大挑战，面对"三千年未有之变局"，中国仁人志士在逆境中觉醒，在困境中进行反思、摸索新的道路。在接下来的一百年的时间里，中国回应西方的冲击主要经历了三个阶段，分别从器物实业、政治制度到思想文化价值观等三个方面进行了资本主义现代化的探寻。第一阶段：1861—1895年的"自强运动"，在军事、工业、外交现代化方面的初步尝试；第二个阶段：1898—1912年的变法与革命，在接受西方政治制度基础上对传统皇权体制的否定；第三个阶段：1917—1923年的思想觉醒，在接受西方思想文化与价值观的基础上，对中国传统文化价值观的批判与扬弃。自这三个阶段后，中国基本上已经完全进入资本主义世界历史，成为现代世界的一部分了，虽然处于被殖民、被剥削、被压迫的依附地位，但是由封闭的、孤立的、狭隘的民族国家转而成为一个相互联系、相互影响、相互渗透的现代世界体系中的一员已成为不争的事实，也成了数千年以来对中国影响最大并且不可逆转的事实。自此之后，中国变革的中心轴发生了根本性转移，这一影响直至今天，并且还将一直持续下去。

---

① 洛维特：《世界历史与救赎历史——历史哲学的神学前提》，北京，三联书店，2002年版，第42页。

二、资产阶级对器物、制度现代化的初步尝试

19世纪中叶的中国不仅遭受两次鸦片战争带来的外部灾难和屈辱,还备受一系列消耗性的内部动乱的困扰。特别是革命与起义给清政府予以沉重的打击,如太平天国起义(1850—1864年)、捻军起义(1851—1868年)、回民起义(1855—1873年)等,清朝面临了史上前所未有之严峻挑战,当时上层政治精英阶层在传统体制日渐式微的被动局面下,穷则思变,开始了一系列自上而下的改良。鸦片战争以来的面对西方坚船利炮的种种失败给清朝统治者以巨大冲击,特别是1860年中国再度战败、英法联军占领北京之后,一些具有前瞻眼光的清朝士大夫阶层代表意识到不可能再回到不与外夷结交自得其乐的状态中了,来自西方的挑战不可逃避,中国如要继续生存,必须要进行较大改变,后来这股思潮也逐渐转向受西方影响、具有科举功名的中下层士绅。于是,由他们倡导,在传统制度和权力结构范围内开展了自强运动(1860—1895年)、维新运动(1895—1898年)、立宪运动(1905—1911年)三大运动。这三大运动可以说是晚清政府被迫卷入世界历史后,为了生存而做出的一系列调整改良,三大运动中,凡是在体制内进行的小修小补,时间可坚持长一些,但具有明显的保守性;凡是对现有体制做出较大变革的都被认为是不可取的,昙花一现,最终都摆脱不了失败的命运。但是这三大运动成了中国人"开眼看世界"的开始,其表现出的现代化正如中世纪的欧洲从铁幕中射出的一丝光芒点燃了文艺复兴的火焰一样照亮了中国的前行之路。

第一,洋务派对军事——工业现代化的初步尝试。自强运动,也称为"洋务运动"[①],它是晚清政府在内外交困的严峻局面下开展的一次危机自救运动。从1861年咸丰皇帝驾崩,恭亲王奕䜣以议政王身份主持与英法议和,转变了对西方的态度和政策,开启中国外交现代化以及由曾国藩、左宗棠和李鸿章试图通过洋枪洋炮洋船、置办军事工业和开办新式学堂来推行军事现代化和早期工业化为标志,直到1895年中日甲午海战失败而结束,历时35年,成为中国近代以来第一次试图寻求现代化的开端。虽然自强运动展现出

---

① 罗荣渠先生认为,虽然学术界多称为"洋务运动",但从现代化的角度上看,"洋务"不如"自强"切题,因为当时与西方打交道的全部活动都属于"洋务"的范围,而自强运动有着明确的政治目标,即着眼于局部的借助西方技艺寻求抵御西方之术。即"办洋务置洋兵"。关于这一点,本书是赞同的。参见罗荣渠:《现代化新论》,上海,华东师范大学出版社,2013年版,第220页。

了一幅热火朝天、奋力拼搏的画面，但实际上它们只代表了非常肤浅的现代化的追寻，在"师夷长技以制夷"的观念之下，运动的目的性和实用主义非常强，其活动范围局限于火器、轮船、铁路、矿产和轻工业等器物方面的现代化尝试，而对于西方的制度、机制、管理、哲学、文化基本上没有涉及。自强的努力仅仅触及现代化的表层，而没有获得工业化的突破，这一根本缺陷在1884—1885年的中法甲申战争中暴露出来，其时进行自强运动20年准备的中国无法保护他的藩属国安南①，而在35年后的中日战争中，中国近代史上第一次探寻现代化的运动以中国一败涂地、威震亚洲的北洋水师灰飞烟灭而告终。

　　从整个过程来看，自强运动失败的原因和局限性至少有以下几个方面：一是没有顶层设计，缺乏协调机制。镇压太平天国运动之后，清朝中央权力急剧衰落，自强运动几乎是在没有中央的指导、规划、协调的情形下，由地方督抚率先发动的。各省自强领导人如李鸿章、张之洞、刘坤一等之间不是相互合作，而是相互竞争，并且在运动中，这些地方领导者都把改革取得的成就视为自身权力的根基，他们的地方主义意识和自我保护主义的倾向非常明显。以致在1884年甲申海战中，北洋和南洋水师在福建水师遭到法军袭击时拒绝援救，在1894—1895年甲午海战中，当北洋水师与日寇激战时，南洋水师竟然保持"中立"。这两场战争的结局可想而知。二是眼界狭窄，缺乏长远的目标。自强运动的倡导者在发起之初，就是为了抵御外患，巩固自身的统治，并未有把中国重塑为一个新式的具有现代性特征的国家的想法，在这个国家里，占据主导地位的依然是旧制度，而他们只是希望不经过巨大的政治变革而达到解燃眉之急的目的。另外由于传统的保守思想，中国的官吏无法摆脱长期以来对商人的蔑视，他们不容许商人经营新式企业，发展工业，没有形成资本主义发展的土壤，同时中国人强烈的"地主情结"②，导致在自强运动中既没有形成大规模的农业，又没有使大量的剩余资金投入工业和经济的发展中去。三是外国帝国主义的侵略与资金的匮乏。自强运动开始后的前10年国际环境相对缓和，但从19世纪70年代之后，随着西方国家国内工业化的深入发展和完成，对外侵略有所增

---

① 如今的越南附近。
② 传统中国地主阶级视土地为唯一的财富，他们宁肯购买土地、放高利贷，也不愿投资有风险的工商业。而这种观念影响了当时大多数的中国人。

加，从1874年日本人入侵台湾，到俄国强占新疆伊犁，再到法国攫取安南，到1894年中日甲午海战，这些重大事件不仅影响了中国各地的现代化进程，而大量的军事赔款也使得本来就少得可怜的投入资金雪上加霜。四是器物引进中技术落后和管理跟不上。自强运动中主要的军事装备都是通过国外引进，但由于当时清政府缺少这些方面的专业知识的人才，导致引进的装备本身就是技术落后或者带有缺陷的，而后续的保养维护同样需要进口，且花费巨大，这些为此后战争中的失败埋下了伏笔。可以说像北洋水师那样的"威武之师"主要是装点门面之用途。五是世风日下与心理惰性。晚清时官吏腐败已经到了无可救药的地步，已经深入骨髓。美国学者罗兹曼曾指出："晚清政府在各种危机面前所采取的那些犹豫不决、立足防守的特殊政策，对现代化的实现几乎一无所助。对19世纪的中国统治者来说，进行重大的社会变革已越来越成为不可思议的事情，更不要说将它付诸实施了。现行政府体制与实现现代化的果断行动极不适应，这一缺陷是中国现代化起步缓慢的主要原因。"① 虽然"自强运动"失败了，但它毕竟是中国开始主动进入世界历史，探寻现代化迈出的第一步，这里不仅有现代生产力和科学技术的引进，同时也催生了现代资本主义生产方式在中国大地上的萌芽，以及各种各样新事物对传统思想观念的冲击，对古老民族的思想启蒙都不无意义。但是，从世界历史的发展上看，自强运动的失败是中国落后于世界现代化发展大潮的关键一步。运动开始之时，中国与欧洲第二批实现现代化的国家以及脱亚入欧的日本处于现代化发展的同一起跑线，运动结束之时，其他国家已经找到了实现现代化的道路，而中国依然在失败中吞噬恶果、在黑暗中摸索，依然没有找到符合自身发展和民族独立解放的"中国道路"。

第二，改良派对现行政治制度的反思及突破。1895年后外来的一系列巨大冲击，推动了中华民族的加速觉醒。既然实业救国行不通，一些仁人志士开始酝酿制度性变革。其中最有名的莫过于1898年与1905年由康有为、梁启超推动的"百日维新"和"立宪运动"。康有为、梁启超希望学习日本，用君主立宪制来取代老化的日渐没落的"帝国孔教"体制。"百日维新"运动，是在光绪皇帝的主持下，由康、梁主导的对现行皇权体制做出重大调整

---

① 吉尔伯特·罗兹曼：《中国的现代化》，上海，上海人民出版社，1989年版，第274页。

第三章 超越"现代性":中国道路的世界历史脉络

改革的方案,这次变革是康、梁等人吸取了"自强派"失败教训提出的一个自救的方案,是为弥补"自强派"之漏洞,但是由于这次运动触及了保守派的根本利益,"百日维新"开始之初就被以慈禧太后为代表的保守派发觉,随即发动"政变"而扼杀于摇篮之中。"百日维新"失败以后,梁启超在日本流亡期间接触到了具有新思想的日本人,他接受了诸如自由、平等、人权等理念,看到了英国、德国、日本走君主立宪道路的优长,在国内大声疾呼,极大地促进了全国要求实行立宪政体的声浪。在强大的压力下,1905年12月,清政府成立了三个考察团赴日本、英国、法国、美国、德国、比利时和意大利对君主立宪制度进行考察,此项考察得到了慈禧太后的支持。但是,由于政府中不同派别对立宪问题有着不同的观点,如太后把立宪当作安抚民众而不损害自身权力的工具;满人则把它当作清除汉人的机会;而汉人希望通过立宪获得更大程度的平等和权利。所以这又是一场政治作秀和闹剧,从一开始就注定要失败。总结这两次政治革新失败的教训主要是:维新派空有理想和思想,缺乏政治实践经验;以慈禧为代表的保守派完全掌控权力以及朝廷中大多数保守派的顽固反对。正如费正清一针见血地指出:"1898年的维新派仅仅是改良派,不是革命派。他们仍然只是要求'传统范围内的变革'。"[①]而事实证明,在当时的中国,由于封建势力和帝国主义异常强大,且相互勾结,在传统体制内不可能实现根本性的变革。虽然"百日维新""立宪运动"失败了,但这两次流产的政治现代化的尝试意义是十分重大的。首先,它证明了对于这样一个极其保守的帝国,期望自上而下的进行改革、自我寻求现代化是不可能的;其次,它使越来越多的人感到,要想真正实现民族解放、国家独立,前途只有推翻清朝的皇权统治,而这样的事业无法通过和平的变革实现,只有通过自下而上的流血革命才能实现。从19世纪中叶到19世纪末,半个世纪自下而上的变革都没有成功,中国从传统社会向现代社会的转型失败了,一个追赶西方的重要战略机遇期完全丧失了。而此时,一些以前不如中国或者和中国起步差不多的国家抓住第二次工业革命浪潮实现了追赶,从符合世界历史发展的趋势和体现现代化的角度看,它们完全站在了中国的前列,如俄国、德国、日本等。关键时刻这一步的领先,变成了一路的领先,这为它们成为后来意义上的宗主国而不是被殖民国

---

① 费正清:《美国与中国》,北京,商务印书馆,1989年版,第132页。

奠定了坚实的基础，而殖民还是被殖民对于一个民族国家而言，具有天壤之别。如1894—1895年，古老帝国中国强大的北洋水师败在了仅仅维新25年的日本海军手下，这一役拉开了中国受弹丸小国日本欺负的帷幕。

第三，革命派对政治制度现代化的探索。戊戌变法失败以后，虽然维新变法的思潮从未停止，但变法的主流逐渐被民主革命所取代。而让民主革命走向高潮的是孙中山。特别是他提出的"三民主义"为推翻满清王朝旧制度，建立现代的资产阶级共和国指明了方向。"三民主义"是由民族主义、民权主义和民生主义三个部分构成的，1905年中国同盟会成立之时，孙中山提出了以"驱除鞑虏，恢复中华，创立民国，平均地权"①作为设会宗旨，首先，"驱除鞑虏，恢复中华"就指民族主义，其要义首先是"反满"。孙中山指出："唯前代革命，如有明及太平天国，只以驱除光复自任，此外无所转移。我等今日与前代殊，与驱除鞑虏、恢复中华之外，国体民生尚当与民变革。"②其次，"创立民国"指的就是民权主义，民权主义是三民主义的核心。孙中山提出民族、民权，实际上是把"反满"的民族革命与"创立民国"实现共和的政治革命结合起来，赋予了民主革命比较完整的含义。孙中山的民权主义思想在推翻帝制，促进民众思想解放方面起到了重要作用。在这一思想的指引下，1911年辛亥革命爆发，终于推翻了两千多年的封建帝王制度，从此，中国不再属于任何"天子"或任何王朝，而归属于全体民众。革命的胜利不仅实现了民族主义的梦想，超越了狭隘的种族诉求，将政权从满清政府手中解放出来，扩大到所有人，而且这一胜利还在推进资产阶级政治现代化方面迈出了一大步。辛亥革命的胜利在中国近代史上具有划时代的历史性意义。再次，"平均地权"指的就是民生主义，民生主义是目的。他指出，"民生问题，近日成了世界各国的潮流"，"我们革命的目的，是为众生谋幸福。因不愿少数满洲人专利，故要民族革命；不愿君主一人专利，故要政治革命；不愿少数富人专利，故要社会革命"。③孙中山的革命目的就是要打破"一个人的自由"，而实现"全体人的自由"。在孙中山看来民生主义的核心是解决土地问题，1903年，他就提出了"平均地权"的主张。土

---

① 孙中山：《中国同盟会总章》，《孙中山全集》第1卷，北京，中华书局，1981年版，第284页。
② 孙中山：《军政府宣言》，《孙中山选集》上卷，北京，人民出版社，2011年版，第77页。
③ 孙中山：《在东京〈民报〉创刊周年庆祝大会的演说》，《孙中山选集》上卷，北京，人民出版社，2011年版，第86页。

地问题，可以说抓住了当时中国经济发展的最核心问题，又关注到了西方发达资本主义国家解决不好的社会和民生问题，具有前瞻性和洞察力，虽然目的是在中国发展资本主义，实际上是鉴于欧美资本主义发展带来的弊端，希望在中国大地上寻找到一条既体现了资本主义现代化又限制了这种现代化的不良后果的新的道路。

辛亥革命之后，新的"中华民国"虽然没有像想象的那样带来安定、解放和富强，而就"三民主义"而言，除了民族主义的梦想实现之外，民权和民生主义都只是停留在理想中，无疑，中国人在反对外来帝国主义、实现国家统一与独立，追寻现代化的道路上还有很长的路要走。但是，无论如何，孙中山的"三民主义"反映了中国资产阶级革命派争取民族独立、民主解放和发展资本主义经济的要求和决心。历史证明，用其来指导中国资产阶级的革命实践取得了成功，它不仅在推翻满清封建专制统治的斗争中发挥了巨大的作用，在鼓舞动员民众凝聚力量为实现民族独立、人民解放、国家富强的道路上继续探索提供了信心和经验，而其中宝贵思想财富，仍是后人值得珍视的精神遗产。

三、中国共产党对新民主主义道路的独特探索

"五四运动"是中国革命的催化剂，在中国的知识分子对西方产生浓厚的兴趣之时，对于需要学习西方什么样的"主义"产生了分歧。特别是十月革命之后，一些对巴黎和会极度失望和对西方资本主义不抱幻想的知识分子开始把目光转向马克思主义——另外一种激进的社会思潮；一些迷恋传统的知识分子则将第一次世界大战的原因归结为西方的物质主义，主张用传统哲学进行矫正；而一些实用主义的知识分子仍然期望通过走西方的路，即全盘西化来实现中国的复兴。一场关于"问题"和"主义"的争论在中国大地上展开。以胡适为代表的实用主义者，极力主张研究和解决具体及实际的问题，反对盲目的行动主义和漫无目的的政治革命，认为那样会带来无谓的流血牺牲，而是建议通过自发和逐渐地改造，以消除社会进步中的五大敌人——贫穷、疾病、文盲、腐败和混乱。他指出，没有一种灵丹妙药可以解决中国所有的难题，每个问题必须分而攻坚，分而解决，而"主义"知识解决问题是一种浪漫的假设。而作为马克思主义的忠实信仰者李大钊（后来陈

独秀也加入了进来),回答道,"主义"能为解决当前中国的社会问题提供一个"总方向",因此,"主义"是必须的。他争辩道:"恐怕必须有一个根本解决,才有把一个一个问题都解决的希望。就以俄国而论,罗曼诺夫家族没有被颠覆、经济组织没有被改造以前,一切问题丝毫不能解决,今则全部解决。"[①]他指出,宣传理想的主义与研究现实的问题是可以并行不悖的,一方面,研究社会问题需要有主义作为指导;另一方面,作为社会主义者,应该尽量使他的理想尽可能地围绕他所研究的问题的实境。针对胡适的改良主义主张,李大钊运用马克思主义唯物史观,阐明了中国问题必须从根本上寻求解决的革命的思想。这两种思潮成为后来国共两党所信奉的思想,而这两种思想的斗争将从1921年中国共产党诞生开始,一直持续下去,成为未来30年中国主流思想的交锋。毛泽东指出:"'五四运动'杰出历史意义,在于它带着为辛亥革命还不曾有的姿态,这就是彻底地不妥协的反帝国主义和彻底地不妥协的反封建主义。"[②]更为重要的是,这一时期一大批共产主义知识分子都经历了一个由民主主义者转变为马克思主义者的历史过程,他们在参加和领导新文化运动中,批判了西方资本主义,客观地分析了中国社会问题的症结所在,意识到由于中国资产阶级的软弱,依靠他们实现救亡图存、民族复兴的目标几乎不可能,从而导致了中国近代以来思想文化上的一个根本性转折——从民主主义转向共产主义;另外,随着帝国主义忙于第一次世界大战,放松了对中国经济的压迫,"民国"建立之后,由于"民国"对资本主义工商业的保护,中国资本主义不断发展起来,在南京、上海、武汉、天津、北京(当时叫北平)等大都市产生了数百万的产业工人,而"五四运动"使这些产业工人逐渐觉醒,逐渐崛起为新兴力量登上中国政治的舞台,为今后中国共产党的成立打下了坚实的基础。

"五四运动"之后,马克思主义、社会主义逐渐成为中国进步思想的主流,思想界形成了广泛传播马克思主义的潮流,学习和研究马克思主义的团体纷纷成立,全国兴起各种进步报刊和社团达400余种与400多个,一大批介绍马克思主义的书籍相继出现,中国早期的马克思主义者开始形成,李大钊、陈独秀、毛泽东、蔡和森、李达、周恩来等,成为其中突出的代表。随

---

① Maurice Meisner,1967, "Li Ta-Chao and the Origins-of Chinese Marxism", Cambridge,Mass.,107. 转引自徐中约:《中国近代史》,北京,世界图书出版公司,2008年版,第405页。

② 毛泽东:《新民主主义论》,《毛泽东选集》第2卷,北京,人民出版社,1991年版,第699页。

着形势的发展和力量的不断壮大,成立无产阶级政党的任务提上议事日程。在共产国际的帮助下,1921年7月,中国共产党在上海成立。从此,一个以马克思列宁主义为指导的,以实现社会主义和共产主义为奋斗目标的统一的无产阶级政党在中国大地上出现了。中国共产党的成立是近代中国历史上的一个里程碑。按照马克思世界历史的发展逻辑,近代以来,中国孜孜以求和极力解决的问题有三个:其一是如何以平等的身份进入世界历史,并在国际地位中获得应有的一席;其二是如何在世界历史的发展中获得现代化;其三是获得实现以上两个目标的前提——以一个独立自主的民族国家的面貌出现。为了解决上述三大问题,农民起义、资产阶级改良派、资产阶级革命派都做出了艰辛的探索,试图寻找一条国家独立、民族复兴、人民解放的中国道路,但都没有成功。1921年之后,这个艰巨的历史任务落到了中国共产党人的身上。

在走儒家老路不成功、走西方资本主义道路不成功的经验教训中,俄国的十月革命给中国人送来了新的希望,那就是走俄国人的路。从1921年到1949年这28年间,中国共产党团结带领中国人民经历了大革命(1924—1927年)、土地革命战争(1927—1937年)、抗日战争(1931—1945年)与解放战争(1945—1949年)的斗争与考验,中国共产党从一开始完全依靠苏联、走苏联的道路(早期中共作为苏共在远东的一个支部)到提出把马克思主义与中国实际相结合,走一条农村包围城市、武装夺取政权的具有中国特色的新民主主义革命道路,形成了指导中国革命实践的毛泽东思想,最后赢得了新民主主义革命的胜利,推翻了帝国主义的压迫,实现了国家独立、民族解放,真正以平等的身份融入世界历史和国际社会大家庭。从世界历史的角度来看待新民主主义革命道路,我们可以从以下几点进行分析。

第一,中国新民主主义革命是世界革命的一部分。毛泽东指出,中国革命不是一个外在于世界的孤立现象,"自从帝国主义这个怪物出世之后,世界的事情就联成一气了,要想割开也不可能了"[①]。也就是说影响中国新民主主义革命的因素,不仅是中国的国情,还有世界历史的大环境。这就是第一次世界大战和俄国十月革命的胜利,20世纪初的这两项重大事件改变了世

---

① 毛泽东:《论反对日本帝国主义的策略》,《毛泽东选集》第1卷,北京,人民出版社,1991年版,第161页。

界历史的方向,重新划分了世界历史的时代。毛泽东认为十月革命的胜利意义:"任何殖民地半殖民地国家,如果发生了反对帝国主义,即反对国际资产阶级、反对国际资本主义的革命,它就不再是属于旧的世界资产阶级民主主义革命的范畴,而属于新的范畴了;它就不再是旧的资产阶级和资本主义的世界革命的一部分,而是新的世界革命的一部分即无产阶级社会主义世界革命的一部分了。"[①]因为这种新民主主义革命是彻底打击帝国主义的,所以它不为帝国主义所容许,却为社会主义所容许,并且得到了社会主义国际无产阶级的援助。因此,这种革命就"不能不变成无产阶级社会主义世界革命的一部分"[②]。当时由于第一次世界大战爆发,帝国主义已无暇对中国进行经济侵略,中国的民族资本主义得到了发展,从而产生了数以百万计的工人阶级,而"五四运动"之后,无产阶级以独立的姿态登上了政治舞台,其领导核心中国共产党也开始觉醒,逐渐认识到肩负的历史使命,一旦中国共产党接过了领导革命的接力棒,革命的性质就改变了,不再是旧式的资产阶级革命了,而是新式的民主主义革命,他的目标是通向社会主义的,而不是通向资本主义的。

第二,新民主主义革命的性质是符合中国国情的民主主义革命。中国共产党认识到解决中国的问题,既不能像马克思主义经典作家所描述的那样,如西欧一些国家,先建立资本主义制度,充分发展资本主义,当资本主义发展成熟之后再进行社会主义革命,建立社会主义国家;也不能完全听俄国人的话、照搬照抄俄国人的路,在帝国主义的薄弱环节和链条中打开突破口,一举取得民主革命胜利,进而立即转变为社会主义革命,实现社会主义。在半殖民地半封建社会的中国,由于国内外反动力量异常强大,只有先通过无产阶级领导新民主主义革命,建立新民主主义国家和新民主主义社会,通过一段长时间的建设,待生产力与生产关系都成熟之后,再逐步过渡到社会主义社会。如毛泽东指出:"中国革命的历史进程,必须分为两步,其第一步是民主主义革命,其第二步是社会主义革命,这是性质不同的两个革命过程。而所谓民主主义,现在已不是旧范畴的民主主义,已不是旧民主主义,

---

① 毛泽东:《新民主主义论》,《毛泽东选集》第2卷,北京,人民出版社,1991年版,第667—668页。

② 毛泽东:《新民主主义论》,《毛泽东选集》第2卷,北京,人民出版社,1991年版,第668页。

而是新范畴的民主主义,是新民主主义。"①

第三,新民主主义革命的途径是有中国特色的农村包围城市、武装夺取政权的道路。既不能像资产阶级改良派和革命派鼓吹的不通过激烈的革命实现变革,也不能像苏联那样从城市开始实行暴动,而是必须在清醒认识中国国情和中国共产党自身实力的基础上,探索符合中国国情的道路。大革命失败之后,中国共产党开始组建了自己的武装力量,关于武装起义是把城市作为突破口还是把农村作为根据地,是否把农民发动起来成为早期中共与苏共之间的一大分歧。根据苏共的经验,应该集中力量攻打大城市,即所谓的"中心城市暴动论",但经过几次尝试,由于城市中国民党反动派力量过于强大,我党损失惨重,痛定思痛,朱德、毛泽东带领红军进入井冈山,开始了农村包围城市、武装夺取政权的道路。这条路从井冈山到古田到瑞金再到长征途中的遵义后到陕北延安,最后到西柏坡,直至夺取中国革命的全国胜利。在此期间,毛泽东撰写了《红色政权为什么能够存在》《井冈山斗争》《星星之火,可以燎原》《新民主主义论》《论联合政府》等文章,对中国革命的发展道路提供了方向性的指导。

第四,新民主主义革命使用革命的现代化开启建设的现代化。在我们的传统理解中,革命与现代化的关系,在时间上是前后相继的连续的历史运动,其实不然,在近代中国,这两者存在着时间上的并存关系,并相互影响、交错发展。一方面,革命是现代化的历史前提,而现代化是革命的现实要求;另一方面,革命本身也具备现代化意义。正如1789年法国大革命、1917年俄国十月革命,其现代化意义超越时空。对于半封建半殖民地的中国来说,现代化本身不仅难从传统社会中生长出来,也难从帝国主义的侵略体系中摆脱,"现代性对中国的冲击采取了两种方式,这样也就对中国的社会、政治和文化秩序提出了两类虽然不同但又互相密切联系的问题。第一类是外部的力量与问题,即西方与日本的冲击提出了中国在新的国际环境中维护民族主权的能力问题;第二类则是内部的,即如何克服帝国主义秩序崩溃的潜势,以及在这种秩序被毁灭之后如何解决内部无政府状态这种新形势下的分裂势力(比如军阀们建立割据政体的努力),以及在旧的秩序消失之后

---

① 毛泽东:《新民主主义论》,《毛泽东选集》第2卷,北京,人民出版社,1991年版,第665页。

如何建立一种新的有生命力的秩序"①。这表明，在现代化对近代中国冲击之下，维护民族主权就成为一个亟待解决的重大问题。所以要发展现代化，首先需要建构革命的现代化，克服历史与现实、内部与外部两重困境。这种革命的现代化绝不是资产阶级的改良运动，而是无产阶级领导的革命，在当时中国就表现为新民主主义革命。

新民主主义革命道路的探索，在马克思主义思想史上和国际共产主义运动史上都是史无前例的，是中国共产党把马列主义与中国实践相结合而走出来的。自从有了中国共产党，有了马克思主义的指导思想，有了新民主主义的革命道路，灾难深重的中国人民才有了坚强的可依靠的力量，有了切实可行的途径，中华民族伟大复兴的梦想在这一刻才有了生机和希望，而新民主主义所描绘的蓝图，为中国共产党建立全国政权打下了坚实的基础，也成为中国共产党对未来中国通往社会主义的初步设想。

四、20世纪上半叶中国经济依附性增长的趋势与反思

20世纪上半叶，特别是1912—1949年"民国"期间，中国经济的发展处在被扭曲的状态。在半殖民地的环境中，所有的经济、政治、文化的发展都受到各种各样的限制，虽然皇权帝制已经解除，但同西方签订的不平等条约依然束缚着中国向现代化的迈进。这一时期从经济研究上可以分为两个阶段，第一阶段是从20世纪初期到1936年日本全面侵华战争爆发之前，这一阶段在经济上体现出来的总趋势就是中国对西方资本主义的"依附性增长"②，是中国近代以来经济出现较快增长的时期；第二阶段从1937年日本全面侵华战争爆发之后到20世纪中叶新中国成立，这一阶段在经济上体现出来的总趋势就是日本全面侵华战争打断了中国工业化和现代化进程，导致了断裂性大震荡与经济增长的倒退。主要表现为以下几个方面。

一是中国已完全被纳入资本主义世界体系，受到不平衡规律影响较深。在第一阶段（主要指20世纪初到1936年日本全面侵华战争爆发之前）不平衡矛盾在中国体现为以下三个方面：其一，在资本主义世界体系中处于边缘地

---

① S.艾森斯塔德：《传统、变革与现代性——对中国经验的反思》，谢立中 孙立平：《二十世纪西方现代化理论文选》，上海，上海三联书店，2002年版，第1090页。

② 虽然"依附理论"是由拉美一些经济学家提出的，但20世纪上半叶中国的经济增长可以成为"依附理论"运用的典型案例。

位和价值链的底端。外国资本主要集中在与出口有关的原材料、矿产资源及铁路、交通、金融等方面，而中国工业的发展主要集中在农业、轻工业等方面，形成了"工业西方化—农业中国"的运行格局。在国际贸易中，进口主要是工业品，出口主要是农产品和矿产品，并进行不等价交换。由于殖民，西方资本主义不容许中国发展与之相同、并发生竞争的工业品，在日本控制台湾和东三省后发展了某些附庸工业，但与日本"相克"的工业被禁止扩大。其二，由于中国幅员辽阔、工业基础差，经济和工业的发展的地域与产业也极不平衡。从地域发展来看，中国的现代工业主要是以沿海沿江开放城市为中心发展的。在不平等条约规定的沿海沿江开放城市，由于西方工业资本的注入，这些地方的经济出现了"土洋结合"的趋势，一些现代工业有所发展，主要是外资控制的"出口导向"型工业，随着国内市场的发展，"进口替代"型工业也开始有所发展。从产业上看，发展起来的主要是轻工业，特别是纺织品，在外资企业的夹缝中生存和发展，而重工业发展相当缓慢，仅能为纺织业、食品加工业、采矿业等几种消费品工业提供成套设备替代进口，至于其他重工业，特别是钢铁、机械等现代工业的基础，几乎全部依靠进口。就全国而言，中国经济仍然以手工业生产方式为主，这种零星的、带有强烈依附性的工业增长不能形成工业革命，而中国的工业产品自给率也是非常低的。据统计，1937年前，中国产品的自给率情况如下：除了丝织品（200%）、植物油（237.8%）、火柴（101.5%）、卷烟（98.8%）、针织品（98.3%）等农产品和低级工业品能够自给自足外，其余无一能够自给，如棉纺织品（79%）、石油（0%）、钢铁（5%）、车辆船艇（16.5%）、毛纺织品（26.5%）、纸张（38.9%）、砂糖（40.4%）、电器（49.6%）等[1]，而重工业品大部分甚至全部都依赖进口。其三，广大农村被卷入资本主义经济体系，但农产品商品化和农村市场化速度远远落后于工业发展速度。20世纪30年代，中国的工业增长每年至少在6%以上，而农业增长率每年不到1%。资本主义的发展没有从根本上改变农村固有的经济结构，小农经济在资本主义的席卷过程中没有发生质的变化，形成农业工业化，反而出现了农村的贫困化，农民的破产使社会动乱的风险加剧。

二是客观地讲，外来的因素在推动中国经济现代化的过程中也起到了

---

[1] 罗荣渠：《现代化新论》，上海，华东师范大学出版社，2013年版，第259页。

一定的积极作用。这一阶段（从20世纪初到1936年日本全面侵华战争爆发之前），随着西方帝国主义对中国的殖民日益深入，一方面，中国的主权、领土完整性受到巨大侵害，是政治和外交上的失败；另一方面，这一时期中国开放了诸多城市和通商口岸，现代经济出现了明显增长，是近代中国历史上第一个经济增长较快的时期。尽管这种经济较快增长是建立在与资本主义世界体系不平衡的交往关系之上、处于边缘化和全球价值链的底端，但是在国内政治形势极不稳定的情况下能够实现工业经济较快的增长率，也是非常不容易的。据不完全统计和估算[①]，1912—1936年，中国工业生产的年均增长率为9.4%，其中增长最快的1912—1920年，年均增长率达到13.4%；1920—1936年，年均增长率为9.3%；虽然这个统计很不完全，估计也偏高，因为只统计了15种工矿产品，很多重要的工业行业未统计在内，特别是这一统计未区分外国资本、官僚买办资本与民族资本不同增长的差别，加之把被日本实际占领并完全殖民化的东北三省包括在内，如果把东北的经济增长扣除，这一时期经济增长可能在6.7%左右。可以认为如果除去一些不合理统计和估计，经济增长速度仍然是可观的，应在当时世界平均水平之上。由于对西方资本主义较深程度的依附，这一时期经济增长主要集中在外国人控制的通商口岸城市中，这些城市客观上充当了中国引进外资、学习外国先进经验和管理的重要窗口，形成了沿海沿江的中国早期的准工业化带。由于外国在华企业的竞争和逼迫，在一定条件下也加速了中国企业推动工业化和现代化的步伐，这一时期一些有识之士寄希望于实业救国，在与外资竞争过程中经历了从外资压倒华资然后再到华资超越外资的发展过程。另外，由于"民国"的建立和发展经济的需要，这一时期中国的交通运输与通信等基础设施建设得到了重要发展，这也是推动经济增长的重要原因。1912—1937年共兴建铁路11000公里以上，其中1928—1937年修建了近8000公里（其中包括关外4500公里）[②]。自此，建成了纵贯南北的平汉线、粤汉线、京蒲线和横贯东西的陇海线，从北京到广州从1900年以前的90天缩短到1936年的3天半时间；1912年到1937年，共修建公路11万余公里；轮船航运也有较大发展，到1935年民营轮船公

[①] 数据来源引自学术界常用的章长基的估算数字，《1912—1949年中国的工业生产》，中译文见《中国近代经济史论著选译》第311页。转引自罗荣渠：《现代化新论》，上海，华东师范大学出版社，2013年版，第261页。

[②] 严中平：《中国近代经济史统计资料选辑》，北京，科学出版社，1955年版，第41—48页。

司就有86家，约40万吨运力；民用航空从1929年才开始创建，约有1万公里的空中航线；在长途通信电报电话网络方面，基本上建立起了中原和沿海各省之间的联系①。随着工业化和经济的发展，在上海、北平、武汉、南京、天津等大城市，出现了一些如图书馆、邮电局、警察局等与现代社会相关联的新事物，这些都使20世纪上半叶的中国在世界历史现代化的进程中打下了烙印。从以上论述，我们可以看出外来因素对推动中国工业化和现代化方面的客观作用不容抹杀，"这些以铁的必然性发生作用并且正在实现的趋势"为中国这个"工业较不发达国家"展示了"未来的景象"②。只有把中国的现代化发展放到世界历史的事业中去观察，深刻理解在资本主义世界体系中落后国家的依附性质，才能更好地明白马克思所提出的殖民主义双重使命的历史任务，也才能懂得"从经济学来看形式上是错误的东西，从世界历史来看却可能是正确的"③。

三是第二个阶段（从1937年日本全面侵华战争爆发之后到20世纪中叶新中国成立）这十余年间，由于全面的战争给中国经济社会造成巨大的灾难，再次打断了中国的现代化进程。抗日战争期间，一方面由于全面战乱，经济增长的社会稳定基础丧失，经济发展停滞、倒退。另一方面，由于军事开支不断增加和经济发达的沿海省份落入敌人之手，导致国民政府关税丧失，财政赤字日益严重。据统计④：

表3-1　　　　　　　　　　　　　　　　　　　　（百万元法币）

年份	战争开支	收入
1937	1167	870
1941	10933	2024
1945	1268031	216519

表3-1清楚地显示了收入与开销之间的巨大差距，导致政府无力弥补这个差距，只有采用饮鸩止渴的超发货币的方式来解燃眉之急。纸币发行量从

---

① 梁馨科 黄台生：《先总统蒋公与中国交通现代化》，台北，"中央文物供应社"，1985年版。
② 马克思：《资本论》，《马克思恩格斯文集》第5卷，北京，人民出版社，2009年版，第8页。
③ 恩格斯：《马克思和洛贝尔图斯》，《马克思恩格斯文集》第4卷，北京，人民出版社，2009年版，第204页。
④ 徐中约：《中国近代史》，北京，世界图书出版公司，2008年版，第491页。

1937年的19亿法币猛增至1941年底的158.1亿法币,到1945年时,这个数字达到10319亿法币。这种极不明智的做法导致了暴升的通货膨胀和平均零售价的急剧上涨,使经济处于崩溃的边缘,老百姓苦不堪言。更为严重的是近代中国刚刚起步的现代化进程被无情地打断了,又一次发展自身、与西方拉近距离的现代化尝试被葬送。

综上所述,20世纪上半叶,虽然从道德上看,殖民主义给中国带来了巨大的灾难,但从世界历史的视角来看,外来因素在推动中国进入世界历史时间、探寻现代化的进程中也发挥了积极的作用。正如恩格斯指出,"马克思从来不把他的共产主义要求建立在这样的基础上,而是建立在资本主义生产方式的必然的、我们眼见一天甚于一天的崩溃上"[①]。依附性增长虽然有许多副作用,但在工业较不发达的落后国家向工业发达国家的迈进的初期还是利大于弊的,特别是对于习惯了两千多年自给自足小农经济的中国来说,把中国不可逆转地拖入世界市场,掀开现代化的面纱就是很大的功绩。

第二节 中国道路的奠基:新中国被迫"一边倒"进入世界历史与社会主义现代化的艰辛探索

当世界历史与中国这个古老国家发生接触之后,中国人一直都在思考、探寻这样一个问题:要不要进入世界历史,是保持传统性,还是寻找现代化?如果进入,是以什么地位、什么方式进入、发挥什么作用?而历史往往以一种诙谐的而又无法更改的方式给人们开着玩笑。正当中国人实现了国家独立、民族解放,解决了进入世界历史的内部矛盾而获得寻求现代化的前提时,以资本主义为主流的世界历史却进不去了!历史把中国推到了社会主义现代化模式这边,这种情况是不以人的意志为转移的,正是新中国成立之后的国际环境和生存现状,而后果就是中国无可厚非地进入了社会主义的世界历史。

[①] 恩格斯:《马克思和洛贝尔图斯》,《马克思恩格斯文集》第4卷,北京,人民出版社,2009年版,第204页。恩格斯所说的"这样的基础"之上,指的是道德的基础之上。

第三章 超越"现代性":中国道路的世界历史脉络

一、探寻现代化的三种模式与新中国成立前道路的争论

在世界两百余年的进程中,各国探寻现代化的途径形形色色,一般说来可分为三大模式:西方现代化模式(资本主义类型)、苏联现代化模式(社会主义类型)、其他模式(混合类型)。这三种现代化模式既有区别,也有联系。其一致性在于对现代化基本理念的认同上,认为现代社会的主要标志是工业化、城市化,现代化就是从传统农业社会向现代工业社会的转型;不同之处在于,西方现代化模式是以个人主义为原则、以自由竞争和市场经济为基础,重视科学技术对经济和社会发展的作用,以基督教为伦理规范,倡导自由、平等、人权,并在这一原则基础上建立现代政治制度和价值体系,最终是以实现发达的资本主义为目标的;苏联现代化模式是以马克思主义为指导,以集体主义为原则,以计划经济为基础,重视自然科学和社会科学对经济社会发展的作用,倡导公平、正义、友爱,并以这一原则建立现代政治制度和价值体系,最终是以实现共产主义为目标的;其他模式,也就是混合型,它是在第一种模式的基础上变化而来,总体来说属于资本主义范畴,但具体来看也分为东亚型(如韩国、新加坡、中国台湾地区、中国香港地区等)、南亚型(印度等)、拉美型(巴西、阿根廷等)。在20世纪上半叶,在中国人视线范围内的这种模式只有以印度为代表的南亚型,即带有混合型特点的殖民主义道路[①]。

20世纪30年代中国学术界对走什么样的道路展开了较为激烈的争论。这些争论主要是围绕着工业立国还是农业立国等问题展开,实质上是现代化进程中具体道路之争。1933年7月,上海的《申报月刊》出过一个"中国现代化问题号"特辑,其意在于向国人指出现代化对于中国社会发展之重要意义。"须知今后中国,若于生产方面,再不赶快顺着'现代化'的方向进展,不特无'足兵',抑且无以'足食'。我们整个的民族,将难逃渐归淘汰,万劫不复的厄运"[②]。进而提出了中国面临的两个问题:第一,中国现代化的困

[①] 比如东亚型是这类中发展比较好的,它把儒家文化与西方资本主义现代性结合起来,从儒家文化重构了现代性,找到了符合当地国情和风俗的现代化路子,实现了快速发展,但是主要是20世纪下半叶开始的;拉美型的发展主要是照搬照抄西方模式,特别是美国模式,虽然开始实现了快速发展,但由于在资本主义世界体系中处于边缘和半边缘地位,难以突破,最终出现经济增长停滞,导致"拉美陷阱",但拉美模式也主要是从20世纪下半叶二战结束之后才开始形成的。

[②] 罗荣渠:《现代化新论》,上海,华东师范大学出版社,2013年版,第293页。

难和障碍是什么？第二，中国现代化应该走哪一条道路，是个人主义的或社会主义的，还是由外国资本所促成的或国民资本所自发的？学者们就这些问题展开了深入的探讨，虽然对具体现代化道路理解有别，但有一点是达成共识的：走现代化道路，"着重于经济之改造与生产力的提高"。虽然这些争论没有涉及意识形态层面，但争论激烈也使中国人开始思考如何从革命的现代化转到建设的现代化上来。回看历史，从19世纪60年代以来，中国人远眺欧洲，一直在探寻西方资本主义现代化模式，但步履维艰、伤痕累累，学习英国"光荣革命"、日本明治维新的立宪改良道路失败了；学习法国、美国资产阶级革命的道路也失败了，加之20世纪30年代，第一次世界大战和西方资本主义暴露出深刻的政治与经济危机使中国在现代化选择的道路上踯躅不前。正当其时，"十月革命一声炮响"，不但给中国送来了马克思主义，而且也送来了"俄国人的路"；以苏俄为榜样，走社会主义道路，成为中国共产党人的坚定选择。

1949年10月，新中国的成立标志着新民主主义革命的胜利，中国实现了从半封建半殖民地社会到民族独立、人民当家作主的新社会的历史性转变，为中国开启现代化建设奠定了重要的政治基础和社会基础，为实现中华民族伟大复兴创造了条件。

二、进入社会主义阵营的必然性与受苏联模式的影响

当1949年新中国成立之时，国际形势发生了巨大变化。经历了二战毁灭性破坏之后，世界与之前以欧洲为中心已大为不同，美国和苏联崛起为两个具有主导力量的世界强国，两极格局已经形成。世界历史被人为地看作为资本主义世界历史和社会主义世界历史，世界市场也被划分为以市场经济为代表的资本主义世界市场和以计划经济为代表的社会主义世界市场。世界上几乎所有国家都分别加入了这两大阵营。由于中国的新民主主义革命道路是世界无产阶级革命的一部分，得到了社会主义无产阶级国际的援助，因此，革命成功后，建立的新民主主义国家就顺理成章地以社会主义为方向，加入社会主义世界市场和社会主义阵营。正如1949年在七届二中全会上毛泽东所说："中苏关系是密切的兄弟关系，我们和苏联应该站在一条战线上，是盟友，只要一有机会就要公开发表文告说明这一点。"同年6月，他明确提出，

第三章 超越"现代性":中国道路的世界历史脉络

新中国将"倒向社会主义一边"①。

苏联模式是从1925年之后,伴随着国家高速工业化发展、农业全盘集体化和苏共党内干部大清洗三大运动而形成的。苏联模式开创了社会主义工业化、现代化的新路,向全世界展现了社会主义的优越性,成为许多二战后独立的民族国家羡慕和效仿的道路。从20世纪20年代到40年代,无论国际形势如何变化,苏联国内都保持了稳定的社会局势。从总体上看,苏联通过三个"五年计划"的努力,基本实现了工业化、现代化,基本完成了对生产资料私有制的社会主义改造,消灭了城市工商资产阶级和农村富农阶级,建立了全民所有制和集体农庄所有制的社会主义公有制经济基础,增强了工农联盟和各民族联盟,社会结构发生了重大变化,国家经济实力和综合国力得到了显著增强。1928—1940年,苏联共建成工业企业约9000个,整体工业增长了9倍多,年平均增长达到16.8%②,其增长速度超过了世界上所有资本主义国家。更重要的是苏联在其极短的时间内建立了独立和完整的大工业体系,一些对国民经济和国防建设具有重大意义的重工业部门,如汽车、机床、飞机、大型涡轮机和发电机等制造业相继建立起来。到1936年,苏联的工业总产值超过了英国、法国和德国等老牌资本主义国家,跃居欧洲第一位和世界第二位,仅次于美国。苏联仅仅用了不到15年的时间就完成了西方国家用50到100年才能实现的现代化历程。在此基础上,苏联还为国民提供了低廉的住房、免费的教育和医疗,兴建了大量学校、图书馆、博物馆、艺术馆、医院、电影院,使人民过上了幸福的生活。据此,1936年11月在全苏苏维埃第八次非常代表大会上,斯大林向全世界宣布苏联已建成社会主义社会,并用法律把斯大林的社会主义模式确立下来。而此时,西方资本主义正经历着20世纪30年代有史以来最严重的经济大萧条,人们对于未来一片迷惘,几乎看不到希望。相比之下,社会主义现代化的优越性显露无疑。另一方面,苏联模式在赢得"卫国战争"和世界反法西斯战争中发挥了重要作用,并且促进了世界社会主义阵营的形成。在1941—1945年,苏联同盟国一起打败了德、意、日的法西斯联盟,成为了世界反法西斯战争的主要力量。正是由于苏联模式在战前所建立的国民经济体系和工业体系以及较强大综合国力,

---

① 中国共产党党史研究室:《中国共产党党史(第二卷 1949—1978)》上册,北京,中央党史出版社,2011年版,第23页。

② 高放等:《科学社会主义的理论与实践》,北京,中国人民大学出版社,2009年版,第110页。

加之社会主义文化的巨大凝聚力使全体苏联人民以高昂的爱国主义、集体主义、英雄主义和饱满的精神状态参与到伟大的卫国战争中去，最终赢得了胜利，并且使法西斯军队在西欧战场的损失超过它的三倍。作为反法西斯的重要成果，在欧亚两大洲出现了南斯拉夫、波兰、匈牙利、捷克斯洛伐克、罗马尼亚、保加利亚、民主德国、朝鲜、中国、蒙古等12个人民民主国家。这些国家独立后，从1945—1949年先后走上了以苏联模式为代表的社会主义道路。这些国家不仅地理上连成一片，而且组成一种世界性的社会主义制度体系，到20世纪70年代时，世界上社会主义国家最多时达到了16个。上述这些国家，在意识形态上都以马克思主义为指导，在政治上都是以共产党为执政党，在军事上通过双边条约和《华沙条约》组成共同防御联盟①，在经济上通过双边条约和经济互助委员会组织互助合作，建立起社会主义世界市场②。

  苏联模式在取得巨大成就的同时，也存在重大弊病，这些弊病也通过社会主义阵营传导给了其他社会主义国家，为20世纪八九十年代东欧剧变和苏联模式的解体埋下了伏笔。一是政治上过度集权，缺少民主与法治。苏联模式的最典型特点就是过度集权，首先是最高领袖斯大林带头实行个人集权制、职务终身制和指定接班人制。这种制度严重违背了民主选举与监督、权力的制衡，在实际中以党代政、以党代法，社会主义民主和法治遭受了践踏。这种制度使领导人容易判断失误、独断专行、滥用权力、蔑视法治，利用自身的权力铲除异己，导致苏共党内的"大清洗"。据统计，在1920—1953年，苏联约有420万人受到镇压，在列宁主持的首届苏维埃政府的15名成员中，有10人在"大清洗"被杀害，只有斯大林一人活下来。二是经济上管得过死，缺少效率与效益。在过度集权的体制之下，中央主管部门通过指令性计划的方法，直接领导企业，很难进行高效的管理。导致地方、企业、职工缺少积极性和主动性。由于一切都管得太死，以致整个经济没有活力，效率低质量差。实践证明，在社会主义建设的初期，特别是战争时期，迫于国

---

① 1954年华约缔结时有苏联、保加利亚、匈牙利、波兰、罗马尼亚、捷克斯洛伐克、阿尔巴尼亚、民主德国8国参加，1962年中苏关系破裂之前，中国曾派观察员出席会议。

② 1949年苏联、保加利亚、匈牙利、波兰、罗马尼亚、捷克斯洛伐克六国组成经济互助委员会，后来阿尔巴尼亚、民主德国、蒙古、古巴、越南也加入，中国和南斯拉夫、老挝、朝鲜曾以观察员身份出席过一些例会。

内外的紧张形势,这种体制在推动粗放型经济增长,并保证国民经济重点部门发展方面是有成效的,而随着生产力的发展,经济总规模不断扩大,社会分工进一步发展,这种过度集中的经济制度就越来越不适应了,它的消极作用显现得越来越明显。三是思想文化上大搞个人崇拜,缺少独立与自由。在斯大林时期,对领袖的个人崇拜成为思想文化界的唯一的神圣原则。领袖的话成为了最高指示,思想文化已经不再关注人民的生活、人民的感受、人民的期盼,一律对领袖歌功颂德,所有思想、文化、艺术作品,如果不符合领导人意愿的,都要受到思想批判和组织处理,最终导致思想文化上的僵化。四是对外关系中输出革命,大搞"父子党"主义。对外关系中苏联大搞世界革命,大党主义、大国主义,最终走上了霸权主义道路。斯大林先是建立了以苏联为首的社会主义阵营,后采取革命输出的方式大搞世界革命,在共产国际中,以"父子党"关系对别国事务横加指责,导致社会主义阵营出现分化。1947年斯大林在东欧国家内大规模清洗"铁托分子",镇压浪潮席卷几乎所有东欧国家。五是党内腐败特权结成了一个既得利益集团。在斯大林统治时期,苏共逐渐结成了一个既得利益集团,这个集团中的党政军高级官僚享受着诸多特权,如特居权、特支权、特卫权、特教权等,拥有着高于普通工人近60倍的特别工资待遇,这些既得利益集团的群体脱离群众、脱离普通党员,后来党政军的官僚集团经发展成为苏共的掘墓人。苏联模式主要是在斯大林领导的30年时间内形成的,也被称为斯大林模式,同时斯大林模式被国内外众多人认为是极权主义、专制主义的代表。苏联模式的问题和弊端使十月革命后列宁开辟的社会主义现代化之路变成了歧路,而这条路也影响了几乎所有社会主义国家,包括中国。

三、从全面仿效苏联到以苏联为借鉴的道路探索

朝鲜战争结束之后,苏共打消了对中共走"铁托式"道路的疑虑,加大了对中国的各方面援助。自1953年中国的第一个五年计划开始,中国走上了全面仿效苏联模式的轨道。1954年,刘少奇明确指出,"我们所走的道路就是苏联走过的道路",而"苏联的道路是按照历史发展规律为人类社会必然要走的道路。要想避开这条道路不走,是不可能的"[①]。首先,选择优先发

[①] 刘少奇:《刘少奇选集》下卷,北京,人民出版社,1985年版,第154—155页。

展重工业的社会主义工业化道路。作为一个劳动力充裕、工业基础匮乏、资本技术短缺的国家选择优先发展重工业的工业化道路似乎是不太合理的。但一方面,新中国一开始就把实现强国作为目标,这个目标要求发展重工业。中国领导人不能够忍受"一辆汽车、一架飞机、一辆坦克、一辆拖拉机都不能造"①的局面;另一方面,来自苏联的援助也使新中国有了这样的奢望。1952年,时任驻苏大使的张闻天在给周恩来的信中说,中国今后的工业化方针,必须完全依靠与信赖苏联的援助,从一开始就建立最现代化的工厂,用不着走弯路,用不着摸索又摸索。今后,苏联对中国最大的、最有效的援助,就在这个方面②。毛泽东等中共高层领导人对此非常重视,连续召开多次会议,最终确定了工业建设以重工业为主、轻工业为辅,速度力求迅速的方针③。1953年5月有关苏联援助中国的协议签订,6月毛泽东提出了过渡时期的总路线:"要在十年到十五年或者更多一些时间内,基本上完成国家工业化和对农业、手工业、资本主义工商业的社会主义改造。"④其次,实行单一公有制基础之上的计划经济体制。从经济学的角度看,工业化的类型决定着所有制制度的不同。如果选择优先发展轻工业,就可以依托市场经济和自由企业制度。然而,选择优先发展重工业的"赶超战略"必然导致对市场的排斥和对计划经济的依赖⑤。因为优先发展重工业必须解决以下问题:一是压低消费,提高储蓄率,加快资金原始积累;二是确保资金投向国家确保的重点领域;三是实行平均社会保障,确保稳定。这三个方面的要求都不能诉求于市场那只"看不见的手",只能通过国家计划这只"看得见的手"来完成。由于优先发展重工业需要资金,这又只能通过农业来弥补,在农业领域实行统购统销,通过工农业"剪刀差"使资金从农业流向工业,这都是苏联曾经走过的路,所以很自然,中国接受了苏联模式对社会主义的解释,如,使公有制"成为唯一的经济基础"。社会主义就是消灭私有制,这是全党的基本

---

① 毛泽东:《关于中华人民共和国宪法草案》,《毛泽东文集》第6卷,北京,人民出版社,1999年版,第329页。
② 沈志华 李丹慧:《战后中苏关系若干问题研究》,《来自中俄双方的档案文献》,北京,人民出版社,2006年版,第124页,第132页。
③ 《陈云年谱(1905—1995)》中卷,北京,中央文献出版社,2000年版,第148页。
④ 逄先知 金冲及:《毛泽东传(1949—1976)》,北京,中央文献出版社,2011年版,第253—254页。
⑤ 保罗·肯尼迪:《大国的兴衰:1500—2000年的经济变迁与军事冲突》,北京,国际文化出版公司,2006年版。

共识,刘少奇说过,"要建成社会主义,就要改变资本主义所有制和个体所有制,建立全民所有制和集体所有制。只要我们抓住了这一点,在这一点上不动摇,那么,我们就基本上没有违背马列主义,就不会犯重大错误"。[①]这种观念代表了当时党内的主流,从此以后公有制成为判断社会主义最重要的标准之一支配了几十年的制度安排,使中国陷入公有制不断升级的陷阱。

再次,实行高度集中的政治社会管理的"举国体制"。伴随着过渡时期总路线的提出,政治体制出现明显集权化,由"联合政府"向"一党政府"转变,由地方分权向中央集权过度,大权集中于党;在文化领域,进行社会主义一元化改造,主要是教育改造知识分子,使他们皈依马克思主义、拥护新政权,为国家建设出力;在社会领域,进行整合。首先在全国掀起大规模的镇压反革命运动,打击敌特势力净化社会风气,然后通过实行城镇街居制、单位制度、人事档案制度和户籍制度[②]管理人员。这种全面效仿苏联模式的道路一直持续到1956年,正是在这一年,中国宣布社会主义改造基本完成,社会主义制度在中国基本建立起来,中国实现了从新民主主义社会向社会主义社会的历史性转变,为当代中国更好地推动社会主义现代化建设提供了根本的政治前提和制度基础。从时间上看,进入社会主义的时间比预想的要早不少,究其原因,主要有以下几个方面:从生产力上看,由于"一五"期间苏联的大规模的经济援助,使中国的工业体系和国民经济体系较快地建立起来。从生产关系上看,这一时期对资本主义工商业的改造基本完成,新建工业企业都是全民所有制或集体所有制。在农村基本完成从"互助组""低级社"到"高级社"的转变。由于全面效仿苏联的社会制度,以公有制为基础,以"条条"管理为主、以行政指令配置资源的苏联式计划经济模式,基本上被复制出来。从人民的迫切愿望上看,经历了近代以来各种灾难的中国人面对一直以来倾心向往的目标显得迫不及待,希望美好的社会主义社会尽快到来。中华人民共和国成立初期,1951年时,刘少奇说,"现在有人讲社

[①] 刘少奇:《刘少奇选集》下卷,北京,人民出版社,1985年版,第176—183页。
[②] 城镇街居制是指建立城市街道办事处和居民委员会制度,单位制度是指国家管理公有制体制内人员的组织形式、人事档案制度是指国家职工大体分为干部和工人,人事制度管理主要是针对干部的管理,体现党管干部的原则,户籍制度客观上把中国户籍人区分为"农业人口"与"非农业人口"两种,而市民与农民的不同身份享受的待遇也截然不同,并且带有实习性质,这种城乡二元结构对中国社会的影响深远。

会主义，我说：这是讲早了，至少讲早了10多年"。①在新民主主义存在的时间估计上，毛泽东、刘少奇和周恩来的看法基本是一致的，为10—15年。而到了1952年9月，毛泽东提出，10到15年基本上完成社会主义，而不是10年以后才过渡到社会主义②，到1953年，党在过渡时期的总路线中提到要在10年到15年时间内，基本上完成社会主义改造。而起始时间是从1949年以后开始的，也就是没有经历新民主主义社会直接向社会主义过渡。从现实上来看，1949年以后最初的设想是要经历一个新民主主义社会的阶段，10—15年时间，从新民主主义社会向社会主义社会过渡也需要10—15年。总的来看，从新中国建立到社会主义制度建立需要20—30年的时间，最后只用了17年就实现了。一方面，说明有世界历史自觉意识的共产党掌握政权后，对经济政治文化社会的推动十分得力，能够起到事半功倍的效果，体现了社会主义的优越性；另一方面，在中国这个经济很落后的国家急于抛弃新民主主义社会，尽快建立社会主义制度不一定合乎中国的国情，这种全面效仿苏联模式的弊端在今后的社会主义发展中必然显示出来。

1956年，苏共二十大的召开，揭露了斯大林的错误，在社会主义发展史上具有转折意义，引发了毛泽东等中共领导人"以苏为鉴"、走中国自己道路的思考。苏共二十大后，毛泽东明确提出了避免走苏联的弯路，走"中国式工业化道路"的问题③。这些思想主要体现在三个方面。一是改革经济管理体制方式。1956年，毛泽东在普遍调研的基础上作了《论十大关系》的报告，其中涉及如何处理重工业、轻工业和农业的关系，鉴于苏联的教训，毛泽东主张在坚持重工业优先的情况下，较多发展轻工业和农业，调整比例关系，以改善民生，适当降低军事方面的投入，加大经济建设方面的投入等，在国家、企业和个人关系及中央和地方关系等方面，总体来讲主张权力下放，调动基层和个人的积极性，更好地推动经济建设。《论十大关系》可以看作一个转折点，是从盲目崇拜苏联模式，走苏联道路到探索自身道路的开始，如毛泽东所说，十大关系的基本观点就是同苏联作比较，除了苏联办法

---

① 《农业部办公厅.农业集体化重要文件汇编（1949—1957）》（上），北京，中共中央党校出版社，1981年版，第31章。
② 薄一波：《关于过渡时期总路线提出问题致田家英的信》，载于《党的文献》2003年第4期。
③ 毛泽东：《论十大关系》，《毛泽东选集》第5卷，北京，人民出版社，1977年版，第267页。

以外，是否可以找到别的办法比苏联、东欧各国搞得更快更好①。中共八大期间，中共党内对于经济体制改革的思考有所深化，其背景是计划经济建立起来以后，暴露出一系列新的问题，比如产品质量下降、品种减少、服务不周等。陈云认为，资本主义大范围内有不合理之处，小范围内合理；社会主义大范围内合理，小范围内有不合理之处。要使两个方面都合理，就应当在国家市场指导下容许自由市场存在，没有自由市场，市场就会死。②陈云在八大上提出了"三个主体，三个补充"的总体设想：国营和集体为主，个体为补充；按计划生产为主，市场生产为补充；国家市场为主，自由市场为补充。③这是针对中国的实际情况对苏联计划经济体制进行的改良模式，这一思想在八大中得到了刘少奇、周恩来等人的认同，党的八大之后，一些省市开放了自由市场，然而，在1957年当自由市场冲击国家粮食的统购统收时，许多人提出了质疑，自由市场随之关闭。而毛泽东的思考并没有从市场这里寻找办法，更多的是下放权力，通过发动群众，体现积极性和主动性来追求高速度。二是提出了现代化的目标和步骤。党的八大提出了对于基本国情的客观判断，即国内主要矛盾已由无产阶级同资产阶级的矛盾，转变为落后生产力同社会需要之间的矛盾，决定将党和国家的中心任务转移至发展生产力上来，使中国尽快由落后的农业国变为先进工业国。毛泽东指出："阶级斗争基本结束，我们的任务转到什么地方？转到搞建设，率领整个社会，率领六亿人口，同自然界作斗争，把中国兴盛起来，变成一个工业国。"并且描绘了社会主义发展进程："20世纪，上半个世纪搞革命，下半个世纪搞建设；现在是由革命到建设的转变时期，今后的中心任务是搞建设；从现在起到21世纪中叶，用100年时间把中国建设好。"④这是毛泽东对中国社会主义现代化提出的一个总体规划和百年梦想，反映了新中国第一代领导人对社会主义现代化目标和过程的探索，这个战略规划对后来邓小平提出三步走战略奠定了基础。三是扩大民主和防范个人崇拜。从《论十大关系》到党的八大，中共高层鉴于苏共高度集中的政治模式，提出了扩大民主的问题，在政治领

---

① 《1958年5月18日毛泽东在中央八大二次会议上的讲话》，转引自薄一波：《若干重大决策与事件的回顾》上卷，北京，中共中央党校出版社，1991年版，第471页。
② 《陈云文集》第3卷，北京，中央文献出版社，2005年版，第74页，第99页。
③ 《陈云年谱》中卷，北京，中央文献出版社，2005年版，第334页。
④ 毛泽东：《坚持艰苦奋斗，密切联系群众》，《毛泽东文集》第7卷，北京，人民出版社，1999年版，第285页。

域，扩大党内民主，将党的代表大会改为常任制，设立中央书记处，加强集体领导；发挥人大代表的监督作用，试行行政体制改革，扩大地方的权力；提出中国共产党同民主党派"长期共存，互相监督"，鼓励民主党派"唱对台戏"；在知识文化领域，实行"百花齐放，百家争鸣"的方针，动员思想界开展学术争鸣等。1957年2月，毛泽东在以苏联为鉴，深入研究社会主义矛盾问题的过程中，发表了《正确处理人民内部矛盾的问题》，形成了一整套系统的关于社会主义社会内部不同性质矛盾及其处理这些矛盾的理论，毛泽东认为在领导苏联社会主义的实践中，斯大林一直不承认社会主义社会是有矛盾的，苏联"肃反扩大化"就是因为没有处理好社会主义的矛盾，他指出，社会主义社会的基本矛盾是生产力与生产关系、经济基础与上层建筑之间的矛盾，不过社会主义社会的矛盾不像资本主义社会的矛盾是对抗性质的、剧烈的，社会主义的矛盾反映到政治上可以划分为敌我矛盾和人民内部矛盾，敌我矛盾是对抗性的矛盾，而人民内部矛盾是非对抗性的矛盾。他着重谈人民内部矛盾，并且提出了应该采取"团结——批评——团结"的方针加以解决。《正确处理人民内部矛盾的问题》所体现的思想是党的八大路线的继续和发展。《论十大关系》、八大定的正确路线和《正确处理人民内部矛盾的问题》所探讨的问题应该是非常符合当时中国的基本国情和基本矛盾的，但是由于主客观的一些因素，这些好的思想和路线没有执行下去，走中国自己的现代化道路遭受了重大挫折。

不过，不论是凯歌猛进，还是在失败中奋起，从盲目仿效苏联模式和苏联道路到把马克思主义基本原理与中国具体国情相结合，探索自己的社会主义现代化道路，这本身就是一大突破。"鞋子合不合适，只有自己知道"。历史不止一次地证明，照搬照抄别国的路，是永远也得不到现代化的，虽然"发达国家向不发达国家展示的是它们未来的景象"，但发达国家走过的道路往往是不可复制的，后起国家只有根据不同的时代背景和具体情况探索自己的路才有望成功。

四、对现代化认识的误区及社会主义建设的挫折

如果一直按照"以苏联为鉴"和八大规划的路线走下去，虽然没有完全脱离苏联模式的框架，找到一条全新的道路，至少在社会主义现代化建设

方面不会出现大的挫折。然而，这种探索被一场来自外部的危机打破了，发生了转向。这就是来自1957年波兰和匈牙利的动乱。波匈事件的爆发是社会主义阵营的第一次大危机，也是苏联模式的第一次大危机。波匈事件的爆发由以前苏共二十大后批评斯大林的错误，改变所谓的"父子党"格局转变到努力应对社会主义阵营的整体性危险，维护社会主义阵营的团结，由批判教条主义转向批判修正主义。当时，毛泽东关注的重点还在国内，他开展了轰轰烈烈的反右运动，并通过发动群众把这场斗争扩大化。的确，在新民主主义时期，革命代表了现代性，紧紧抓住革命、闹革命就赢得了胜利，殊不知革命现代性是有限度的，超出了历史的想象，革命现代性就会失去其历史价值与合理性。新中国成立以后，阶级斗争扩大化的做法，从本质上讲就是革命现代性失范的表现，从而也为中国现代化的发展造成了很大的影响。在人民政权已经建立并巩固的历史条件下，主题已从暴力革命转向现代化建设，这是历史的必然，是人民的选择，它标志着社会的重大转型。而中国的第一代领导人虽然在党的八大前后关注到了这一点，但是在执行过程中产生了偏差，最终导致了全局性的失误。

在中国现代化道路的探索方面，毛泽东提出了"大跃进"的赶超模式和"人民公社"，并把这两项同过渡时期总路线一起并称为"三面红旗"。毛泽东认为"大跃进"和"人民公社"是他最引以为傲的两个"创新"。他认为1949年后头几年一直是照搬苏联，虽然"一五"期间，苏联向中国派出了5000多名各方面的专家，使中国经济很快能够走上轨道，但"总觉得不满意，心情不舒畅"[①]，而真正自己的东西就是"大跃进"和"人民公社"。他认为不仅要一次为中国找到一条超英赶美的现代化赶超之路，而且还要为整个社会主义阵营树立标杆，奠定中国在社会主义阵营中的领袖地位。不过好的目的，不一定会达到好的效果。如果违背了历史规律和一般常识，即使有再大的干劲和动员力，只会越干越错。几年的"大跃进""共产风""人民公社""消灭家庭、男女分开住"等这些乌托邦式的试验并没有带来好的后果，带来的是大饥荒和1960—1962年的"三年困难时期"。历史上人为的灾难，并非都出自恶的动机，那些抱有崇高理想却带来巨大灾难的社会运动，

---

① 毛泽东：《读苏联〈政治经济学教科书〉的谈话》，《毛泽东文集》第8卷，北京，人民出版社，1999年版，第117页。

往往更具悲剧性。对于一个后起国家来说，赶超世界先进强国，有着无法抗拒的巨大诱惑。特别是对于像中国这样在近代以来遭受了无数苦难的国家，已经获得新生，所有人都有迫不及待的赶超冲动。但是，不幸的是中国在探索后进国家现代化的道路过程中，脱离了实际、脱离了群众，在马克思主义的口号下忘记了马克思主义的基本原理，没有找到一条既符合规律，又符合国情的正确道路，这种现代化的延误从20世纪50年代末一直延续到70年代末，将近20年。

在1962年中国的社会主义现代化进程完全中断，探索自己的现代化道路也就此中断。但是，这种全局性的错误也促使中国共产党人开始全面反思，总结经验教训，正是由于对"什么是社会主义、怎样建设社会主义"这样的根本问题的深入思考，才有了1978的改革开放，从而掀开了中国社会主义现代化的新篇章。

五、改革开放前"30年"的宝贵财富

从1949年新中国成立到1978年党的十一届三中全会召开之前的29年，在中国共产党的领导下，中国相继实现了新民主主义革命的胜利和社会主义革命的胜利，并对社会主义现代化建设进行了有益的探索，取得了历史性成就。党的十八大报告指出，这一时期，毛泽东的艰辛探索虽然经历了严重挫折，但社会主义建设取得了"独创性理论成果和巨大成就，为新的历史时期开创中国特色社会主义道路提供了宝贵经验、理论准备、物质基础"[①]。

第一，为改革开放和社会主义现代化建设奠定了物质基础。主要表现在：彻底结束了旧中国长期分裂的局面，实现了国家的高度统一；建立了人民民主专政的国家政权，中国人掌握了自己的命运；建立了社会主义制度，实现了中国历史上最广泛最深刻的社会变革；实现和巩固了全国各族人民的大团结，极大地增强了中华民族的凝聚力；初步建立起独立的比较完整的工业体系和国民经济体系，在全国建成了一大批国有企业；不断发展社会主义文化，人民群众的思想道德素质和科学文化素质有了显著提高，培养了一大批各方面的专业人才；建立起巩固的国防，成功发射了"两弹一星"；重回

[①] 《坚定不移沿着中国特色社会主义道路前进，为全面建成小康社会而奋斗》，《十八大以来重要文献选编（上）》，北京，中央文献出版社，2014年。

国际大家庭，国际地位大大提高。①

第二，在探索中国社会主义道路中形成了独创性的理论成果。这些理论成果主要有以下八个方面：一是揭示了社会主义社会的基本矛盾与主要矛盾。在批判了苏联学术界长期据统治地位的社会主义"无矛盾冲突"的形而上学观点的基础上认为社会主义的基本矛盾依然是生产力与生产关系、经济基础与上层建筑之间的矛盾，而社会主义的主要矛盾已经由敌我矛盾转化为人民内部矛盾。二是提出了社会主义发展的长期性与阶段性，认为社会主义建设不是一蹴而就的短暂过程，像中国这样一个经济社会落后的东方社会不可能很快就过渡到更高级的社会形态，社会主义社会也是分阶段的，分为不发达阶段和发达阶段。三是提出了中国现代化的目标与步骤。根据毛泽东的提议，由周恩来于1964年最早提出的"四个现代化"，包括工业现代化、农业现代化、国防现代化与科学技术现代化，并且提出了"两步走"的发展战略，第一步到1980年，建成一个独立的、比较完整的工业体系和国民经济体系；第二步到2000年，全面实现"四个现代化"，使中国经济走在世界前列。四是在经济政治文化等方面提出了社会主义建设的基本方针，如坚持公有制、民主集中制和"双百方针"等。五是独立自主、自力更生的和平外交政策。提出了和平共处五项原则，作为不同制度国家相互关系的准则，为现代化建设创造了良好环境。六是调动一切积极因素建设社会主义。强调处理好"十大关系"，把国内外一切积极的因素，包括直接的、间接的因素都调动起来，建设社会主义。

第三，在探索中积累了宝贵的历史经验。新中国成立头30年，在对社会主义建设的艰辛探索中，中国共产党积累了正反两方面的经验教训，从开始的全面仿效苏联，到以苏联为借鉴，再到探索符合中国国情的社会主义建设道路，虽然其中有"左"的错误，也有这样和那样的挫折，但总体来看，目的和意愿是好的。产生错误和挫折的原因是多种多样的，有的是对社会主义理论本身认识不够，有的是对中国国情认识不足，有的是操之过急、急功近利导致的。但是无论是成功的经验还是失败的教训，对中国社会主义现代化建设这项既无经

---

① 从1971年重新恢复联合国的合法席位，1972年尼克松访华，随即新中国与日本、西德、澳大利亚、西班牙等西方国家陆续建交，到20世纪70年代末，与新中国建交的国家超过100个。中国再一次进入国际大家庭，而这一次中国不再是虚弱的半殖民地半封建国家，而是一个地位优越、备受尊敬的大国。

验可循，又无成功案例可搬的伟大事业来讲都是极其宝贵的。正如恩格斯指出的："伟大的阶级，正如伟大的民族一样，无论从哪个方面学习都不如从自己所犯错误的后果中学习来得快。"①邓小平在谈到改革开放与"文化大革命"的关系问题时，深刻指出："没有'文化大革命'的教训，就不可能制定十一届三中全会以来思想、政治、组织路线和一系列政策。"

新中国成立后近30年的探索既取得巨大成就，又发生了重大失误，其宝贵的物质与精神财富为社会主义现代化建设新道路的探索提供了重要条件。长期以来，关于改革开放前30年和后30年的关系问题，是一个集各种社会思潮和各类社会人群关注的问题。由于这两段历史发生的史实离现在比较近，多数人群亲身经历，带有浓厚的感情因素，因此，对这两者的关系往往不容易看清，所做出的观点和评价往往有失偏颇。总的来看，主要有以下观点：一种是过分夸大改革开放之后所出现的问题及其严重性，并把产生这些问题的原因归结于改革开放是对前30年所走道路、所执行路线、方针政策的根本性否定和完全背离，由此用前30年否定后30年；另一种是用片面的事件来简单归纳前30年的历史，看不到因果性、关联性与复杂性，认为前30年的历史一无是处，用后30年否定前30年；此外，还有一种极端的观点，则是全面否定新中国成立以来的历史，认为将马列主义引入中国，走苏联的道路本身就是历史的误会，"苏联模式"解体更是证明了这一点。以上这些观点明显带有片面性、主观性和非历史性，如果不是立场和方法有问题，就是别有用心。要抹黑一个国家，首先抹黑这个国家的历史；要妖魔化一个政党，首先妖魔化这个政党执政的合法性来源。我们要警惕这些"历史虚无主义"的思潮，坚定地把握住新中国成立以来的历史走向，把握住社会主义现代化建设这条主线，用连续的、具体的、世界的眼光来正确看待历史、历史事件与历史人物，并深入分析它们产生的动机和原因，用黑格尔的话说就是要"哲学的历史"。正如习近平指出的："对改革开放前的历史时期要正确评价，不能用改革开放后的历史时期否定改革开放前的历史时期，也不能用改革开放前的历史时期否定改革开放后的历史时期。改革开放前的社会主义实践探索为改革开放后的社会主义实践探索积累了条件，改革开放后的社会主义实践

---

① 恩格斯：《英国工人阶级状况》1892年德文第二版序言，《马克思恩格斯选集》第4卷，北京，人民出版社，2009年版，第432页。

探索是对前一个时期的坚持、改革、发展。"①

从世界历史的角度来看,前30年的现代化历史进程由于主客观原因没有完全进入世界历史,特别是进入作为主流的资本主义世界历史,而是不自主地进入了作为支流的社会主义世界历史。在社会主义世界市场中,由于社会主义国家数量有限,并且大都实行计划经济,对市场的依赖较小,不可能实现马克思所设想的打破民族的狭隘性的世界范围内的联合成为一体,更何况在社会主义世界市场中真正起作用的不是马克思最为重视的"资本",而是"行政命令";不是因资本的扩张而形成,而是一种人为的与资本主义世界市场相对立的阵营。可以说,新中国成立后近30年的时间,中国也是在孤立的、半封闭的状态下进行社会主义现代化建设的,由于不具备真正在世界历史中探寻现代化的条件,因此对于现代化的获得是大打折扣的,梦寐以求的"超英赶美"的梦想也没有实现。

第三节 中国道路的开辟:改革开放自觉融入世界历史与"中国式现代化"的发展

中国的改革开放和"苏联模式"的解体是20世纪末发生的两大历史性事件。从探索现代化的视角来说,这两件一前一后发生的历史事件在社会主义发展史中具有重大的转折意义,它标志了一个时代的结束——人为的、片面的、以同一模式为输出地追求地域性的世界历史的结束——和另一个全新时代的开始——自然的、全面的、以寻求多样化模式的、与世界历史相联系的全新时代的开始。这其中,中国无疑是主角,而改革开放则是关键词。从1978年开始,中国的现代化探索是与改革开放联系在一起的。习近平指出:"改革开放是我们党的一次伟大觉醒,正是这个伟大觉醒孕育了我们党从理论到实践的伟大创造。改革开放是中国人民和中华民族发展史上一次伟大革命,正是这个伟大革命推动了中国特色社会主义事业的伟大飞跃!"②每一次改革的深入、开放的扩大都会推动社会主义现代化的发展,都会使现代化在

---

① 中共中央宣传部:《习近平总书记系列重要讲话读本》,北京,学习出版社人民出版社,2014年版,第7页。

② 习近平:《在庆祝改革开放40周年大会上的讲话》,载于《人民日报》2018年12月19日1版。

中国大地上展现出更多的生机活力。从这时开始，中国从单一公有制转向公有制为主体、多种所有制经济共同发展，从传统的计划经济体制转向社会主义市场经济体制，从实际意义上封闭式的现代化转向超越意识形态的全方位开放的现代化模式。这些具有划时代意义的重大举措推动了中国经济的"起飞"①，促使中国反思并超越传统社会主义，探寻自己的现代文明秩序，最终开辟了中国特色社会主义道路，使中国不可逆转地进入现代化通道，不可逆转地融入世界历史。正如邓小平所说："我们搞的现代化，是中国式的现代化。我们建设的社会主义是有中国特色的社会主义。"②纵观中国近代以来的历史，中国道路的命题产生于鸦片战争之后，其根本目的是与现代化这个话语紧密相连的，革命是实现现代化的前提，改造是为了扫平现代化的政治经济障碍，建设和发展则直接为了获得现代化。经过130多年的接续奋斗，直到中国共产党的十一届三中全会，开辟了中国特色社会主义道路后，才真正找到了通向现代化的有效途径，这是一条能够实现民族振兴、国家富强、人民幸福的康庄大道。中国走上这条道路经过40年的发展，经济社会取得了举世瞩目的成就，经济总量跃居世界第二，人民生活水平、综合国力与国际竞争力都上了一个大的台阶，积贫积弱旧中国的局面被彻底打破，一个全新的负责任大国形象展现在世人面前，中国人民在富起来、强起来的征程上迈出了决定性的步伐！我们用几十年时间走完了发达国家几百年走过的工业化历程，自改革开放以来，中国共产党所开辟的中国特色社会主义道路越来越受到其他各国的关注，有关"中国模式""中国道路"的话题正在世界愈演愈烈，并且经久不衰。

一、改革开放与"建设有中国特色的社会主义道路"的初步探索

建设社会主义是一个史无前例的、艰辛探索的过程。以毛泽东同志为主要代表的中国共产党人在社会主义建设过程中，既取得了巨大成就，也经历

---

① 现代化理论的重要代表人物，经济学家罗斯托将人类社会的发展分为五个阶段。分别是"传统社会阶段""为起飞创造前提阶段""起飞阶段""趋向成熟阶段""大众高消费阶段"，并且他认为现代化进程中最为关键的时期就是"起飞阶段"。"起飞"完成后，经济的持续增长使社会开始向现代过渡，这就是现代化的过程。见罗斯托：《经济成长的阶段——非共产党宣言》，北京，商务印书馆，1962年版。

② 《邓小平文选》第3卷，北京，人民出版社，1993年版，第29页。

了严重曲折，这些经验教训为在新的历史时期开创中国特色社会主义提供了理论准备和物质基础。虽然从1954年第一个"五年计划"就提出实现"四个现代化"①的战略目标，但由于种种原因，这个目标被耽搁下来。直到改革开放之后，探索实现现代化新道路的历史重任就落在了以邓小平同志为主要代表的党的第二代领导集体身上。

1976年到1978年的两年间，在中国向何处去、走什么道路的问题上存在着三种不同的主张：一是继续走老路；二是改走资本主义的路；三是开拓新的道路。前两者是有例可循的，结果也相对明了，而第三种是未知的，西方主流思想没有论及，传统马克思主义理论关于社会主义建设的问题也谈及甚少，中国正处在十字路口。正是在这个关键时刻，1978年12月党的十一届三中全会召开，决定把党的工作重心由以阶级斗争为纲转到以经济建设为中心的社会主义现代化建设上来，并作出了改革开放的战略决策，为探索新的道路扫平了障碍，为理论的提出做好了准备。这一时期，邓小平多次强调中国最大的政治就是"四个现代化"。②他深刻地指出"我们不要资本主义，但是我们也不要贫穷的社会主义，我们要发达的、生产力发展的、使国家富强的社会主义"③，并表示"中国的社会主义道路与苏联不完全一样，一开始就有区别"④，中国式的现代化不是像西方那样的现代化，而是"小康之家"。可以说从一开始在中国共产党的话语体系中关于"现代化"无论是概念还是内容都是符合中国实际、具有中国风格、体现中国气派的；在实践中，中国共产党的态度也十分鲜明，那就是既不走老路——"苏联式的工业化"，也不走邪路——西方现代化，而是开辟自己的新路——中国特色社会主义道路，也就是中国式现代化道路。从1982年9月党的十二大开幕词，邓小平首次提出"建设有中国特色的社会主义"到1987年党的十三大把"有中国特色的社会主义道路"以党在社会主

---

① "四个现代化"即为"工业现代化、农业现代化、国防现代化、科学技术现代化"，是中国共产党及中华人民共和国20世纪50年代至60年代提出的国家战略目标。1964年12月第三届全国人民代表大会第一次会议上，周恩来根据毛泽东建议，在政府工作报告中首次提出，在20世纪内，把中国建设成为一个具有现代农业、现代工业、现代国防和现代科学技术的社会主义强国。

② 邓小平：《社会主义也可以搞市场经济》，《邓小平文选》第2卷，北京，人民出版社，1993年版，第234页。

③ 邓小平：《社会主义也可以搞市场经济》，《邓小平文选》第2卷，北京，人民出版社，1993年版，第231页。

④ 邓小平：《社会主义也可以搞市场经济》，《邓小平文选》第2卷，北京，人民出版社，1993，第235页。

义初级阶段的基本路线的形式确定下来，再到1992年2月邓小平发表南方谈话强调，坚持党的基本路线一百年不动摇，就是走中国特色社会主义道路一百年不动摇。这14年间中国共产党对内改革、对外开放，对"有中国特色的社会主义道路"进行了初步的探索，取得了显著成效，积累了有益经验。这一时期，具有重大历史意义的事件主要有以下几件。

第一件是思想解放。关于实践是检验真理唯一标准的大讨论。伟大的实践都是以思想的解放为前提的。在党的十一届三中全会之前，1978年初，在全国范围内掀起了一场真理标准的大讨论，这场大规模的思想启蒙运动，冲破了束缚人们的传统观念，打破了教条主义、本本主义的牢笼，使人们的思想空前解放，为结束"文化大革命"后迷惘和徘徊局面铺平了道路，为改革开放做好了理论准备。第二件是为以家庭联产承包责任制为核心的农村改革拉开序幕，成效显著。改革的先声是从中国农村开始的，首先在安徽凤阳小岗村展开"大包干"的改革，然后经中央肯定后，推广到全国，从1978年到1984年，仅仅用6年时间，基本上解决了农民的吃饭问题，为中国这样一个农村人口占绝大多数的国家继续推动改革奠定了良好基础。第三件是在农村改革成功的基础上推进城市改革，扩大企业自主权。减少行政命令与计划干预，提高企业效益。第四件是开始实行有计划的商品经济。1984年党的十二届三中全会通过的《中共中央关于经济体制改革的决定》提出了社会主义经济是有计划的商品经济这一新的论断，这一论断的提出，为发展非公企业、搞活经济、提高人民生活都有重大意义。第五件是创立经济特区，形成全方位开外格局。形成了以经济特区、沿海开放城市、沿江开放城市为重点的对外开放经济带，为中国经济融入世界市场打开了窗口。第六件是提出了社会主义初级阶段理论与党的基本路线，开辟了"有中国特色的社会主义道路"。党的十三大系统阐述了社会主义初级阶段理论与党的基本路线，为社会主义建设确定了定盘星，进而对"有中国特色的社会主义道路"进行了理论阐述，成为指导改革开放和社会主义现代化建设的基石。

这几件具有重大战略意义的事件开启了改革开放的征程，对于当代中国的发展特别是现代化建设来说有着长久和持续的影响。"有中国特色社会主义道路"既不是马克思主义创始人设想的在资本主义高度发展的基础上建设社会主义，也不完全相同于其他社会主义国家的道路，从马克思世界历史理论的视角来看，有以下几个特点：

一是社会主义初级阶段理论回答了中国特色社会主义在世界历史背景下的发展阶段问题。党的十三大报告明确阐述了社会主义初级阶段理论。社会主义初级阶段包括两层含义。第一，中国社会已经进入社会主义社会，必须牢牢坚持；第二，中国的社会主义处于初级阶段，不能不顾实际情况，超越这个阶段。报告指出："正因为我们的社会主义是脱胎于半殖民地半封建社会，生产力水平远远落后于发达的资本主义国家，这就决定了我们必须经历一个很长的初级阶段，去实现别的国家在资本主义条件下实现的工业化和生产的商品化、社会化、现代化。"[①]并且提出从中国20世纪50年代社会主义改造基本完成到社会主义现代化的基本实现，至少需要上百年的时间，都属于社会主义初级阶段。社会主义初级阶段的提出使中国的发展纳入正常的历史发展轨道，特别是"去实现别的国家在资本主义条件下实现的工业化和生产的商品化、社会化、现代化"的认识，表明了中国共产党重新认识社会主义、重新认识实现"四个现代化"的历史方位、重新认识世界历史发展的一般规律。在效仿"苏联模式"过程中，就是由于对发展阶段的认识不清，过早地、简单地、人为地消灭了一切形式的资本，忽视了资本在一定历史时期的作用，提出"宁要贫穷的社会主义，也不要富裕的资本主义"的口号，以为这样就可以快速进入更高级的社会阶段，事实证明，这只是一厢情愿。世界历史的发展是不以人的意志为转移的。世界历史能够从资本主义阶段上升到共产主义阶段很重要的就是资本的推动作用，虽然有时很残酷，但是必须经历的。社会主义初级阶段理论的提出，是改革开放的基础和逻辑起点，40年来，一切改革措施的出台都是基于这个最大国情和最大实际的。这个对中国特色社会主义道路的正确定位把中国式的社会主义重新拉到符合世界历史发展的正常轨道上来，使一度偏离航向的社会主义巨轮重新起航。

二是以经济建设为中心推动改革抓住了中国特色社会主义在世界历史背景下的发展动力。这个命题的提出标志着中国共产党从以阶级斗争为纲转移到以发展生产力和经济建设为中心上来。由于没有现成经验可循，中国共产党在推进社会主义建设中走了一些弯路，可以说中国共产党对"什么是社

---

① 《沿着有中国特色的社会主义道路前进》，《十三大以来重要文献选编》，北京，中央文献出版社，2011年版，第7页。

主义"这个基本问题的探索是用"证伪"的方式开始的。总结新中国成立近30年来的经验和教训，我们认识到贫穷不是社会主义、平均主义不是社会主义、两极分化不是社会主义、全盘西化更不是社会主义。1979年邓小平就指出："我们不要资本主义，也不要贫穷的社会主义。"①1986年邓小平再次指出："社会主义时期的主要任务是发展生产力，使社会物质财富不断增长，人民生活一天天好起来，为进入共产主义创造物质条件。不能有穷的共产主义，同样不能有穷的社会主义。"②直到1992年初，邓小平在南方谈话中提出："社会主义的本质，是解放生产力，发展生产力，消灭剥削，消除两极分化，最终达到共同富裕。"社会主义本质论的提出标志着中国共产党对什么是社会主义的问题有一个基本肯定性的认识。在如何建设社会主义的问题上，中国共产党从实现"四个现代化"到创造性地提出"三步走"③战略部署，回答了如何使一个人口多、底子薄的社会主义大国从传统落后的农业国转变为先进现代化工业国的问题。即使在改革开放40年的今天，回首往昔，我们依然感受到这个"战略"的科学性。综上所述，这些中国式现代化的全新探索，最终成为中国特色社会主义道路的重要内容，为推动自鸦片战争以来与世隔绝的中国历史重新融入世界历史奠定了基础和条件。马克思认为历史向世界历史转变的根本动力是社会生产力的大幅提高以及随之带来的交往的普遍扩大，中国要探寻现代化，要摆脱贫穷、落后的阶段，实现由手工劳动为基础的农业国向现代化的工业国转变，由自然和半自然经济占很大比重向商品经济占较大比重转变，实现民族复兴伟业就必须心无旁骛，一心一意搞建设，大力发展生产力，不断提高人民生活水平。只有这样才能跟上世界历史的步伐，才能赶上时代，不被世界历史淘汰。

三是全方位对外开放规划了中国特色社会主义在世界历史背景下的发展途径。这一时期一个重大的转变就是由封闭和半封闭下发展转变为对外开放

---

① 邓小平：《社会主义也可以搞市场经济》，《邓小平文选》第2卷，北京，1993年版，第231页。

② 邓小平：《答美国记者迈克·华莱士问》，《邓小平文选》第3卷，北京，人民出版社，1993年版，第171—172页。

③ 1987年10月党的十三大提出的中国经济建设分三步走的总体战略部署：第一步目标，1981年到1990年实现国民生产总值比1980年翻一番，解决人民的温饱问题，这在20世纪80年代末已基本实现；第二步目标，1991年到20世纪末国民生产总值再增长一倍，人民生活达到小康水平；第三步目标，到21世纪中叶人民生活比较富裕，基本实现现代化，人均国民生产总值达到中等发达国家水平，人民过上比较富裕的生活。

第三章　超越"现代性"：中国道路的世界历史脉络

条件下发展。邓小平指出："中国长期处于停滞和落后状态的一个重要原因是闭关自守。经验证明，关起门来搞建设是不能成功的，中国的发展离不开世界。"①改革开放前30年，由于意识形态等诸多原因，西方资本主义国家对中国进行了全面封锁，我们不得不倒向苏联社会主义阵营，基本上与资本主义世界市场脱节。直到20世纪70年代，由于国际形势发生变化才使中国与西方国家的关系有所改善，真正实行全方位的开放战略是党的十一届三中全会之后，由特区扩展到沿海沿江内陆，超越意识形态界限，开始与西方资本主义国家发生经贸关系，这种全方位的开放为中国进入世界市场打下了良好的基础，从此，中国开始与其他国家进入同一世界历史。

四是和平发展的时代主题认清了中国特色社会主义在世界历史背景下的发展环境。邓小平指出，现在世界上真正大的问题，"一个是和平问题，一个是经济问题或者说发展问题"。②和平与发展时代主题的提出是基于中国共产党对国际形势和中国周边安全环境的重新认识基础之上的。改革开放之后中国所处的安全环境发生了较大变化，安全形势有所改善，以往"早打大打核战争"的安全形势判断应该有所改变。邓小平指出："根据对世界大势的这些分析，以及对我们周围环境的分析，我们改变了原来认为战争的危险很迫近的看法""在较长时间内不发生大规模的世界战争是有可能的，维护世界和平是有希望的。"③在对外关系和安全战略上，我们经历了新中国成立初期防止帝国主义入侵与颠覆的"一边倒"倒向苏联的战略，20世纪六七十年代针对苏联霸权主义搞的"一条线"战略④以及改革开放以后，奉行独立自主的外交路线与外交政策，坚定维护世界和平的过程。和平与发展时代主题的认识从根本上扭转了过去以"战争与革命"为中心的指导思想和工作思路，真正使党的工作重心转移到经济建设与发展上来，为推进社会主义现代化建设奠定了良好的安全基础。

---

① 邓小平：《我们的宏伟目标和根本政策》，《邓小平文选》第3卷，北京，人民出版社，1993年版，第78页。
② 邓小平：《和平和发展是当代世界的两大问题》，《邓小平文选》第3卷，北京，人民出版社，1993年版，第105页。
③ 邓小平：《在军委扩大会议上的讲话》，《邓小平文选》第3卷，北京，人民出版社，1993年版，第127页。
④ 就是从日本到欧洲一直到美国这样的"一条线"。见邓小平：《在军委扩大会议上的讲话》，《邓小平文选》第3卷，北京，人民出版社，1993年版，第127页。

二、建立社会主义市场经济与中国特色社会主义道路的全面探索

这一时期从1992年2月邓小平发表南方谈话到2012年党的十八大召开前，历时20年左右。如果说从1978年至1992年这14年的改革是"走出文化大革命的改革"，是"摸着石头过河"边摸索、边前进，边走边看、走走停停的改革的话，那么从1992年至2012年这20年的改革可以称得上是有明确目标的高歌猛进的改革，是全方位融入世界历史的改革。邓小平的南方谈话破除了"计划"与"社会主义"关系的神话，开启了"社会主义也可以有市场"的先河；党的十四大确立了改革的目标就是建立社会主义市场经济这个明确的方向；党的十五大提出了发展完善社会主义市场经济的任务；党的十六大取消了"有中国特色的社会主义"的"有"，提法变为"中国特色社会主义"，使这条道路越来越自信；党的十七大发出了"夺取全面建设小康社会新胜利"的号召，提出了全面建设小康社会是党和国家到2020年的奋斗目标，使"三步走"战略部署进一步细化和完善。2001年，我们经过15年的艰难谈判，最终加入了世界贸易组织，至此，中国经济将不可逆转地进入世界市场的轨道，中国再一次，并且是自觉自愿地融入世界历史，作为世界历史的推动者，为世界历史的发展贡献自己的力量。这个阶段的突出特点主要表现为以下四点。

一是确立社会主义市场经济体制。作为改革开放经济领域的关键目标和40年思想解放的最伟大创举。确立社会主义市场经济体制是中国共产党人把马克思主义基本原理同中国国情相结合推进社会主义实践的重大创新。经过长期的"苏联模式"，在人们的习惯思维中顽固地继承了这样的思想："社会主义=计划经济+公有制+无产阶级专政+共产党的领导。"市场经济被看作与资本主义相联系的、"万恶的"、"吸血的"东西。虽然邓小平在1979年就有社会主义可以搞市场经济的思想，党的十三大报告对计划和市场的关系也进行了阐述，受传统思想的影响，不少人还是对"社会主义可以搞市场经济"的观点提出了质疑，特别是"八九"政治风波之后，这一观点逐渐由否定市场经济发展到否定改革开放的一系列路线方针政策。关键时刻，改革开放的总设计师，88岁高龄的邓小平再次力挽狂澜，他指出："十三大政治报

第三章　超越"现代性"：中国道路的世界历史脉络

告是经过党的代表大会通过的，一个字都不能动。"[①]1992年在南方谈话中他进一步阐明了计划与市场的关系问题，指出计划经济不等于社会主义，市场经济不等于资本主义，计划和市场都是经济手段，"社会主义要赢得与资本主义相比较的优势，就必须大胆吸收和借鉴人类社会创造的一切文明成果，吸收和借鉴当今世界各国包括资本主义发达国家的一切反映现代社会化生产规律的先进经营方式、管理方法"。[②]这就扫清了经济体制改革这个巨大的思想障碍，为进一步实施超越意识形态的对外开放铺平了道路。邓小平南方谈话是真理标准的坚持，是冲破教条主义束缚的又一次思想解放。它深刻阐述了建设中国特色社会主义中的一系列重大理论和实践问题，厘清了阻碍和迟滞改革进程的一系列重要关系，确定了推动改革发展的一系列思想方法和领导方法，为加快推进改革开放指明了方向。马克思主义认为世界历史是由低到高不断发展、螺旋式上升的，是由资本主义世界历史向共产主义世界历史过渡和发展的，生产力的发展和资本的扩张及其所带来的丰富与发展往往是历史向世界历史转变的核心与动力。无论较发达国家或是经济落后国家要进入更高阶段的世界历史，都要经历"资本逻辑"，即资本在市场与世界市场中的发展环节，也就是说无论社会的领导核心——执政党多么高明，有多高的觉悟，掌握多好的规律，可以自觉引导本国历史向世界历史的高级阶段转变，但无论如何不能免去经历资本与市场的阵痛。从这个角度上讲，邓小平关于市场经济与社会主义结合的思想既符合马克思主义的精神实质，也把握了世界历史发展的基本规律，更符合了中国特色社会主义建设的基本国情。党的十四大坚持了邓小平南方谈话的正确思想，在肯定市场经济的同时，明确提出中国经济体制改革的目标是建立社会主义市场经济体制。党的十五大在市场经济体制的框架下，重点解决了所有制和分配制度的问题，一是提出把以公有制为主体多种所有制经济共同发展作为中国的基本经济制度。明确指出了公有制的实现形式可以而且应当多样化；明确指出非公有制经济是社会主义市场经济的重要组成部分。这一重要论断突破了以往我们对社会主义所有制结构的传统认识——社会主义就是公有制，而且越大越单越纯越

[①] 邓小平：《组成一个实行改革的游戏王的领导集体》，《邓小平文选》第3卷，北京，人民出版社，1993年版，第296页。

[②] 邓小平：《在武昌、深圳、珠海、上海等地的谈话要点》，《邓小平文选》第3卷，北京，人民出版社，1993年版，第373页。

好，甚至一点"资产阶级的尾巴"都不能留。这就从根本上解决了财产所有制的问题，培育了市场经济的商品主体，在建立社会主义市场经济体制的道路上前进了一大步。二是提出了以按劳分配为主体、多种分配方式并存的制度。明确指出把按劳分配和按生产要素分配结合起来，坚持效率优先、兼顾公平；允许和鼓励一部分人通过诚实劳动和合法经营先富起来。这一重要论断突破了以往我们对社会主义分配制度的传统认识——社会主义就是按劳分配，最好就是平均主义。从根本上解决了分配制度的问题，使社会主义从根本上改变了低效率、低积极性、低产出的恶性循环，使社会主义第一次基于效率的基石之上。这样一来，涉及生产关系的三大基本要素：经济制度、所有制制度和分配制度都进行了重大变革，使新的生产关系更加符合社会主义市场经济的发展，也使社会主义市场经济体制真正在目标层面和政策层面都建立起来。党的十六大之后，中国共产党开始从经济社会各个方面，全面统筹改革开放，把主要在经济领域的改革引入政治、文化、社会等全方位，提出了全面建设小康社会的目标。十六届三中全会对中国建设社会主义市场经济的进程有一个基本判断，就是经过改革开放20多年的努力，社会主义市场经济已经初步确立，要进一步完善社会主义市场经济，使其最终确立起来。党的十七大之后，针对中国经济发展出现的不全面、不平衡、不可持续的问题，强调要紧紧抓住历史机遇，在科学发展观的指导下，推动转变经济发展方式。党的十八大提出要坚决破除一切妨碍科学发展的思想观念和体制机制弊端，构建系统完备、科学规范、运行有效的制度体系，使各方面制度更加成熟、更加定型。以上关于社会主义市场经济改革的历程表明，中国经济改革所面临的问题从一开始主要集中在经济领域，后来逐渐扩大到政治、文化、社会领域，从经济的现代化拓展到全方位的现代化，必须着力解决计划经济时代遗留的深层体制矛盾，才能推动改革的不断深入。

二是加入世界贸易组织。世界贸易组织的前身是1947年成立的关税和贸易总协定GATT。中国是关贸总协定的创始国之一。1985年，中国正式成为总协定下属的国际纺织品贸易协议的成员，开始了复关谈判，但直到1995年世界贸易组织成立，中国的复关谈判依然没有完成，随即转为入世谈判，直到2001年12月正式成为世界贸易组织的第143个成员国。时至今日，世界贸易组织是一个拥有160个成员国，贸易总额达到全球97%的最大经济组织。中国经过15年艰苦卓绝的谈判，加入世界贸易组织对中国改革开放意义重大：一是中国经济融入世界经济、世界市场的重要里程碑。自明朝后期"禁海锁国"开始，到鸦片战争被迫卷入世界市场与世界历史，以一种屈辱的姿态沦为半殖民地半封建国家，近一百多年的时间里，中国都在寻求重新以一种平等的成员国身份重新进入世界体系，但造化弄人，新中国成立之后，由于美苏两极格局与意识形态划界，中国又脱离了世界，直到20世纪七八十年代，和平与发展成为时代的主题，改革开放的实施，终于有了机会，而加入世界贸易组织正是中国融入世界历史由一种历史的自发，转变为历史的自觉；二是推动中国社会主义市场经济体制完善发展的催化剂。世界贸易组织的绝大多数成员国都是市场经济国家，组织的所有基本原则和协定、协议都是以市场经济为基础、市场导向为前提的。加入世界贸易组织之后，中国必须履行相应承诺，进行市场化改革，建立适应国际经济通行规则的运行机制，使建立社会主义市场经济成为不可逆转的趋势；三是将为中国对外贸易的发展，推动深层次开放提供新的契机。加入世界贸易组织之后，有利于中国在平等互利的关系基础上，同更多的国家发生经贸关系，更好地利用外资，特别是学习吸收发达国家的科学技术和管理经验。虽然当时国内人们对加入世界贸易组织是喜忧参半，喜大于忧，在期望通过开放得到现代化的同时又害怕这种西方现代化会对我们带来巨大冲击，但是历史已经并将继续证明：一切萦绕在心头之上的疑虑都可烟消云散，加入WTO是中华民族伟大复兴历史进程中的重大抉择。改革开放40年来，中国进出口总额从1978年的206亿美元，占全球比重0.78%，扩张到2018年的4.6万亿美元，特别是加入WTO之后的十几年中国出口出现井喷式增长。2001年刚加入世界贸易组织的时候，中国当年的出口量是2662亿美元，此后，出口保持了近29%的增长，2013年中国成为世界最大的货物进出口国家，这种变化世所罕见、令人惊叹。虽然我们出口的产品还处在国际价值链的中低端，一定意义上，我们已成为世界的工厂。如何看待这种现象？我们是该为出口的快速增长带来的经济繁荣而高兴，还是为受发达国家的剥削而苦恼？回想19世纪的英国，曾经也是"世界工厂"，但所有人都不会认为它被别人所剥削，反而是为全球提供廉价的商品而剥削别国，正如当前一些发达国家认为中国的"廉价商品"是一种威胁一样。当今世界，开放是经验事实，不可阻挡，在40年的改革开放进程中，中国跟上了世界现代化的潮流，由一个旁观者逐渐成了参与者，而加入世界贸易组织无疑是改革开放以来最为重要战略抉择之一。

三是中国特色社会主义总体布局的基本形成。中国特色社会主义的总体布局从改革开放之初提出的"二位一体"，即物质文明与精神文明，到党的十三大提出物质文明、政治文明与精神文明"三位一体"，到党的十七大提出经济建设、政治建设、文化建设、社会建设的"四位一体"，到党的十八大提出为经济建设、政治建设、文化建设、社会建设、生态文明建设的"五位一体"，表明随着中国特色社会主义的发展越来越全面，对现代化的追求从一开始的经济领域发展到各个领域，实现了物质与精神的统一，自然与社会的统一，当代人发展与后代人永续的统一，最终指向正是自由人的全面发展。中国特色社会主义总体布局的发展是历史的和辩证的、动态的和开放的，是根据实践的发展而变化的。随着中国特色社会主义的发展，肯定还会有新的范畴进入，从唯物史观来看，就是生产力决定生产关系、经济基础决定上层建筑这个基本矛盾所决定的。回望历史，中国从清末开始，对现代化的探寻经历过从技术器物、政治制度到思想文化等方面的努力，但由于没有统一民族、独立的国家、平等的国际地位而失败，100多年后的今天，当站起来的中国人重新思考现代化的内涵时，一种全面的、科学的发展思想浮现在眼前。"五位一体"的社会主义总体布局和"中国式现代化"的提出，更使这种现代化既具有一般含义，也被赋予了中国特色。

四是提出了中国特色社会主义道路的内涵。党的十八大报告指出："中国特色社会主义道路，就是在中国共产党领导下，立足基本国情，以经济建设为中心，坚持四项基本原则，坚持改革开放，解放和发展社会生产力，建设社会主义市场经济、社会主义民主政治、社会主义先进文化、社会主义和谐社会、社会主义生态文明。促进人的全面发展。逐步实现全体人民共同富裕，建设富强民主文明和谐的社会主义现代化国家。"[①]这条道路既坚持以经济建设为中心，又坚持"五位一体"全面建设；既坚持了科学社会主义的基本原则，又立足国情，坚持改革开放；既坚持发展生产力这个马克思世界历史发展的动力，又以共同富裕为目标，坚持实现人的全面发展。所以说这

---

① 《坚定不移沿着中国特色社会主义道路前进，为全面建成小康社会而奋斗》，《十八大以来重要文献选编（上）》，北京，人民出版社，2014年版。

条道路不是"传统的",也不是"外来的";不是"现成的",也不是"西化的",而是中国共产党独创的,是中国人民在实现中华民族伟大复兴这条道路上把马克思主义与中国实践相结合探索寻找到了一条通向成功的道路,通向社会主义现代化的道路。从改革开放之初1979年中国共产党提出"什么不是社会主义"这种否定式回答到1992年提出社会主义的本质,从1987年党的十三大提出建设有中国特色的社会主义的目标到2012年党的十八大对中国特色社会主义道路、理论体系和制度的完整表述,标志着我们对"什么是社会主义,如何建设社会主义;什么是中国特色社会主义,如何建设中国特色社会主义"这样的基本问题弄清楚了。自改革开放以来的40年里,中国从以往的贫穷落后的社会主义国家一跃成为经济总量世界第二,外贸总量世界第一,在全球事务中具有举足轻重地位和作用的世界大国;中国改革开放的成功经验越来越受到世界上其他国家的赞赏和敬仰,中国道路开辟的"中国模式"正在为全世界所津津乐道。

三、全面深化改革与中国特色社会主义进入新时代

这一时期是从党的十八大以后。党的十八届三中、四中、五中、六中全会,党的十九大围绕着实现中华民族伟大复兴这个中国梦,对中国特色社会主义进行了更深层次的探索,作出了中国特色社会主义进入新时代的重大战略判断,形成了习近平新时代中国特色社会主义思想这个指导思想和行动指南,在协调推进全面建成小康社会、全面深化改革、全面依法治国、全面从严治党"四个全面"战略布局,统筹推进经济、政治、文化、社会、生态文明"五位一体"总体布局,牢固树立创新、协调、绿色、开放、共享的发展新理念,实现党在新时代的强军目标,推动构建人类命运共同体等方面,赋予了中国特色社会主义新的内涵,使中国特色社会主义道路越走越宽广、越走越完善、越走越自信。

第一,提出"两个百年"目标和"新三步走"战略安排,对社会主义现代化目标进行新的规划。党的十九大在邓小平提出中国式现代化"小康社会"和社会主义现代化"三步走"战略的基础上,把第三步从21世纪初到21世纪中叶这50年的时间,进一步细化为"两个百年"目标和"新三步走"战略安排,即到2020年左右全面建成小康社会;从2020年到2035年,在全面建成小康社会的

基础上，再奋斗十五年，基本实现社会主义现代化；从2035年到21世纪中叶，在基本实现现代化的基础上，再奋斗十五年，把我国建成富强民主文明和谐美丽的社会主义现代化强国。最终实现中华民族伟大复兴的中国梦。"两个百年"目标和"新三步走"战略安排的提出使社会主义现代化建设更具有可行性，是对社会主义现代化建设认识的又一次升华。从历史的长河看，自1840年中国开始沦为半殖民地半封建社会，到1949年，经过了100年实现了国家独立、民族解放，到1980年经过了140年基本解决了温饱问题，到2000年实现了总体上的"小康社会"，到2020年全面建成小康社会，到2050年，历经200年的时间建成社会主义现代化强国，真正实现由大向强的转变。跟西方其他国家比起来，中国探寻现代化所花费的时间基本上差不多，但是中国的情况与西方强国的情况大相径庭，是完全无法比拟的：中国是被迫卷入现代化的浪潮中的，是以一种备受欺负的姿态进入的；而西方强国是主动进入的，是以一种强权姿态进入的。中国对现代化的探索是从摆脱剥削、欺凌和掠夺开始的，光是独立就花费了整整100年；而西方强国对现代化的探索是从殖民、掠夺、强抢开始的，它们的现代化是建立在其他落后国家的悲惨的命运之上的。如果中国现代化的起点是从独立自主开始，那么会不会花费更短的时间？实现更大的成就？历史没有如果，历史的发展往往是一堆偶然事件聚集在一起形成的必然。然而我们庆幸的是中国共产党带领中国人民找到了一条正确的道路，这条道路使中国真正通向了现代化的彼岸。

第二，全面深化改革，吹响改革开放新号角。2013年党的十八届三中全会对推动新一轮改革开放作出了全面部署。坚持把完善和发展中国特色社会主义制度、推进国家治理体系和治理能力现代化作为全面深化改革的总目标。前半句规定了中国特色社会主义的方向，后半句规定了在根本方向指引下完善制度的鲜明指向。推进国家治理体系和治理能力现代化，绝不是西方化、资本主义化。全面深化改革，是要使中国特色社会主义制度更好、更加成熟和持久，绝不是照搬照抄西方的政治制度模式。邓小平在南方谈话中指出："恐怕再有三十年的时间，我们才会在各方面形成一整套更加成熟、更加定型的制度。在这个制度下的方针、政策，也将更加定型化。"[①]这次全

---

① 邓小平：《在武昌、深圳、珠海、上海等地的谈话要点》，《邓小平文选》第3卷，北京，人民出版社，1993年版，第372页。

第三章 超越"现代性":中国道路的世界历史脉络

面深化改革是在1978年改革开放35年后进行的又一次伟大的革命。它是在改革进入深水区和攻坚期之后提出来的,更多涉及权力与利益的调整。如果说1978年的改革是"普遍受益的改革",改革的动力来自碗底效应[①];1992年的改革是"高歌猛进与矛盾积累并存的改革",改革的动力来自明确的市场经济取向与"入世"的全球化效应推动;那么,全面深化改革是典型的"啃硬骨头""打攻坚战"的改革,改革的动力来自制度的完善与推动。党的十九大再次发出号召把全面深化改革进行到底。这次改革在把握马克思世界历史发展规律,努力探寻自己的路,推进社会主义现代化方面有以下新思想新观点新论断:一是在深化市场经济上有新突破,提出了"使市场在资源配置中起决定性作用"[②]。长期以来,我们虽然建立了社会主义市场经济体制,但由于历史原因,我们政府的行为与典型市场经济的政府行为是有较大差别的,一般情况下,政府是提供公共产品,保证经济社会的稳定与秩序,而在中国,政府常常是经济的直接参与者,一些经济学家把中国政府称为生产型或发展型政府。市场与政府的这种关系对于一个刚从计划经济转轨到市场经济,从相对封闭条件下搞现代化建设转变为在经济全球化开放环境下搞现代化建设的国家而言,其优势是不言而喻的:它可以使有限的资金、人才投向重点部门,可以促使经济在短期高速增长,可以有效防范金融风险、化解经济危机;但从长期来看,也有诸多弊端,比如:长期以GDP的增长为最终目标,经济结构调整难以落实,大量资金集聚国有企业,中小民营企业难以得到贷款,经济发展中投资过量,而消费持续不足等。这次改革就是要进一步处理好市场与政府的关系,健全社会主义市场经济体系不完善、政府干预过多和监管不到位的问题,使真正决定资源配置的是市场,而不是政府。这样有利于市场经济焕发出新的更大活力,有利于调动全体人民的积极性,有利于使改革的成果更好地惠及每一个人。二是在所有制理论方面有新突破。提出了"非公有制经济也是中国经济社会发展的重要基础"[③]。关于非公有

---

① 碗底效应,即"文化大革命"后的中国如同一个在碗底的球,只要出现变化,无论往哪个方向变化,都将是上升。1978年的改革正是如此。是一个典型的人人受益,几乎无人受损的改革,这种改革现象出现的概率也是非常小的,只有在极端状况下才会出现,如"文化大革命"后。
② 《中共中央关于全面深化改革若干重大问题的决定》,《十八大以来重要文献选编(上)》,北京,中央文献出版社,2014年版。
③ 邓小平:《在武昌、深圳、珠海、上海等地的谈话要点》,《邓小平文选》第3卷,北京,人民出版社,1993年版,第372页。

制经济，我们从一开始抵制，企图搞"一大二公三纯"的社会主义经济，到后来成为"有益补充""重要补充"，再到20世纪90年代提出是社会主义市场经济的"重要组成部分"，到这次全面深化改革提出是中国经济社会发展的"重要基础"，这些词语的变化，表明了我们在社会主义初级阶段下，对非公有制经济的认识不断深入。今天，中国非公企业已经超过1000万家，个体工商户超过4000万户，对GDP贡献率超过60%，对就业贡献率超过80%，因此，这次改革对非公有制的新定位，实际上在功能定位上、产权保护上、政策待遇上使非公经济与公有制经济站在同一起跑线，获得同等的资源与政策。三是提出了涉及经济、政治、文化、社会、生态文明、国防军队等全方位的改革措施。强调改革的全面性、系统性、协调性，要处理好解放思想与实事求是的关系，整体推进与重点突破的关系，全局与局部的关系，顶层设计与摸石头过河的关系，胆子大与步子稳的关系，改革发展稳定的关系，着力解决发展中存在的一系列问题，调整不合理的利益分配格局，把权力关进制度的笼子里，使改革红利再次展现，推动"两个百年目标"与中华民族伟大复兴中国梦的实现。

第三，全面依法治国，用法治保障改革和社会主义现代化建设。市场经济是与法治必然联系的。亚当·斯密在创立市场经济学过程中把人都假定为"经济的人"，也就是每个人都有追求利益最大化的欲望和动机，市场经济就是要利用这个原始的动机促进经济的增长，而与之相适应必须要建立起契约精神，这个就是法治的渊源。在马克思那里，人类社会发展的第二个阶段，即摆脱了人格依赖阶段，进入物的依赖阶段之后，为了防止商品拜物教，防止为了利益不择手段，必须要对物性加以控制，对资本加以规范，对权力加以约束。在计划经济年代，一切由政府说了算，使我们习惯性地依靠无所不包的组织，政府既是运动员又是裁判员，往往容易落入人治的泥沼，事实证明这样是危险的，"文化大革命"的教训深刻地摆在面前。改革开放40年来，我们最大的成就就是建立起了社会主义市场经济体制和建立起了基本适应这一经济体制的法治和政策制度。但是随着改革的深化，也暴露出一些问题，比如：发展中不平衡、不协调、不可持续的问题依然突出，经济结构调整面临巨大压力，社会上各种矛盾凸显，有时甚至激化，党风政风也存在一些问题，其中大量问题与有法不依、执法不严、违法不究相关。党的十八届四中全会提出了全面依法治国的总目标是建设中国特色社会主义法治体系，建设社会主义法治国家①。全面依法治国，就要加快形成完备的法律规范体系、高效的法治实施体系、严密的法制监督体系、有力的法治保障体系，形成完善的党内法规体系②。要全面深化改革、实现党和国家的长治久安，就必须全面依法治国，把党和国家工作纳入法治化轨道，坚持在法治轨道上统筹社会力量、平衡社会利益、调节社会关系、规范社会行为，依靠法治解决各种矛盾和问题，确保中国在变革中既生机勃勃又井然有序。

第四，确立新的发展思想，倡导新型发展理念。在党的十八届五中全会上提出了"坚持以人民为中心的发展思想"，并提出了"创新、协调、绿色、开放、共享"的发展理念。这是对以人为本的科学发展观的丰富与发展。一是"以人民为中心"是坚持马克思主义唯物史观、群众史观的根本体现。人民是历史的推动者、是历史发展的动力。坚持以人民为中心，就是在发展中要坚持人民主体地位、尊重人民首创精神、调动广大人民的积极性主动性创造性。坚持以人民为中心的发展思想体现了逐步实现共同富裕的目标要求。共同富裕最早是由邓小平提出的，1992年，邓小平在南方谈话中提出社会主义的本质最终就是要实现共同富裕。他强调："如果富的愈来愈富，穷的愈来愈穷，两极分化就会产生，而社会主义制度就应该而且能够避免两极分化。"③邓小平认为，要鼓励一部分人先富起来，先富带动后富，办法之一，就是先富地区多交点利税，支持贫困地区发展，同时，也认为不能太早这样办，不能搞"大锅饭"，要在20世纪末的时候提出和解决这个问题。邓小平所指出的"社会主义制度就应该而且能够避免两极分化"，正是社会主义制度对资本主义现代化的超越，中国作为一个由传统社会向现代社会的转变首先需要获得现代化，而这种现代化从世界历史的发展来看是由资本主义所开创的，并由资本主义所主导的。如果不获得这种现代化，中国就不能进入世界历史，不能真正融入国际社会，但是，作为比资本主义更高级的社会制度，社会主义制度在获得这种现代化的同时需要超越资本主义现代化，

---

① 《中共中央关于全面推进依法治国若干重大问题的决定》，《十八大以来重要文献选编（中）》，北京，中央文献出版社，2016年版。
② 《中共中央关于全面推进依法治国若干重大问题的决定》，《十八大以来重要文献选编（中）》，北京，中央文献出版社，2016年版。
③ 邓小平：《在武昌、深圳、珠海、上海等地的谈话要点》，《邓小平文选》第3卷，北京，人民出版社，1993年版，第374页。

这种超越体现在两个方面：一方面，我们要把握正确的方向。按照马克思、恩格斯的构想，未来更高级的共产主义社会将彻底消除阶级对立和差别、城乡对立和差别、脑力劳动和体力劳动的对立和差别，实行各尽所能、按需分配，真正实现每个人的自由而全面的发展。我们现在虽然是社会主义初级阶段，但作为初级的社会主义，我们必须要有这种自觉，把握历史发展的规律；另一方面，我们要在现有的条件下做好能够做的事情，而实现共同富裕就是在社会主义初级阶段我们应该做的事。改革开放40年，中国一部分地区、一部分人先富起来了，但是贫富差距拉大了，两极分化出现了，当前我们就要着力解决这个问题。"以人民为中心"的发展思想正体现了对把握历史规律与对解决现实问题的统一。二是"创新、协调、绿色、开放、共享"的发展理念，为在更高层次上统筹推进"五位一体"的总体布局提出了新要求。创新是引领发展的第一动力，协调是持续发展的内在要求，绿色是永续发展的必然条件，开放是繁荣发展的必由之路，共享是社会主义的本质要求。这五大理念开辟了发展的新局面，为中国特色社会主义道路的进一步发展完善奠定了坚实的基础。

综上所述，中国特色社会主义自改革开放之后提出，到今天发展为一条指明方向的道路、一个引领思想的理论体系和一整套相对成型的制度这"三位一体"；中国特色社会主义道路由开始的边试边走、边摸边走到今天形成相对完整的顶层设计和模式结构，表明中国在探索现代化的征程中，走出了一条属于自己的路。这条路的开辟是在历经磨难、挫折、失败中摸索出来的，是在对不同理论的甄别筛选中把马克思主义作为指导思想所得出的，是在尊重人民群众是历史的首创者中得出的，这条路是不同于其他任何道路的新路。正如西方学者洛丽塔·纳波利奥尼（Loretta Napoleoni）所说："就最近20年中国所取得的经济成就而言，中国比西方的民主国家更好地把握了全球化的进程。""西方习惯于对共产主义世界这一与西方对立的体系的所有行为都按照自己的思维习惯进行解读，潜意识中希望将自己的社会模式推广到全世界。这一错误在20年之后应该改一改了！"①

---

① 洛丽塔·纳波利奥尼：《中国道路——一位西方学者眼中的中国模式》，北京，中信出版社，2013年版，第6页。

第四章 超越"资本逻辑":中国道路的世界历史解读

何谓"资本逻辑"?"资本逻辑"是指资本占统治地位的现代生产关系,成了一种主体性的存在,其活动历程具有辩证性的内在联系、运动轨迹和发展规律,即以资本为中心构造的一种社会基本组织和经济权力。"资本逻辑"的主要表现就是资本与生俱来的不断增殖和无限扩张的属性。资本一出现"就包含着一部世界史","标志着社会生产过程的一个新时代"①。根据马克思在《资本论》及其手稿中的描述,可以得出结论:"资本逻辑"来源于资本主义"劳动过程"与"价值增殖"的两重性,而这两者是具有内在统一性的,即是同一生产过程的两个方面。只有在资本主义社会中,社会生产的目的已经不再是使用价值,而是价值或交换价值,而资本对剩余价值的追求、"价值增殖"的渴望和资本扩张的本性使生产力不可一世地爆发出来,这就是为什么资本主义能够创造比以往社会创造的全部物质财富还要多还要大的根本秘密。只有通过"资本逻辑"不断对更多剩余价值和更高利润的追逐,才能实现为那个"更高级的""每个人自由而全面发展的社会形态"创造物质条件,但是,"资本逻辑"除了贪婪性、扩张性,还有其内在矛盾性和外在限制性。马克思指出,"资本是一个活生生的矛盾"②,"资本主义生产的真正限制是资本自身"③。从内在看,"资本逻辑"内含劳动过程的无限性与价值增殖有限性的矛盾、生产资料私有性与生产社会性之间的矛盾、对物质财富的创造性与对人的本质破坏性之间的矛盾;从外在看,"资本逻辑"的扩张面临人与自然之间的生态矛盾、人与人之间的社会矛盾、人与其内心之间的精神矛盾等,这些内外矛盾无一不是"资本逻辑"自身发展

---

① 《马克思恩格斯文集》第5卷,北京,人民出版社,2009年第1版,第198页。
② 《马克思恩格斯全集》第30卷,北京,人民出版社,1995年第2版,第405页。
③ 《马克思恩格斯全集》第46卷,北京,人民出版社,2003年第2版,第278页。

的结果,而且是其无法调和解决的。要解决这些矛盾,就必须超越"资本逻辑","资本逻辑"本身就包含着从诞生、发展、扩张到危机及消亡(危机的解决)的全部过程,这个过程从哲学意义上讲是从"无限扩张"到"自我克服"。在资本主义生产方式占统治地位的世界历史中,当代中国特色社会主义的发展既不可能按照西方所描绘的蓝图走"全盘西化"的邪路,也不可能脱离资本主义世界历史完全独立和封闭起来,走封闭僵化的老路,而必须"把社会的一切因素属于自己",走自觉地超越"资本逻辑"的发展道路——中国特色社会主义道路。

第一节 中国特色社会主义道路的世界历史定位

自1978年以来的40年间,中国GDP的年平均增速达到9.7%左右。在人类历史上能够以超过7%的年增长率持续增长超过30年的,只有7个国家或地区[①],而中国是其中之一,并且是最大的经济体。经济的高速增长没有带来相对高的通货膨胀(40年中国的通胀一直控制在4%以内)和社会不稳定的巨大波动,相反,与高增长同时进行的还有由计划经济向市场经济的转轨"这场痛苦的旅行"。"中国奇迹"的呼声由此出现,是什么造就了"中国奇迹"?"中国奇迹"的出现是延续了世界上主流经济思潮"华盛顿共识"还是背离"华盛顿共识"?"中国奇迹"会不会成为常态?"中国奇迹"是科学社会主义的胜利?是民主社会主义的胜利?还是新自由主义的胜利?抑或像某些学者预言的那样是共产主义的终结?这样一类问题应运而生。先不评论其他,直观地看,改革开放40年与之前的30年相比较,改革开放的40年是市场经济的40年,是开放的40年;而之前的30年是计划经济的30年,是相对封闭的30年。从马克思世界历史理论来观察"中国奇迹",根本原因就是中国特色社会主义道路的开辟,其特色是对"资本"作为世界历史发展动力的重新认识,是超越"资本逻辑"的结果,是在超越"资本逻辑"之上构建起与当代世界历史发展趋势相一致的经济、政治、文化、社会和生态文明。

---

① 分别是新加坡、中国台湾地区、韩国、泰国、印度尼西亚、博茨瓦纳(南非)和中国。

第四章 超越"资本逻辑":中国道路的世界历史解读

一、资本主义占统治地位的世界历史是中国道路发展的空间性场域

在马克思的视野中,历史向世界历史的转变首先是指向资本主义占统治地位的世界历史转变,这一转变在马克思所处的那个历史时代远没有完成,但已经成为一种经验事实,虽然在以后的170多年里,一些理论家、政治家试图使世界历史的发展更进一步,出现由第一阶段向第二阶段,即向共产主义阶段转变,但终究没有成功。究其原因,还是没有认识到世界历史发展的客观性、复杂性、长期性,没有处理好量变与质变之间的关系,没有真正理解马克思在《政治经济学批判序言》里所阐发的"两个绝不会"的思想[①]。可以说到目前为止,世界历史仍然处于第一阶段,并且还将长期处于这一阶段。在这个阶段中,世界历史的发展既是资本不断扩张的逻辑结果,又是资本无限增殖的空间形式,具有经济上的必然性。如马克思指出:"资本家只有作为人格化的资本,他才有历史的价值……。也只有这样,他本身的暂时必然性才包含在资本主义生产方式的暂时必然性中。但既然这样,他的动机,也就不是使用价值和享受,而是交换价值和交换价值的增殖了。作为价值增殖的狂热追求者,他肆无忌惮地迫使人类去为生产而生产,从而去发展社会生产力,去创造生产的物质条件,而只有这样的条件,才能为一个更高级的、以每一个个人的全面而自由的发展为基本原则的社会形式建立现实基础。"[②]从社会形态属性来看,世界历史在相当长的时间内将处于一个相对稳定的社会形态——资本主义生产方式占统治地位的社会形态。因为,只有这个阶段才能为"更高级的、以每一个个人的全面而自由的发展"的社会形态建立现实的基础。中国道路正是孕育其中。中国特色社会主义建设离不开也不能脱离这样一个经验事实——在相当长的历史时期内,世界历史依然是资本主义生产方式占统治地位的历史,资本主义国家特别是发达资本主义国家是世界历史发展的领导者、组织者和推动者,在一定程度上更多地代表了世界历史的发展趋势和方向。作为经济社会落后国家率先实现社会主义的代表,中国从社会主义建立之初就遭遇到这样的困境:社会主义国家处于资本

---

① "无论哪一种社会形态,在它所能容纳的全部生产力发挥出来以前,是绝不会灭亡的;而新的更高的生产关系,在它的物质存在条件在旧社会的胎胞里成熟以前,是绝不会出现的。"见《马克思恩格斯文集》第2卷,北京,人民出版社,2009年第1版,第592页。

② 《马克思恩格斯文集》第5卷,北京,人民出版社,2009年第1版,第683页。

主义世界体系中，不仅要在资本主义国家的包围中建设社会主义，面临经济、政治、文化、科技和军事方面的挑战和威胁，更是由于资本主义世界市场所遵循的商品交换原则使社会主义国家不论对内实行什么交换方式，对外必须遵循资本主义交换方式并与资本主义经济体系发生联系，客观上构成资本主义世界体系的一部分。从改革开放前30年，在"一大二公三纯"的计划经济条件下，在相对封闭的条件下探索社会主义建设，到改革开放后40年，遵循"资本逻辑"，对内搞市场经济，发展非公有制，对外全面开放、融入资本主义世界市场中进行社会主义现代化建设，中国对自身所处的历史环境和历史方位有了更加清醒的认识。作为制度的社会主义，中国特色社会主义必须要适应这样的空间场域，学会运用"资本逻辑"与方法、学会与资本主义（民族）国家打交道、学会利用资本主义的世界市场，尽可能融入资本主义占主导的世界历史，顺应它的发展方向，进而促进它朝着有利于自己的方向前进。

这种资本主义生产方式占统治地位的世界历史是发展的进步性与其具体过程的残酷性相统一的。一方面"要使资本主义生产方式的'永恒的自然规律'充分表现出来，要完成劳动者同劳动条件的分离过程，要在一极使社会的生产资料和生活资料转化为资本，在另一极使人民群众转化为雇佣工人，转化为自由的'劳动贫民'这一现代历史的杰作，就需要经受这种苦难"[①]。另一方面，马克思指出，"资本来到世间，从头到脚，每个毛孔都滴着血和肮脏的东西"[②]。在世界历史的第一阶段，表现出来的是结构性的不平衡，世界体系呈现出"中心—半边缘—边缘"的格局，"丛林法则"与"生态达尔文主义"大行其道。主要表现有如下几个方面。

其一，市场经济是世界市场的通行制度。在资本主义生产方式占统治地位的世界市场中，以私有制为基础的市场经济是国际社会和世界市场的正宗。当一国参与双边或多边经济交流时，第一个前提就是这个国家是否是被承认的市场经济地位国家。只有这样才能迈入进行国际贸易、投资、货币结算等经济活动的门槛。中国特色社会主义作为社会主义制度就面临两难选择：一方面，为了在现有的世界体系中发展，不能排斥商品、资本与市场经

---

① 《马克思恩格斯文集》第5卷，北京，人民出版社，2009年第1版，第870—871页。
② 《马克思恩格斯文集》第5卷，北京，人民出版社，2009年第1版，第871页。

济；另一方面，如何把市场经济与社会主义结合起来，使之既获得国内观念的接受，同时也得到资本主义世界体系的认可。虽然改革开放之后，中国建立了社会主义市场经济体制，但是社会主义与市场经济在此之前没有结合的先例，以至于西方资本主义国家长期不承认中国的市场经济地位，把中国排斥在世界体系之外。最明显的例子就是中国的"入世"谈判，这个问题制约中国加入"WTO"长达15年之久。当前，虽然中国已经在国际经济组织中发挥了重要作用，对全球经济增长的贡献率越来越大，但是一些发达资本主义国家往往囿于意识形态的有色眼镜，对中国的市场经济地位指手画脚，对中国出口动辄以"反倾销"进行调查，征收报复性的高额反倾销税。

其二，资本主义世界体系存在"中心—半边缘—边缘"的结构。资本主义世界体系中如"依附理论""现代世界体系理论"等都是有关资本主义结构特点的论述。无论是"中心—边缘"的结构，还是"中心—半边缘—边缘"的结构，都表明了世界体系的不平衡。发达的资本主义国家处于中心位置，通过金融霸权、技术垄断、意识形态渗透与军事扩张，对处于边缘地带的发展中国家进行压迫和掠夺。大多数发展中国家都希望能够通过走资本主义道路而实现现代化，但事实证明大多只是幻想。依附理论的代表人物之一萨米尔·阿明（Samir Amin）指出："两极化是全球资本主义的内在需求，因此，'欠发达'国家并没有'赶超'先进资本主义的道路。"[①]而另一位代表人物贡德·弗兰克则指出，不发达是欠发达国家由于发达国家和欠发达国家之间固有的关系而不得不经历的一种过程。发达和不发达构成了少数国家致富、大多数国家贫困的体系[②]。据世界体系理论的代表人物沃勒斯坦（Immanuel Wallerstein）所说，"资本主义世界体系及其结构有一个形成和发展的过程"。[③]资本主义世界体系的形成大约在16世纪出现，是欧洲一些国家用暴力来分配世界市场的结果。一些国家对全球范围内黄金、白银的掠夺，一方面使资本原始积累于一些国家，这便构成了"中心"；另一方面把其他一些非欧洲国家强行拖入世界市场和殖民体制，这些被掠夺的国家和

---

① ［埃及］萨米尔·阿明：《自由主义病毒/欧洲中心论批判》，王麟进译，北京，社会科学文献出版社，2007年第1版，第131页。

② ［美］罗伯特·吉尔平（Robert Gilpin）：《国际关系政治经济学》，杨宇光等译，上海，上海世纪出版集团，2014年版，第259页。

③ ［美］伊曼纽尔·沃勒斯坦：《现代世界体系》第一卷，尤来寅等译，北京，高等教育出版社，1998年第1版，第460页。

地区就沦为边缘地区，其结果是西北欧成为"中心"，欧洲的地中海沿岸成为"半边缘"，而东欧和美洲成为"外围"。在不同的历史时期，随着大国的兴盛，"中心—半边缘—边缘"的结构在不断地调整变化，如：19世纪上半叶，随着美国和德国的崛起，开始进入"中心"，而亚洲由于被殖民而进入世界体系之中，沦为"外围"。苏联解体之后，美国作为世界上唯一的超级大国，已然成为绝对的"中心"，西欧、日本等处于"半边缘"，而中国等发展中国家依然处于"外围"或"边缘"地带。经过40年的改革开放，中国已经成为经济总量第二的经济体，拥有外贸第一的身份，但是，中国依然处于全球价值链的中低端。正因为这样，中国顶多只能算一个大国而不是强国，不过中国正在以前所未有的速度和方式实现着由大向强转变。在全球价值链的链条上每攀升一步都是极其困难的，会受到既得利益国家的严重阻挠。虽然这种世界市场的不平衡性对中国的发展与改革开放非常不利，但是，中国别无选择，只能在这样不平衡的国际秩序中寻找生机，这就是中国所处的世界历史环境。正如马克思指出："人们创造自己的历史，但是他们并不是随心所欲地创造，并不是在他们自己选定的条件下创造，而是在直接碰到的、既定的、从过去继承下来的条件下创造。"①

其三，国际经济秩序和规则基本上是由发达资本主义国家制定。"二战"后以美国为首的西方发达国家主导建立了"布雷顿森林体系"，涵盖了国际经济与贸易，对世界资源分配、市场规则等的支配权、制定权进行了一系列制度安排。虽然20世纪70年代这个体系由于美元与黄金脱钩而瓦解，但原有的国际经济格局依然没有变化。如吉尔平所指出："尽管调整国家间行为的权利和规则不同程度地依赖于意见一致和相互利益，可是，它们的主要根据还是一个社会体系中居支配地位的集团或国家的权力和利益。"②这种由西方发达资本主义国家垄断、反映它们利益和要求的国际经济秩序所包含的制度与规则，在国际经济范围内造成了不公平、不平等的利益分配，严重制约了发展中国家的经济发展。随着新兴国家在国际经济中的分量越来越大，参与全球经济治理、改变不合理的经济秩序的努力也就越来越大。特别是2008年国际金融危机之后，新兴经济体参与全球治理和规则制定的地位有所

---

① 《马克思恩格斯文集》第2卷，北京，人民出版社，2009年第1版，第470页。
② ［美］罗伯特·吉尔平：《世界政治中的战争与变革》，武军等译，上海，上海人民出版社，2007年版，第49页。

提升。2010年11月，国际货币基金组织决定增加中国、印度等新兴经济体在该组织中的份额和投票权，达到与其占全球经济比重较为接近的水平。但由于美国在该组织中实际拥有"一票否决权"，这一改革方案至今未得到美国国会批准。而增加投票权和话语权成了一纸空文。不仅如此，发达国家在多边贸易或区域贸易中试图引入竞争中性、国有企业、劳动标准等新规则，使发展中国家融入世界市场和经济体系面临更严峻的挑战。可以说，只要发达国家主导全球治理和规则制定的局面不改变，世界经济发展不平衡问题就将长期存在。在这样的国际经济格局中，中国作为后来者，别无选择，既不能做既有规则的破坏者，也不能做既有规则的漠视者，只能做既有规则的参与者进而成为塑造者和改变者。

虽然资本主义占统治地位的世界历史不利于中国特色社会主义的发展，但是，作为领导核心的中国共产党不能悲观，一方面要客观面对和坦然接受，学会"韬光养晦"。在这样的世界历史和国际关系中，不能被（极端）民族主义冲昏头脑，当经济实力和综合国力还达不到改变国际体系、国际规则的时候，就要一心一意搞建设、聚精会神谋发展，更多地关注国内事务，不要四面树敌，主动出击。一旦国家强大到能够改变现有格局之时，或是遇到有利时机（如：2008年国际金融危机）时，就应该善于抓住机会，参与国际体系和格局的塑造和改变。另一方面还要看到它的辩证性，做到"积极进取、有所作为"。这种辩证性主要体现在资本主义生产方式向全球扩张的同时，也是其内在矛盾在全球发展并推向极致的过程。物极必反，这个过程也是新的更高社会形态和世界历史的孕育过程。如上所述，资本主义生产方式的基本矛盾在全球范围内的表现是生产力发展的日趋国际化同生产力及其诸要素日益被少数发达国家所垄断之间的矛盾。这也是世界历史第一阶段的一个主要矛盾。资本一面推进了生产力的国际化，另一面，为了维护高额利润，又设置重重障碍，限制生产力在国际间自由发展。少数发达资本主义国家，特别是处于中心地位的那些国家，为了垄断各种资源，推动建立了维护他们利益的国际体系和不平等的国际规制，在国际上推行经济殖民主义、政治殖民主义和文化霸权主义，在世界范围内制造冲突、隔阂和矛盾。世界体系发展不平衡、国际关系紧张、国际矛盾突出、贫富差距拉大等都是这个基本矛盾所带来的。随着这种矛盾的积累、激化，就必然导致资本主义生产方式在世界历史范围内衰亡，而新的社会主义和共产主义的世界历史必将到来。

二、"资本逻辑"是中国道路通向更高社会形态的历时性阶段

在相当长的一个时期内，人们对中国的发展道路都不愿意与"资本主义"扯上一丝半毫的关系，在经济领域，极力摆脱与"华盛顿共识"①的联系；在学术领域，极力证明中国特色社会主义道路与资本主义道路无关，似乎这样，就可以摆脱"国家资本主义""集权资本主义""裙带或官僚资本主义"之嫌。这种思路越是想摆脱资本主义这个"恶魔"的困扰，却又往往陷入西方资本主义的窠臼，因为这种思路一开始就是混乱的。他们天真地认为中国由于其特殊性，不经过资本主义也完全可以进入社会主义，并拿出马克思晚年对东方社会发展道路的理论作为支撑。实际上，他们混淆了资本主义生产方式与资本主义制度的差别，混淆了资本主义的一般与资本主义的特殊②，即与西方资本主义的差别。

何为资本主义生产方式？马克思认为资本主义生产方式有两个基本特征，第一，"它生产的产品是商品"。而它与其他生产方式相区别的是"成为商品是它的产品的占统治地位的、决定的性质"③。因此，在这种生产方式中，主要当事人，资本家和雇佣工人本身就是资本和雇佣劳动的体现者和人格化；第二，"剩余价值的生产是生产的直接目的和决定动机"④。资本

---

① "华盛顿共识"所指的十条内容包括：有纪律的财政，减少纯粹收入再分配、增加公共产品的支出，拓展税基、适当降低边际税率，利率自由化，有竞争力的汇率，贸易自由化，外资投资自由化、私有化，减少对企业进入和退出的规制，保护产权。可以看到除了利率自由化，中国的经济改革基本上在其他九个方面都有所涉及。因此，有学者认为中国道路是向"华盛顿共识"靠拢的过程。参见姚洋：《中国道路的世界意义》，北京，北京大学出版社，2011年版，第8页。

② 资本主义的一般是指：资本主义是一种以追逐利润为目的的生产方式，并与广义的机器工业生产直接相联系，具有不断变革自身，向外扩张的特性。世界各地区和国家，其内部都会在一定的历史条件下滋生资本主义生产方式，都会在一定程度上采用资本主义生产方式。资本主义的特殊是指，世界上各个地区和国家，其内部的资本主义生产方式的起源和发展，不仅有时间上的差异，而且有空间上的差异，其内部采用资本主义生产方式的程度和方式更是千差万别。有的地区和国家的资本主义生产方式发展成为占统治地位的生产方式，从而形成了典型的资本主义经济、政治制度，有的地区和国家的资本主义生产方式没有发展成为占统治地位的生产方式，故没有形成资本主义经济、政治制度，而是形成了有资本主义生产方式参与的各种非资本主义经济、政治制度。参见叶险明：《马克思超越"西方中心论"的历史和逻辑》，载于《中国社会科学》2014年第1期。

③ 《马克思恩格斯文集》第7卷，北京，人民出版社，2009年第1版，第995页。

④ 《马克思恩格斯文集》第7卷，北京，人民出版社，2009年第1版，第997页。

第四章 超越"资本逻辑":中国道路的世界历史解读

只有对剩余价值的生产才产生资本。在揭示资本主义生产方式特征的同时,马克思站在世界历史的高度指出资本主义生产方式是世界历史发展从低级阶段向高级阶段转变的必经之路。马克思指出,"资本主义生产方式是一种特殊的、具有独特历史规定性的生产方式",它把"社会生产力及其发展形式的一个既定的阶段作为自己的历史条件,而这个条件又是一个先行过程的历史结果和产物",同时也是一个"新的生产方式由以产生的既定基础"①。因此,资本主义生产关系具有历史必然性和历史暂时性的双重性质。首先,随着资本主义生产方式带来生产力的极大提高以及与之相适应的世界性交往的发展带来的历史向世界历史的转变,形成世界历史发展的第一阶段,即,资本主义生产方式占统治地位的世界历史阶段;其次,随着资本主义生产方式在世界范围内不断扩张,其中蕴含着的否定资本关系的因素、力量越来越多,新的更高级的社会生产方式的发展占主导地位的世界历史即将到来,形成世界历史发展的第二阶段,即,社会主义和共产主义世界历史阶段。在《资本论》第一卷中,马克思清楚地论述了资本及私有制从诞生到发展,到最终被公有制代替的过程,被称为"一个否定之否定"的过程,即,世界历史的发展从第一个阶段向第二个阶段的转变,是一个自然而然的过程,是"资本逻辑"内在的辩证法所决定的。他指出,首先,资本的起源来自私有制,私有制是小生产的基础,小生产的出现使社会生产与劳动者的自由个性同时获得了发展。小生产发展到一定程度后被社会化大生产所代替,即"各个独立劳动者与其劳动条件相结合为基础的私有制"被"资本主义私有制,即以剥削他人的但形式上是自由的劳动为基础的私有制"②所代替。这一过程凸显出两个两重性,一方面,是劳动的过程与价值增殖过程的统一;另一方面也是进步性与残酷性的统一。马克思写道:"直接生产者的剥夺,是用最残酷无情的野蛮手段,在最下流、最耀眼、最卑鄙和最可恶的贪欲的驱使下完成的。"③其结果导致少数的资本家与多数的雇佣劳动者并存。后来随着机器大工业的发展,资本不断地集中,少数资本家取代了多数资本家,劳动规模的不断扩大,科学技术日益被重视和应用,土地被有计划地利用,一切生产资料因为社会化大生产而节省,各地的比较优势产生,于是"各国人

---

① 《马克思恩格斯文集》第 7 卷,北京,人民出版社,2009 年第 1 版,第 994 页。
② 《马克思恩格斯文集》第 5 卷,北京,人民出版社,2009 年第 1 版,第 873 页。
③ 《马克思恩格斯文集》第 5 卷,北京,人民出版社,2009 年第 1 版,第 873 页。

民日益被卷入世界市场网，从而资本主义制度日益具有国际性质"。① 而随着资本越来越集中，贫困、掠夺、压迫的程度不断加深，资本主义内在的基本矛盾不断加剧，资本主义生产方式逐渐成为生产力发展的桎梏，生产资料的实际私有制与劳动社会化大生产之间已经不能再相容了，资本主义的"外壳就要炸毁了"。因此，马克思得出结论："资本主义私有制的丧钟就要响了。剥夺者就要被剥夺了。"② 从资本主义生产方式的发展过程，可以看出，虽然马克思非常不愿意经受资本主义生产方式的痛苦，而进入世界历史发展的第二阶段，但他知道那是不可能的。因为，更高级的社会形态，那个心灵神往的"自由人联合体"是包含在这个"无情黑暗剥削掠夺的旧社会"之中的。离开资本主义讲社会主义，那终究只是一个神话；同理，离开资本主义生产方式讲中国特色社会主义，那也只能是空想社会主义，而不是科学社会主义。

马克思在《哥达纲领批判》中指出："我们这里所说的是这样的共产主义社会，它不是在它自身基础上已经发展了的，恰好相反，是刚刚从资本主义社会中产生出来的，因此它在各方面，在经济、道德和精神方面都还带着它脱胎出来的那个旧社会的痕迹。"③ 马克思认为在共产主义社会的第一阶段，"在一个集体的、以生产资料公有制为基础的社会中"，虽然避免了"劳动产品所具有的某种物的属性"，但是在消费品的交换过程还必须实行按劳动量交换的原则，而这种交换原则与资本主义社会的商品交换原则即等价交换原则无异。因此，马克思把这种消费品分配方式称为按"资产阶级权利"④分配的原则，虽然这种"资产阶级权利"依然会带来不平等，也无助于完全解决资本主义社会人的异化问题。马克思认为："这些弊病，在经过长久阵痛刚刚从资本主义社会产生出来的共产主义社会第一阶段，是不可避免的。"⑤ 这里体现了马克思的唯物主义精神，虽然急切盼望进入社会主义后，消除一切资本主义的弊端。但是，由于社会经济结构和社会文化发展的制约，旧的社会制度所带来的痕迹和问题都是不可避免的。这是马克思对未

---

① 《马克思恩格斯文集》第5卷，北京，人民出版社，2009年第1版，第874页。
② 《马克思恩格斯文集》第5卷，北京，人民出版社，2009年第1版，第874页。
③ 《马克思恩格斯文集》第3卷，北京，人民出版社，2009年第1版，第434页。
④ 《马克思恩格斯文集》第3卷，北京，人民出版社，2009年第1版，第434页。
⑤ 《马克思恩格斯文集》第3卷，北京，人民出版社，2009年第1版，第435页。

第四章 超越"资本逻辑":中国道路的世界历史解读

来社会的理论预设,在实际中充分地证明了这一点,当社会主义由理论变成现实,无论在苏联还是在中国,社会主义国家中存在的资产阶级权利远超出马克思的想象,等价交换的原则不仅局限在消费品领域,在经济、政治、文化等各个领域都有所表现。中国特色社会主义作为社会主义的初级阶段更是如此,既然超越不了既有的生产力发展水平和经济结构,那么就不能奢望更高层次的生产关系、交换关系和分配关系。只要还存在劳动与商品的等价交换原则、存在具有统治支配之等级秩序的国家与国家机器,资产阶级权利就不可能被根本消除。只有到共产主义的高级阶段,迫使人成为奴隶般劳动的分工消失,个人的全面发展得以实现,生产力高度发展,集体财富的源泉充分涌流,人的物的依赖性消失,阶级的消失、民族的消失、国家的消亡。只有到了那个时候,才能真正超越资本主义。当然,由于当前中国特色社会主义内部普遍的"资产阶级权利"的存在,主观上存在按照"资本逻辑"发展的冲动,作为社会主义国家既不能毕其功于一役地把它消灭(如改革前30年那样),也不能听之任之,放任自流,必须对其进行限制和驾驭。实际上对"资产阶级权利"的驾驭,本质上就是对其所代表的"资本逻辑"的驾驭。

一般说来,资本主义生产方式应该在相对应的资本主义制度中来发展、完善、解体;而对于没有经过发达的资本主义制度的中国特色社会主义来说,需要解决的问题就是使社会主义的上层建筑与"资本逻辑"有机结合。一方面,发挥"资本逻辑"伟大的历史作用;另一方面,有意识地限制"资本逻辑"的副作用,自觉地引导向更高级的社会主义(共产主义)转变。因此,关于利用"资本逻辑"来发展中国特色社会主义生产力的问题以及运用等价交换原则来激励科技创新与社会进步的问题,中国特色社会主义不必"遮遮掩掩",不必"瞻前顾后",如果在改革开放的初期,邓小平提出的"不争论"是一个策略,很好地解决了"姓社""姓资"的问题。那么,现在中国更是不怕争论,40年改革的实践不可雄辩地证明这条道路的正确性。在一个资本主义生产方式占统治地位的世界历史中,在一个经济社会落后的大国搞社会主义现代化建设,不很好地利用"资本逻辑"是不可能的,也是不符合马克思主义唯物史观的方法论。实际上,现阶段的中国只有运用"资本逻辑",才能激发劳动人民的创造热情和工作动力,才能逐渐形成规范的市场经济规则,才能不断推动科技进步与创新,并把一切科学技术运用到生产力发展中来,最终解放和发展生产力,提高人民生活水平,增强国家的综合国力,实现民族复兴与国家崛起;同时,也只有运用"资本逻辑",才能在资本主义的世界市场和世界体系中很好地对外交往,发展外贸、吸引外资、推动本国对外投资,更好地打破地域性和狭隘性,不断深化和扩展与包括发达资本主义国家在内的国家的往来,真正融入世界历史。从这个角度讲,中国特色社会主义本身就是在运用"资本逻辑"的基础上,建立社会主义的经济、政治、文化、社会和生态文明,为进入更高阶段的社会形态和世界历史创造一切物质基础和精神基础。

三、世界历史视角下中国特色社会主义的本质特征

如何看待在中国这个社会主义国家运用"资本逻辑"的问题,如何评价改革开放之后中国的社会形态和社会制度,在国内外学术界一直都存在着许多争论,最典型的就是"中国特色资本主义""国家资本主义"与"民主社会主义"论这三种思潮。第一种,"中国特色资本主义"论者指出,改革开放之后商品经济的引入使中国背离了社会主义的原则,中国搞的不是社会主义,而是背离了马克思主义的资本主义。比如:英国学者卡默尔在《证券市场在中国的出现:有中国特色的资本主义》提出"中国特色资本主义"的决定性特征是:"在所有制、管理方式和责任方面都融合了公私两重性。"[①]2008年国际金融危机爆发后,美国学者黄亚生给"中国特色资本主义"的定义为"一种在两个中国——企业家的市场驱动的农村的中国和国家引导的城市的中国——之间的政治上协调的功能"[②]。而布热津斯基(Zbigniew Brzezensiki)则信誓旦旦:"中国领导人还非常强调马列主义理论要与各国的具体情况相结合……这种做法对于任何论述社会主义建设过程和本质的所谓放之四海而皆准的戒律都是一种嘲弄。"[③]面对这些观点和看法,不得不说他们在评价中国特色社会主义的时候都预设了一种标准,要么以马克思、恩格斯所设想的从发达资本主义国家进入社会主义的原则为尺度,要

---

① Sdomon M, Karmel, "Emerging Securities Markets in China: Capitalism with Chinese Characteristics", *the China Quarterly*, Vol.140, No.4, 1994.

② Yasheng Huang, *Capitalism with Chinese Characteristics: entrepreneurship and the state*, New York: Cambridge University Press, 2008.

③ [美]布热津斯基:《大失败——二十世纪共产主义的兴亡》,北京,军事科学出版社,1989年版,第206页。

第四章 超越"资本逻辑":中国道路的世界历史解读

么以"苏联模式"为社会主义的样板,没有把握住马克思主义的精髓和辩证法,没有对马克思的资本主义论和社会主义论真正搞清楚。第二种,"国家资本主义"论者指出,国家资本主义是以国家主导市场而获取利益的经济体制,在经济上有四大支柱,即国有企业、国家石油公司、私营国家龙头企业及主权财富基金,并指出"国家资本主义"已经形成了对自由资本主义体制的严峻挑战[①]。英美一些论者将中俄视为"国家资本主义"的典型,并认为中俄两国的"国家资本主义"不可持续,经济崩溃在所难免。反观中国特色社会主义道路,运用"资本逻辑",建立社会主义市场经济体制,允许非公有制经济发展等这些举措,不仅没有偏离世界历史发展的正常轨道,恰恰相反,这些正是马克思所认为的在经济社会落后国家发展生产力的必经之路。然而这种资源配置方式是资本主义性质,还是社会主义性质取决于国家性质和政权归属,"资本逻辑"可以为资本主义国家服务,也可以为社会主义国家服务。列宁在苏联社会主义建设时期就提出了著名的"苏维埃政权+"的思想,实际上只要政权在代表共产主义和无产阶级的共产党手中,利用"资本逻辑"为社会主义服务又有什么害怕的呢!正如列宁在论证新经济政策中国家资本主义的合理性时说:"国家资本主义,就是我们能够加以限制、能够规定其范围的资本主义,这种国家资本主义是同国家联系着的,而国家就是工人,就是工人的先进部分,就是先锋队,就是我们。"[②]所以,"国家资本主义"论者是混淆了主流和支流,错把支流当主流。第三种,"民主社会主义论"。此论者指出中国自1978年改革开放以来所取得的全部成就都应该归功于中国走上了"民主社会主义道路",并且这些年来,中国在这条道路上越走越远,更有甚者提出了"只有民主社会主义才能救中国"的口号!由于民主社会主义、科学社会主义与马克思主义的亲密关系,这种思潮的影响力和迷惑性极大。民主社会主义、社会民主主义是欧洲社会民主党、工党等政党的指导思想,它原先对马克思主义是敬仰和崇拜的,是科学社会主义的代名词。但是在恩格斯去世以后,以伯恩斯坦为代表的第二国际对民主社会主义思想进行了改良,导致与科学社会主义分道扬镳,渐行渐远。民主社会

---

① [美]伊恩·布雷默:《国家资本主义的蓬勃发展》,张文成译,载于《国外理论动态》2012年第5期。
② 《俄共(布)第十一次代表大会文献》,《列宁选集》第4卷,北京,人民出版社,1995年版,第670页。

主义与科学社会主义的主要区别在以下几个方面：一是在对待资本主义的态度上，它提出要做"资本主义病床边的医生和护士"，其目的就是走资本主义道路；二是在对待社会主义的态度上，它提出不把社会主义当成一种社会制度，而是一种道德理想；三是在对待马克思主义的态度上，从一开始的敬奉到后来的背弃，因此民主社会主义的实质是一种与科学社会主义相对立的资产阶级的改良道路，它与马克思主义世界历史发展的趋势是相违背的，它的最终目的在于论证资本主义制度是无法替代和无须替代的。中国特色社会主义道路是坚定不移以马克思主义为指导思想的，把社会主义当成一种最终过渡到共产主义的社会形态，以实现人的最终解放、自由和全面发展为终极目标的道路。这条道路从一开始就展现出与"民主社会主义"道路的完全不同。正如习近平指出的："我们党始终强调，中国特色社会主义，坚持了科学社会主义基本原则，又根据时代条件赋予其鲜明的中国特色。这就是说，中国特色社会主义是社会主义，不是别的什么主义。"①

中国特色社会主义，就其性质而言，具有两个特征：正如党的十三大报告指出的，"第一，中国社会已经是社会主义社会。我们必须坚持而不能离开社会主义。第二，中国的社会主义社会还处在初级阶段。我们必须从这个实际出发，而不能超越这个阶段"②。中国特色社会主义从世界社会主义运动史上看，是在经济社会相对落后的国家建立的社会主义。这种社会主义相对于当今的资本主义国家具有生产力和生产关系的错位，这种错位体现在生产力发展水平上的相对不发达与生产关系上的相对先进性。这种错位使人们对中国特色社会主义的定位不容易搞清楚，要么认为应该按照生产关系的先进性来搞建设，"割掉资本主义的尾巴"，搞"一大二公三纯"的社会主义；要么认为应该按照生产力发展水平的不发达性搞建设，主张走资本主义道路、"全盘西化"，在改革中完全接受"华盛顿共识"和"休克疗法"等。实际上，用马克思世界历史理论的视角来观察中国特色社会主义道路，揭示其本质内涵如下。

其一，从生产力的角度看，相对于发达资本主义国家，中国在生产力水平、科技实力等方面是落后的。那些工业发达的资本主义国家向中国这样

---

① 《习近平关于全面深化改革的论述摘编》，北京，中央文献出版社，2014年版，第14页。
② 《沿着有中国特色的社会主义道路前进》，中共中央文献研究室编：《十三大以来重要文献选编》，北京，中央文献出版社，2011年版。

工业落后国家所显示的，"只是后者未来的景象"。根据马克思政治经济学基本原理，生产力发展具有较强的连续性和不可选择性，也就是说，由传统农业经济向现代工业经济转变的基本趋势是任何国家都必须遵循的，这种历史逻辑是不可选择的。中国的现代化过程也是如此，中国从1840年被迫卷入世界历史以来所做的全部努力都是为了这个目的。而在这一过程中，"资本逻辑"是造就现代经济基本要素和现代社会基本结构的不可替代的历史性力量，是实现现代化的不可逾越的基本途径。当然，运用"资本逻辑"不等于建立资本主义制度。由于一个国家生产力发展水平与其他先进生产力之间的位差，以及这个国家的历史积淀和文化传统，容许人们在选择现代化和工业化的道路上存在一定的能动性，在转变方式、节奏和具体策略上可以有所不同。比如，党的十八大报告提出了对2020年前中国特色社会主义"新四化"即工业化、信息化、城镇化和农业现代化；党的十九大报告对中国从2020年到21世纪中叶开启全面建设社会主义现代化国家新征程提出了新的规划。在这个过程中遵循和运用"资本逻辑"所体现出的资本运动规律、商品生产、流通规律和价值规律在这个过程中必不可少，是发展生产力实现赶超的基础，也是实现新"四个现代化"的动力机制和调控机制的基础。

其二，从生产关系的角度看，社会主义制度已经建立起与之相适应的公有制占主体的经济制度。这种基本经济制度从本质上是更符合社会化大生产的发展的更先进的制度。中国不会，也不可能再退回到传统的资本主义国家那种以私有制占主体的经济制度中去。从马克思世界历史理论来看，中国特色社会主义无论是所处的历史发展阶段，还是生产力发展水平和人的发展程度，都还处于世界历史的第一阶段。但是就其社会主义制度来说，它是向那个"保证劳动生产力极高发展的同时又保证人类最全面发展"社会实现的"自觉形态"。虽然这个"自觉形态"还是初级的、局部的、片面的，甚至是低等的，但是从生产关系和上层建筑来看，它是自觉的，有目标、有方向，并为之努力的；相比之下，当前作为制度的资本主义国家也在向世界历史的高级阶段过渡，虽然它们在生产力上、在科技水平和交往方式的世界性等方面超过了中国，同时主导了当今世界历史的发展趋势，是世界历史的主要推动者，但是它们只是实现那个更高阶段的"自发形态"，不过是高级形式罢了。这就是当前作为制度的社会主义国家同作为制度的资本主义国家在实现世界历史由第一阶段向第二阶段转变过程中的异同。理解了这个理论，我们就能解释为什么当今资本主义国家与社会主义国家在政策制度等层面越来越相似，比如，资本主义国家也搞计划，搞宏观调控，也开始关注工人权利和利益、注重社会福利等；社会主义国家也搞市场经济等，在按劳分配的同时也按生产要素进行分配。

其三，从交换关系的角度看，由于中国特色社会主义生产力发展水平还没有达到马克思所设想的商品经济和资本主义充分发展后的那个高于发达资本主义的阶段，短时间内不可能实现商品的消亡、价值增殖的消亡、剩余价值的消亡、资本的消亡，从而最终带来民族的消亡、国家的消亡、地域狭隘性的消亡。因此，在中国特色社会主义中，商品经济还必须作为交换关系的主导，与之相联系的市场经济还必须作为调控和分配资源的最重要的手段，这是中国特色社会主义的发展水平所决定的。新中国建立后的经济发展实践证明，凡是幻想以更高形态的"计划经济"代替"商品经济"的尝试都是不成功的。因为，那不是马克思主义唯物论者。商品经济是经济发展不可脱离、不可逾越的必经之路，商品经济和价值机制是不能人为地随意抛弃的。它之所以是必经之路，是因为从功能上看，商品经济、价值关系和价值机制与现代化进程有着本质的逻辑关联。现代化的方式和节奏可以不同，但其基本要素和结构是不可变化和选择的。中国自1978年以来的改革实践在经济领域所取得的巨大成功缘于对商品经济和市场经济的重新认识和回归。这种实践上前进的理论基础就是对中国特色社会主义交换关系认识的突破，即把社会主义与市场经济有机结合起来，打破"社会主义=计划经济"的神话。从中国特色社会主义的制度建设上来看，它的独特优势显现在：首先，在经济领域，它利用市场经济、价值关系和价值规律来使生产力水平充分发挥，更好地利用科学技术和后发优势在生产力方面实现赶超；其次，在政治领域，它利用社会主义凝聚力、动员力、号召力强，相比于资本主义制度能够抛开杂念集中精力办大事的优势，在一段时间内实现人力、物力、财力的聚焦发展，在更广泛的时间内实现相对平衡的发展，有利于做到快与广的结合、质与量的结合、点与面的结合；再次，在广义的文化领域，能够用"集体主义"原则来规制市场经济中的个人主义倾向，用社会主义核心价值观来引领社会思潮和人们的思想，充分发挥"精神"因素的动力作用与约束作用，使市场经济和价值关系的固有弊端尽可能地少出现，更多关注共同富裕、公平正义等社会主义所追求的价值。这样的话，就能实现在经济高速增长的过程中解决发展中的现代化问题，实现高速赶超和可持续发展的统一。

由此看来，中国特色社会主义道路是一个"'资本逻辑'的驾驭与超越"的过程，也是一个"现代化的实现和超越"的过程。社会主义由理论转化为实践并没有像马克思所设想的首先在西方发达的资本主义国家出现，反而在半殖民地半封建的、经济社会落后的东方国家中国出现，本身就是一种历史的辩证法，它使我们不能再用以往的单线式历史观来思考社会形态的发展变化，即认为任何一个民族国家都必须通过原始社会、奴隶社会、封建社会、资本主义社会最终发展到共产主义社会（社会主义社会），而应该用整体的眼光来看待世界历史的发展，在把握历史发展规律趋势的一般中，认识各个民族国家自身发展的特殊。中国特色社会主义道路从世界历史的角度上看，它的独特历史作用就在于对"资本逻辑"展现出的"现代化"历史作用在某些层面的肯定与发展以及在另外一些层面的积极扬弃与理性超越。具体地讲，就是在生产力和交换关系（横向经济关系）层面，利用资本主义生产样式、商品—市场经济推进工业化与现代化，促进社会财富的积累；而在生产关系（纵向经济关系）和上层建筑层面，以社会主义公有制占主体，多种所有制共同发展的形式超越资本主义私有制，以社会主义的政治制度与意识形态来抵消"资本逻辑"带来的消极影响。这样中国特色社会主义道路不仅不会像某些学者预言的那样"走向历史的终结"，反而成了一种超越西方发展道路和苏联模式发展道路的一条新的生机勃勃的道路。

第二节　把握世界历史发展的静态趋势，驾驭"资本逻辑"

世界历史发展的静态趋势是指，在一定的历史阶段中，世界历史发展的社会形态属性是相对稳定的，尽管其性质和表现形式会有所变化，就总体来看量变是在无时无刻之中发生，而质的形态相对保持稳定。就当前的世界历史发展的静态趋势来说，在相当长的时期内，占统治地位的资本主义作为社会形态属性是世界历史发展的静态本质。虽然资本主义生产方式也在不断发生新的变化,但如今的世界历史依然是资本主义生产方式占主导地位的世界历史,并且这一特征还将长期存在。共产主义或社会主义作为社会形态的世界历史阶段仍然没有来临。在这样的世界历史中,不能说当前所有共同体、民族国家及其活动都具有资本主义性质,但是都与占统治地位的资本主义生产方式有着千丝万缕的联系并受其影响。对于中国特色社会主义来说,要在资本主义生产方式占主导地位的世界历史中获得一席之地并且不断发展自己,必须要学习"资本逻辑",运用"资本逻辑",乃至驾驭"资本逻辑":对内坚持市场在资源配置中的决定性作用,发展合法的非公经济,建立规范的市场经济体制,不断提高科学技术对经济增长的贡献率,为实现中华民族伟大复兴积累坚实的物质基础;对外把握经济全球化趋势,通过广泛的世界性交往,深度融入资本主义占统治地位的世界市场,不断拓展与包括资本主义国家在内的所有民族国家的交流往来,吸收人类文明的一切优秀成果,使中国特色社会主义能够在资本主义占统治地位的世界历史中生存下去,并且展现出自身的独特魅力。

一、建立与完善社会主义市场经济体制

中国需要资本与市场。不借助资本的力量,社会主义不可能成功;没有社会主义的约束,资本的洪水就会泛滥。市场在当代中国已成为最重要的资源配置方式,资本则构成了市场在经济活动领域的绝对重要的生产和组织要素。中国的市场化改革是从计划经济起步的,把"市场经济"与"社会主义"结合起来是中国特色社会主义经济体制的本质特征,是在深刻把握世界历史发展的"不平衡矛盾"基础上对如何认识和建设社会主义的一大创造,是对科学社会主义理论的丰富与发展。作为制度上比资本主义更高阶段的社会主义,社会主义市场经济既发挥了资本历史性的推动作用,又发挥了社会主义的制约作用,一方面运用世界历史第一阶段占主导地位的资本来增加生产力与社会财富,提高人与人之间的交往水平;另一方面,也使资本与市场置于社会主义范畴之下,为社会主义所用,而不能使之发展为经济社会生活的主宰,成为奴驭人的统治力量。

从中国经济体制改革来看,市场化是一个关键,但就历程上来说,市场在经济与资源配置中的地位作用以及与之相关的基本经济制度,即公有制与

第四章 超越"资本逻辑":中国道路的世界历史解读

非公有制的关系变化是一个渐进的过程。自邓小平南方谈话之后,1992年党的十四大明确指出:"我国经济体制改革的目标是建立社会主义市场经济体制。"①标志着中国正式由计划经济体制向社会主义市场经济体制转型。党的十五大提出"使市场在国家宏观调控下对资源配置起基础性作用"②,这一提法一直延续至2013年,"市场起基础性作用"在中国经济改革历程中曾经发挥过巨大作用:在理论方面,它破除了计划在资源配置中的基础性作用,实现了社会主义与市场的有机结合,既防止回到"文化大革命"前的老路上去,又避免落入西方新自由主义的陷阱;在实践方面,这个理念使中国充分体会到资本主义体系中分散、创新与竞争带来的活力与效益,弥补了社会主义在创新上远远落后于资本主义的缺陷,实现了经济快速增长,用10多年的时间初步建立起了社会主义市场经济。但是,光有市场化方向也是不够的,改革的方式、方法以及步骤也关系改革的成败。苏联解体后,俄罗斯期望尽快完成市场化转型,实现新自由主义的理想模式,采用了休克疗法,即事先预设出所谓的最佳的所有制安排和生产关系方式,企图用急速私有化的方式一夜之间完成从一个计划经济的社会主义国家向市场经济的资本主义国家的转变,而并没有考虑到这种所有制结构是否符合俄罗斯的国情,是否在俄罗斯人民的心理承受范围之内,最终形成了"寡头市场经济",与新自由主义理想相差甚远,也与社会主义理想相差甚远,直至今日俄罗斯经济仍缺乏增长动力。与此不同,中国对国有企业不是简单地私有化——一卖了之,而是采取"抓大放小"的政策,除了保留500—1000家大型国有企业外,允许较小企业租赁或转让,在价格上采取"双轨制"的政策进行渐进式调整。当国有经济一下子不能适应市场经济时,通过公有制与非公有制经济事实上的不平等的制度设计实行保护,当改革使国有经济竞争力不断增强,足以应对市场竞争时,逐步提高非公有制地位,促进公有制与非公有制共同、平等的发展,这就是中国经济转型优于东欧国家的根本原因。说到底,中国经济体制改革成功的奥秘在于坚持了马克思主义的立场观点方法,科学分析生产力与生产关系之间的矛盾运动规律,找到符合中国国情与人民期待的生产关系

---

① 《加快改革开放和现代化建设步伐,夺取有中国特色社会主义事业的更大胜利》,北京,人民出版社,1992年版。

② 《高举邓小平理论伟大旗帜,把建设有中国特色社会主义事业全面推向二十一世纪》,中共中央文献研究室编:《十五大以来重要文献选编(上)》,北京,人民出版社,2000年第1版。

与所有制结构,并且采取了实事求是的方式进行推进。

经过40年的发展,当前状况与改革开放之初发生了巨大变化,随着公有制经济和非公有制经济的发展,原有对国有企业的保护制度越来越成为制约当下国企改革的桎梏,成为影响市场经济公平发展的桎梏,成为限制非公有制经济发展的桎梏。在此情况下,党的十八届三中全会提出"使市场在资源配置中起决定性作用和更好发挥政府作用"①,把市场的"基础性作用"修改为"决定性作用"。一词之差,变化很大。以前市场起"基础性作用"表述的言外之意是还有什么力量起着决定性作用?囿于传统的计划经济思维,不少人把这个力量归结为政府,在实践中更是有所表现:比如在一段时期内,有的地方政府把单纯追求经济增长作为重要的甚至是唯一的绩效指标,把招商引资作为重要的甚至是压倒一切的职能和政绩,出现一切向GDP看齐,有的不惜以牺牲环境为代价,有的不惜损害百姓利益。虽然这种发展方式在落后国家实现尽快赶超的过程中起到了重要作用,特别是经济发展初期效果尤为明显——有的学者把这种政府称为"发展型政府",甚至认为这是中国改革奇迹的原因之一——但是从长远来看,政府行为如果过多干预市场,将会带来不良后果。比如,2008年国际金融危机之后,当发达国家在危机中"去泡沫""去杠杆""调结构"的时候,如果按照市场规律中国应该顺势而行,"去泡沫化""去剩余产能""去库存",实现经济结构的重大调整改革。而中国的宏观政策却是相反,在4万亿元投资拉动的刺激下,中国经济马上走出危机,引领了世界经济复苏。但是,违背市场规律的行为也带来难以想象的负面影响:该去的没有去、该调的没有调,产能过剩愈演愈烈,地方政府债务高企,结构调整错过了最佳窗口。这些问题都是出手过大留下的后遗症。事实上,对于市场经济来讲,经济危机(现代社会更多地表现为金融危机)是不可避免的,它本身就是市场规律对个体盲从的一种矫正。在市场经济中,资本所有者期望得到高额利润,劳动者期望获得更高收入,政治家期望实现经济上的增长而获得政绩,社会群体期望获得更多的福利,这些都是导致经济过热的因素,当经济过热超过了一定的限度,危机就出现了。危机使人们开始冷静、开始反思、开始去泡沫、开始去杠杆……当一切恢复平

---

① 《中共中央关于全面深化改革若干重大问题的决定》,中共中央文献研究室编:《十八大以来重要文献选编(上)》,北京,中央文献出版社,2014年版,第512页。

静之后，一个新的经济周期就又开始了。虽然经济危机会给世界经济带来重创，但危机过后经济又呈现周期性的复苏，向更高层次迈进，周而复始。马克思早就指出了资本主义生产方式导致经济危机（金融危机）的必然性。对于处于社会主义初级阶段和资本主义世界体系中的中国来说，虽然市场这只"看不见的手"会带来各种问题，但是绝不能因噎废食，不能用过度的行政命令去干预市场规律，而应顺势而行。通过政府调控，把危机带来的负面效应降到最低。因此，使市场起"决定性作用"的核心是处理好政府与市场的关系问题。在思想上更加尊重市场规律和价值规律，在实践上大幅减少政府对资源的直接配置，推动资源配置依据市场规则、市场价格、市场竞争实现效益最大化和效率最优化，让作为市场主体的企业和个人有更多活力和更大空间去发展经济、创造财富。

当前中国特色社会主义进入新时代，中国经济已由高速增长转向高质量发展阶段，转变发展方式、优化经济结构、转换增长动力成为经济增长的关键。党的十九大报告再次强调要"加快完善社会主义市场经济体制"，提出了以"完善产权制度和要素市场化配置为重点"的经济体制改革方案，目的是要实现"产权有效激励、要素自由流动、价格反应灵活、竞争公平有序、企业优胜劣汰"[1]的良性循环。在处理市场与政府的关系中，党的十九大报告提出了"全面实施市场准入负面清单制度，清理废除妨碍统一市场和公平竞争的各种规定和做法"[2]。实则最大限度地减少政府对企业经营的干预。这些新思想、新举措是对党的十八届三中全会"使市场在资源配置中起决定性作用和更好发挥政府作用"的丰富与发展，进一步深化了对社会主义市场经济规律的认识，进一步坚定了社会主义市场经济改革方向。

在对市场地位和作用认识的深化过程中，基本经济制度也在不断地调整完善。中国的基本经济制度从传统社会主义的"一大二公三纯"，完全不运用资本，到改革开放之初确认了非公有制经济是"补充"，排除了"割资本主义尾巴"的嫌疑；之后根据改革的深入做出了非公有制经济是"有益补充"的肯定表述；当非公有制经济迅猛发展，能够成为国民经济的支柱时，

---

[1] 《中共中央关于全面深化改革若干重大问题的决定》，中共中央文献研究室编：《十八大以来重要文献选编（上）》，北京，中央文献出版社，2014年版，第512页。

[2] 《中共中央关于全面深化改革若干重大问题的决定》，中共中央文献研究室编：《十八大以来重要文献选编（上）》，北京，中央文献出版社，2014年版，第512页。

基本经济制度调整为"公有制为主体、多种所有制并存";到1997年,党的十五大把这一制度定位为"公有制为主体、多种所有制共同发展",进一步提升了非公有制地位。如今,在新一轮全面深化改革中,虽然没有对基本经济制度的表述提出修改,但以"完善产权制度和要素市场化配置为重点""着力构建市场机制有效、微观主体有活力、宏观调控有度的经济体制"的改革方向来看,必然引起所有制结构的变化调整。而"公有经济和非公有经济都是社会主义市场经济的重要组成部分,都是中国经济社会发展的重要基础"[1]的提出,第一次在党的文献中把公有制与非公有制经济放在了同等重要的位置,说明中国共产党对"资本逻辑"的驾驭与运用又上了一个新台阶。

有人把改革开放前30年比作中国特色社会主义经济发展的的1.0版本,虽然对传统的社会主义模式有所反思和创新,但是依然没有超越"苏联模式"的框架,把改革开放之后到党的十八大之前的30多年比作中国特色社会主义经济发展的2.0版本,建立了社会主义市场经济体制,从根本上突破了传统社会主义模式,给中国的发展带来了奇迹。但是2.0版本的中国特色社会主义也有一些缺陷,这些缺陷的原因主要体现在市场作用发挥不到位,"看得见的手"对"看不见的手"干涉太多;政府的宏观调控和市场监管不到位,"看得见的手"对资本超越底线的行为"视而不见"等。党的十八大以来,中共新一届党中央在推进经济体制改革方面突出强调以人民为中心的发展理念,突出了创新、协调、绿色、开放、共享的新发展理念,强调"使市场在资源配置中起决定性作用和更好发挥政府作用"。其实质就是要建立起"市场机制有效、微观主体有活力、宏观调控有度的经济体制"[2],开创中国特色社会主义经济发展的3.0版本。中国特色社会主义道路的不断开拓和发展标志着作为执政党的中国共产党驾驭市场经济的能力不断提高,对中国特色社会主义建设越来越自信。

---

[1] 《中共中央关于全面深化改革若干重大问题的决定》,中共中央文献研究室编:《十八大以来重要文献选编(上)》,北京,中央文献出版社,2014年版,第515页。

[2] 《决胜全面建成小康社会夺取新时代中国特色社会主义伟大胜利》,北京,人民出版社,2017年版。

二、有效限制"资本"与"市场"的消极作用

正确引导和限制"资本逻辑"追求利润最大化倾向,把"资本"与"市场"置于社会主义之下是中国特色社会主义不断取得经济奇迹的宝贵经验。毫无疑问,"资本逻辑"本身就具有追求利润最大化的本质属性,一方面,这种"追求利润最大化"的属性是激励市场主体间竞争和创新发展的原动力,正是资本主义生产方式使这种源动力竞相迸发,才能创造出比以往任何时代都大得多的财富。中国特色社会主义市场经济当然不能拒斥这种属性,否则就不能称之为"市场经济"。另一方面,这种"追求利润最大化"的属性也是导致两极分化的根源,一边是财富的积累,一边是贫困的积累。这是资本主义的真实写照。而"资本逻辑"对追求利润最大化而出现的无限扩张、疯狂掠夺、无底线压榨带来的人与自然、人与人、人与社会的关系紧张,无疑是罪恶的渊源。资本主义社会制度由于代表了资本家的利益,可以对这些熟视无睹。实际上近年来迫于制度的可持续性的担忧,它们也开始关注这些问题,并对各方面制度做出了调整。中国特色社会主义必须要在利用"资本逻辑"发展社会生产的同时自觉地对其加以正确地引导和限制,更多地凸显人民中心地位和共同富裕,这是社会主义制度和优越性的体现。从目前来看,这种正确地引导和限制至少应该包括以下几个方面。

首先,建立理性和法治化的市场经济规范。引导"资本逻辑"向合法、合理的方向发展,限制追求利润突破道德和法治的底线。市场经济首先是一个法治经济,其中蕴含着契约精神和理性,需要在一个公平公正的环境中才能得到较好的发展。改革开放之后,中国逐步建立起了社会主义市场经济体制,但市场理性不足、市场法治不规范的问题比较突出,有的人通过钻市场和法律的空子实现了先富,有的人通过政策的"双轨制"和"真空期"实现了先富,有的人通过不合法的手段实现了先富,有一些先富起来的人没有理性、没有良知、没有底线,铺张浪费、盲目炫富、为富不仁等行为又极大地伤害了大多数普通民众,导致了民众的"仇富心理"和社会矛盾的加剧。虽然这些现象都是市场经济不健全而带来的,是转型期的特有现象,但是它使人们对"利用市场经济发展社会主义"的策略产生了质疑,对改革开放本身产生了质疑。如果由此下去,改革的成果可能会不保,会陷入危险的边缘。党的十八届四中全会明确提出了建设社会主义法治国家正是对这些问题

的回应。规范市场经济，建立理性的法治的市场经济成为根本要求。按照"有所为、有所不为"的原则通过资本运营增强国有经济的控制力与活力。掌握国民经济命脉的国有经济是社会主义的重要因素，它不仅是经济法人，也是社会责任人。它的特殊性质和地位使国有经济在平时能够有条不紊地推动实现中央的战略部署，在危机时期能够采取牺牲企业利益的方式最大限度地应对危机，把危机带来的不利后果降到最低。改革开放以来，国有企业从数量上来看在不断缩小，产值比重由1978年的78%下降到如今的27%左右。而国有经济的控制力在不断增强，面对历次国际经济、金融危机时，国有企业都发挥了重要的中流砥柱作用。在新一轮改革过程中，对国有经济的管理要实现由资产管理向资本管理的转移，积极发展混合所有制经济，实现国有资本放大功能、保值增值、提高竞争力，也使不同所有制经济取长补短、相互促进、共同发展。按照"有所为、有所不为"的原则使国有资本逐渐退出盈利性的垄断行业与领域，从根本上防止"与民争利""国进民退"情况的发生，使国有资本投资运营更多服务于国家的战略目标，更多投向关系国家安全、关系国民经济命脉的重要行业和关键领域，重点提供公共产品，发展重要前瞻性战略新兴产业、推动科技进步、保护生态环境与维护国家安全。这样不仅有利于调整和优化经济结构，带领中国经济向更高层次发展，也有利于提供更多更好的公共服务，保障全民利益，更有利于一个合理性和法治的市场经济的培育和完善。

其次，正确看待和发挥政府宏观调控作用。由于中国特色社会主义的经济改革是从原先计划经济条件下转型的，与资本主义国家不同，中国政府对宏观经济调控的控制力一直以来都是相对较强的。对于一个由计划经济向市场经济转轨的国家，强大的政府调控能力和社会主义集体原则所体现出的集中力量办大事的优势又成为中国改革开放以来经济奇迹的重要原因之一。有的学者提出"中性政府"[①]的概念，把中国能够采取正确的经济政策和改革路径的原因归结为有一个"中性政府"，即一个不偏向任何一个社会集团的政府，并且提出了"中性政府"的三个性质：一是很强的自主性；二是更关注整体利益；三是更关注长远利益。有的学者直接把中国的政府称为"发展型

[①] 姚洋：《中国道路的世界意义》，北京，北京大学出版社，2011年版，第11页。姚洋指出，一般的发展中国家的政府基础上是这四种状态：精英主义、民粹主义、两种混合、两种交替。而中国政府却能够坚持独立自主，不被精英主义和民粹主义这两种力量所胁迫。

政府",即政府本身以招商引资、促进经济增长为第一目的,并认为除中国之外,没有任何一个国家的政府如此关注经济增长,而这就是中国经济快速发展的重要原因。有的学者把中国政府称为"平台型政府",认为"国家要像成功企业一样,能够应对激烈的竞争和外部的不确定性。官员不是国家的统治者,而是国家的运营者,通过创新精神和高效的决策与执行为社会创造巨大的财富"①。不管这些观点如何大相径庭,但基本上都认为政府在促进经济增长中发挥了比其他国家更多更好的作用。反观西方制度经济学给政府职能的定义:"1.保护公民的各项自由;2.生产共享品;3.再分配产权。"②其中没有任何关于发展经济的职能。可以说在改革开放之初,邓小平提出的"发展才是硬道理""不争论""实践是检验真理的唯一标准"的理念确实凝聚了巨大的思想和力量,使一个经济社会落后的农业国在最短的时间内实现赶超,完成了工业化的梦想,其中,中国政府所表现出的自主、务实和高效为世人所瞩目,是成就中国经济高速增长的一大法宝。随着经济改革进入深水区和攻坚期,以往"发展型政府"容易导致的粗放型、数量规模型经济增长模式已经不适合当前的经济发展现实了。"中性政府"由于长期的组织和功能运作,变得越来越难以"中性",多年来逐渐形成的既得利益集团越来越成为改革的阻力,使政府决策关注整体、关注长远的目标发生偏差。随着互联网的发展及民众民主意识的增强,底层民众的力量也越来越强大,也容易左右政府的决策,一些群体性事件就是例证。因此,从当前来看,政府受到精英主义和民粹主义左右的实际风险在不断增加。在此状态下,使政府的调控作用回归为它的本位就体现得十分必要了。习近平指出"虽然中国社会主义市场经济体制已经初步建立,但市场体系还不健全,市场发育还不充分,特别是政府和市场关系还没有理顺,市场在资源配置中的作用的有效发挥受到诸多制约"③。从当前来看,政府的作用不是无所作为,应该坚持有所为、有所不为。更好地发挥政府的作用"是要在保证市场发挥稳定性作用

---

① 鄢一龙等:《大道之行——中国共产党与中国社会主义》,北京,中国人民大学出版社,2015年版,第201页。
② [德]柯武刚 史漫飞:《制度经济学——社会秩序与公共政策》,北京,商务印书馆,2002年版,第357页。
③ 习近平:《切实把思想统一到党的十八届三中全会精神上来》,中共中央文献研究室编:《十八大以来重要文献选编(上)》,北京,中央文献出版社,2014年版,第551页。

的前提下，管好那些市场管不了或管不好的事情"①。如何理解当前对政府职能的定位"更好发挥政府调控作用"？本书认为，既不能把政府看成市场的"上司"和"替代物"，也不能把政府看作"稻草人"。美国经济学教授约瑟夫·斯蒂格利茨（Joseph Stiglitz）曾经说过，无论在发达国家、发展中国家或转型国家中，都不要把政府在发展中的作用看得太简单、太机械、太绝对。不能总是把政府始终看成问题的来源，而不是解决问题的来源。②也就是说，在看待政府的作用时，不能用意识形态划界，既不能重新落入"苏联模式"的老路中，也不能掉入"新自由主义"的陷阱。纵观二战后经济发展的历史，其中既有市场失灵和失效的例子，也有政府失败和失效的例子，二者之间采用何种关系绝不是非黑即白似的简单结论，需要具体情况具体分析。中国的改革在逐步建立市场经济的过程中，逐渐增大市场在配置资源中的比例和作用，限制政府的行政干预，不断提高政府宏观调控的质量和水平是符合中国的国情的。在不同的历史时期，正确的政策措施选择是中国经济持续快速增长的重要原因。改革到了今天，当前政府的主要职责应该放在保持宏观经济稳定，优化公共服务，保障公平竞争，加强市场监管，维护市场秩序，推动可持续发展，促进共同富裕，弥补市场失灵上来。既发挥社会主义制度政府宏观调控的作用和优势，又在最大限度上发挥市场作用，利用"资本逻辑"创造物质财富。

再次，加强和优化社会保障体系，务实向共同富裕推进。共同富裕是内含在马克思关于社会发展一般规律中的价值目标，也是中华民族几千年来的价值追求。按照马克思和恩格斯的构想，未来的共产主义社会是彻底的无阶级、无民族、无地域性、无城乡差别、无劳动分工的各尽所能，按需分配的"大同社会"。虽然中国特色社会主义现在离这个目标差距很大，但是，在运用"资本逻辑"的过程中，绝不能像资本主义那样不顾后果。改革开放初期，邓小平提出社会主义的本质中很重要的一条就有"实现共同富裕"，认为"如果富的愈来愈富，穷的愈来愈穷，两极分化就会产生"，"而社会主

---

① 《习近平总书记系列重要讲话读本》，北京，学习出版社、人民出版社，2016年版，第150页。

② Joseph Stiglitz, "More Instruments and Broader Goals: Moving Toward the Post-Washington Consensus", *The 1998 WIDER Annual Lecture*, Helsiki, Finland, 7 January, 1998; "Moving Toward the Post-Washington Consensus," *A lecture at the seminar* "Finance in Latin America and the Role of Development Banks", The Bank Information Center, 31 March 2006.

义制度就应该而且能够避免两极分化"①。在南方谈话中，他提出通过"多交利税和技术转让"的方式实现共同富裕。当前，在中国特色社会主义建设中，要突出改善民生，使市场竞争与社会保护两者相互促进、互为补充，把"市场保护强者"与"社会保护弱者"统一起来，利用市场经济来体现激励与创新，运用社会保障来实现托底，实现经济发展与社会公平的双协调。这是社会对于"资本逻辑"扩散的自我保护和反向运动，使得资本的逻辑嵌入社会的伦理中去②。真正使改革的成果能够汇聚每一个人，使每一个公民都能在中国梦的追寻中平等地享有自己的获得感、展示自己的能力、实现个人的价值。

最后，培育构建起社会各个阶层都能够接受的核心价值体系或观念，从社会伦理的角度规范市场经济的发展。马克斯·韦伯通过新教伦理与资本主义精神的关系考察中来揭示资本主义发展的动力，认为经济原因并不是促成历史发展的唯一力量，新教伦理在某种程度上起到了很大的作用。他认为，勤奋工作是一种天职，是一种美德和道德义务；追求和获得财富金钱"不是一种罪恶，而是'体现上帝的荣耀'的外在标志"。同样，中国特色社会主义的发展绝不仅仅是经济问题，更需要从文化和伦理方面提供合理合法的依据，提供能够凝聚人心的精神力量。当前，中国共产党提出的社会主义核心价值体系与社会主义核心价值观就起到了这样的作用，使每一个人能够找到自己在社会中的位置，以一种负责任的态度既为自己又为国家繁荣发展而奋斗，既满足了自身生存发展需要又为别人的发展提供劳动产品。

三、转化资本主义制度所创造的一切积极成果

"资本逻辑"的发展会给整个社会带来与之相适应的变化。最显而易见的就是对"物的依赖性"逐步提高，市场经济等价交换原则渗入各个领域、资本主义的契约精神与制度文化对现有社会制度带来影响、以人本主义和个人主义为代表的价值观开始盛行、开放精神与竞争思想深入人心等。如彼得·伯杰（Peter Berger）所说："当市场经济经过一段时间获得成功后，要

---

① 《在武昌、深圳、珠海、上海等地的谈话要点》，《邓小平文选》第3卷，北京，人民出版社，1993年版，第374页。

② 王绍光：《中国·治道》，北京，中国人民大学出版社，2014年版，第281页。

求民主的压力就不可避免地产生了。"[①]这种结果是如何出现的呢？首先，经济发展造就了一个庞大的中产阶级，这是民主的基础之一；其次，教育水平的普遍提高，许多人上过大学，他们不容易受到煽动家和极端主义者的鼓动；最后，人们逐渐认识到自己的利益并希望表达它。那么，作为制度的社会主义国家在运用"资本逻辑"中如何应对政治社会等方面的变化和问题？是全盘接受？还是拒之门外？这涉及如何看待社会主义国家中所出现资本主义因素的问题。一方面，这些现象的出现是必然的，是生产力决定生产关系、经济基础决定上层建筑的规律所带来的。实际上，可以看出这些新的变化是国际资本主义处于世界历史的主导地位大环境的结果，也是国内运用"资本逻辑"，发展资本主义生产样式的结果。另一方面，相对于长时间封建统治给中国带来的腐朽落后的封建思想而言，是进步的。当前，学术界有人认为现代中国的主要矛盾是生长着的社会主义因素与封建传统势力之间的矛盾。虽然这个观点有失偏颇，有以偏概全之嫌，但是从某种意义上看是不无道理的。资本主义社会为什么没有首先在经济社会发展基础较好的中国发生，而是在当时经济社会相对落后的欧洲发生，固然有许多原因，但是中国的封建势力异常强大和顽固这一点是毋庸置疑的。新中国成立之后，由于封建社会历史漫长，缺少资产阶级民主传统，封建传统势力根深蒂固、影响深远。这一状况没有因为中国社会主义制度的建立而消失，反而它的思想遗毒干扰着"生产力的普遍发展"与"世界交往的普遍发展"，严重妨碍了吸收资本主义的积极成果，也妨碍了社会主义积极因素的发展。封建传统势力的典型表现就是小农意识以及与之相适应的封建官僚主义。小农意识在心理文化上，安定求稳、盲目狂热，具有很大的保守性，本能排斥变革，缺乏进取精神；在价值观念上，形成自给自足、患得患失、不患富而患不公为特点的观念体系；在思维方式上，眼界狭窄、认识低下，思想方式呈现出经验性、直观性和不系统性，它与封建制度下的小农经济是一脉相承的。封建官僚主义是在小农意识上形成的，"读书做官""衣锦还乡""一人得道鸡犬升天""君君臣臣""只对上负责、不对下负责"等思想文化心理长期影响着大众。这种封建传统势力是基于"人格的依附性"之上的，在现实中表现

---

① Peter L. Berger, "The Uncertain Trinmph of Democratic Capitalism", *Journal of Democracy* 3（July 1992）,3.

第四章 超越"资本逻辑":中国道路的世界历史解读

出来的就是"血缘""权力"与"面子"。在中国社会中,以上三点形成了人际关系的"铁三角",使"人格的依附性"暴露无遗,这些思想与资本主义民主思想与契约精神是水火不相容的,而且具有天然的抵触,它们与社会主义所倡导的公有制、按劳分配、集体主义原则一结合就变异产生了封建专制主义:高度集权、掌控公有经济,以个人代替组织、架空人民民主,以权代法、大搞特权,以意识形态为纲、大搞个人崇拜,随心所欲、大肆破坏生态环境等。纵观社会主义发展史,几乎所有从前资本主义跨越进入社会主义的国家都经历过这样的痛苦,付出了巨大代价,这难道能说是资本主义因素太多了?是无产阶级与资产阶级矛盾所致?恰恰相反,经济落后国家在发展社会主义过程中对资本主义所创造的积极成果吸收太少了!比如,自由、民主、法治、诚信精神都是这个时代最为缺失和最需要提倡的,这些价值理念对于社会主义初级阶段的社会是非常有用的,当前中国共产党提倡的社会主义核心价值观就把这些理念都吸收进去了。吸收这些积极成果才能为初级阶段的社会主义铺平通向更高级社会形态的道路。

有人提出,正是由于"资本逻辑"的运用,特别是这种原则在各领域全方位渗透,产生了贫富差距、官商勾结、贪污腐败。的确如此,封建传统势力不容易与资本主义的积极因素结合,却非常容易与资本主义腐朽没落思想相结合。按照马克思所说,人类社会发展的三个阶段,"对物的依赖"阶段相对于"对人的依赖"阶段是一大进步,但相对于"自由个性的全面发展"阶段依然是落后阶段,因此,带有较大的局限性。比如,在实践中,受封建传统影响的官员会把政府的宏观指导变为"权钱交易""以权谋私";为"地方保护主义""山头主义"抵制经济结构调整与改革的全盘部署;在选人用人中把"任人唯贤"变通为"任人唯亲""任人唯钱"等。因此,在对待资本主义所创造的成果方面,既不能以社会制度、意识形态或国情特色为由,拒斥资本主义所创造的人类文明成果,也不能对"一切积极成果"无分别地照单全收,必须进行鉴别,取其精华,去其糟粕,剥离附着其上的社会制度和意识形态观点、立场和价值,找到与中国国情相符合的切入点,使其融入中国特色社会主义的经济、政治、文化、社会、生态文明五位一体的总体布局中去,从而内化为建设中国特色社会主义的坚实基础。事实上,五千年的中华文化和中华文明就有这种海纳百川、兼容并蓄的优点,这一特点决定了中华文明不会被外来的文明所冲断,而又能吸收其精华而提高自身。中国特色社会主义建设也必须这样,让"吸收"与"转化"并存,最终实现"融合"。党的十九大确立的习近平新时代中国特色社会主义思想中"八个明确"和"十四个坚持"所蕴含的一系列思想原则,都体现了把吸收资本主义一切积极成果与中国现阶段国情的紧密结合,说明了中国共产党驾驭"资本逻辑"的能力在不断增强。

四、顺应和影响世界历史趋势,实施开放战略

马克思特别强调"生产力的普遍发展"与"世界交往的普遍发展"对于经济落后国家进入社会主义的重大历史意义,可以说正是"由广泛的国际交往所引起的同工业比较发达的国家的竞争,就足以使工业比较不发达的国家内产生类似的矛盾","不一定非要等到这种矛盾在某一国家发展到极端尖锐的地步,才导致这个国家内发生冲突"①。也就是说,进入世界历史,参与全球化发展不仅是发展生产力的内在要求,在某种程度上讲,经济落后的国家能不能实现跨越的关键不在于自身国内生产力与生产关系的发展水平,而是依赖于生产力与交往在世界范围内的发展。经济落后国家进行社会主义革命并取得成功之后,面临的主要问题首先是如何解放和发展生产力,而"这个解放和发展生产力"绝不是封闭性的、地域性的和自给自足的,必须是世界历史性的、与全球范围内解放和发展生产力相联系的。马克思在考察世界市场时曾说,"正如市场整个说来分为本国市场和外国市场一样,世界市场不仅是同存在于国内市场以外的一切外国市场相联系的国内市场,而且同时也是作为本国市场的构成部分的一切外国市场的国内市场"。②实际上,马克思认为国内市场与国外市场是密切联系的。社会主义社会在发展生产力的过程中,必须认清这种联系、把握这种联系、用好这种联系。对于当前处于社会主义初级阶段的中国来说更是如此,一方面,中国要把握世界经济、世界市场发展的最新动态和趋势,积极融入和适应,不断从其中获得自身发展的新能量,从而最终在世界历史中确立社会主义中国的优势地位;另一方面,在资本主义占统治地位的世界历史中,发达资本主义国家往往对世界市场有

---

① 《马克思恩格斯文集》第5卷,北京,人民出版社,2009年第1版,第567—568页。
② 《马克思恩格斯全集》第30卷,北京,人民出版社,1995年第2版,第239页。

第四章 超越"资本逻辑":中国道路的世界历史解读

支配权和"最终解释权",因此,中国不能消极地"迎合",必须在适应的过程中,发挥自身的特点和优势,不断探索边缘化压力下新的发展道路。

被边缘化始终是资本主义占主导地位世界历史给中国带来的挑战,只要中国没有真正进入世界舞台的中心,这种挑战就无时无刻不存在——这一挑战贯穿了中国道路和民族复兴的始终。即使有一天进入了世界舞台的中心,中国也要警惕从中心滑落到边缘的危险——这是19世纪的英国和当今的美国头等关注的问题。关于落后国家如何实现赶超,从传统社会成功转型为现代社会、由世界体系的边缘进入半边缘以至中心的理论有许多,比如,西方的现代化理论——"新自由主义""华盛顿共识"等。他们给发展中国家开出的药方是自由与开放——沿着发达国家曾经走过的路走下去,借助资本的加速积累与国际市场的一体化等手段,实现真正的繁荣。他们宣称:"欧洲的发展道路就像一条现代主义者胜利进军的道路,是传统派在无望的退却战中节节败退的道路。"[①]但是现实中通过这条路实现现代化的国家寥寥无几。残酷的现实又催生了偏左的理论,"依附理论"和"现代世界体系理论"等。他们认为发展中国家贫穷的根源在于与强势"中心"的自由经济联系,使弱势的发展中国家处于边缘化状态,最终沦为中心的附庸,他们开出的药方是选择与中心的"脱钩"。而这两种理论在解释中国发展的经验上都显得苍白无力,中国的发展既没有完全按新自由主义理论发展,也没有选择依附论的"脱钩",而是在坚持开放的过程中,探索了一条新的道路。

首先,直面边缘化是常态,自主发展是例外的事实。从资本主义发展的历史中可以看出一旦一个国家率先获得了现代工业的生产力,国际经济的关系便发生了质的变化,强弱之间的实力差距难以改变,达到"抢先一步,领先一路"的效果。如,从16世纪到18世纪中,英国凭借率先获得工业革命的成果,实现了生产方式的重大变革,成为全球经济的领头羊,一直处于世界体系的中心位置长达100余年。直至后发展国家,具有优良禀赋的美国通过第二次世界大战的突变,抓住了难得的历史机遇反超英国,一跃成为世界体系的新中心,至今无人撼动。而在英国和美国居于"中心"的时间内,也有德国、法国、日本、亚洲"四小龙"等国家或地区实现了现代化的过程。因

---

① [德]迪特·森格哈斯(Senghaas Dieter):《文明内部的冲突与世界秩序》,张文武等译,北京,新华出版社,2004版,第179页。

此，"边缘化"并不可怕，边缘化是多数国家所处的常态。关键在于能不能抓住转瞬即逝的有利契机，做出有效的应对措施，走出这一"生死攸关的发展阶段"，从而摆脱被边缘化的命运，而不是错失良机，一步步成为发达国家的附庸。中国是被西方列强强行拖入世界历史的，从鸦片战争以来一直处在世界体系的边缘，直至20世纪70年代末，中国抓住了机遇，采取了改革开放一系列正确的措施，使自己的国际地位和在世界经济中的位置才慢慢从边缘向"半边缘靠近"，逐渐接近世界舞台的中心。

其次，中国渐进式改革开放的策略使中国不断增强抵抗力。后发展理论之父迪特·森哈斯认为面对落伍挨打的局面，后发展国家只有借助贸易限制、关税等一系列保护主义措施选择与发达国家强制"阻断"，把重点放到国内生产力的培育上，才能实现赶超与跨越式发展，而一开始采取"联系"发展战略，接受自由贸易、融入强国主导的国际分工体系的国家往往跳不出"被边缘化"的命运。在新中国成立后30年的计划经济时代，由于主客观原因造就了与世界市场和国际分工体系的"隔断"，而由于苏联的援助和中国把主要精力放在国内生产力发展和社会主义建设上，摆脱了极其弱小的国民经济马上进入残酷的世界市场竞争之中的局面。改革开放后，中国又采取了"双轨制"的渐进式措施，从小生产、服务业到关系国计民生的国有企业逐步放开，从沿海、沿江到内陆的逐步开放，使中国企业在世界市场中慢慢适应，越来越具有国际竞争力。到21世纪，中国正式加入WTO，实现了与世界市场与世界体系的完美结合，中国制造的优势大大显现。从中国经济发展的历史，我们不难看出，虽然改革开放对中国现代化的发展起到了至关重要的作用，但改革开放前30年，客观上对世界经济体系的"阻断"，并在此基础上建立起完整的国民经济体系和工业体系，为改革开放之后中国的飞速发展奠定了基础。否则，中国的发展很难摆脱在世界体系中沦为西方发达经济体附庸的局面，而这种现象和优势就使中国能够避免"拉美陷阱"。

最后，中国的发展必须积极适应全球化，努力创造属于自己的世界历史。从当前来看资本主义占统治地位的世界历史出现了新的特征。20世纪八九十年代以来，"两极"格局解体之后，在世界范围内掀起了全球化的新一轮高潮。特别是2008年国际金融危机以来，世界经济进入了深度调整期，经济格局出现演变趋势、全球化动力发生转换、全球化规则出现重构的迹象，给以中国为代表的发展中国家提供出了难得的历史机遇，但是原来的规则依然没有变，南北之间的不平衡差距依然严重，新的规则制定和重构异常艰难。主要体现在以下方面：一是发达国家与发展中国家之间不平衡发展矛盾突出。总体来看，在世界经济缓慢复苏背景下，以往经济发展不平衡问题并没有丝毫改善，甚至有拉大趋势。根据国际货币基金组织（IMF）统计，在过去的20年中，发展中国家在世界经济中占比提高了近20%，发达国家和发展中国家的经济总量之比已由1990年的3.9倍下降到2015年的1.6倍。但是，南北经济发展水平的差距并没有因为经济总量差距的缩小而改变。二是国际金融危机之后，世界范围内贸易保护主义卷土重来。世界贸易组织主导的贸易自由化进程严重受阻，发达国家，特别是美国先是主导跨太平洋经济伙伴关系协定（TPP）、跨大西洋贸易和投资伙伴关系协定（TTIP）与日欧经济伙伴关系协定（EJEPA）等跨区域大型经济一体化，当前更是以自身利益优先为由，破坏国际贸易自由化，在全球范围内大打贸易战、科技战、金融战，以保持自身在国际经济和世界体系中的中心地位和全球价值链中的比较优势。三是"规则重构"进程艰难。在过去相当长的时期内，美国等西方发达国家凭借强大的经济优势，在全球规则制定中占据主导地位。虽然当今世界经济格局发生变化，发展中国家经济实力迅速提升，上述局面并未得到根本改变。在适应国际规则与塑造国际规则的博弈中，中国还需要不断努力，一方面，尽力提升自身的经济实力和影响力，为塑造规则奠定良好的基础，毕竟国际社会依然是靠实力说话，"丛林法则""弱肉强食"的原则没有更改；另一方面，积极作为，掌握规则，改变规则，创造更加符合自身利益的全球治理体系。最近，中国提出要积极促进"一带一路"国际合作，努力实现政策沟通、设施联通、贸易畅通、资金融通、民心相通，打造国际合作新平台，增添共同发展新动力，并将继续发挥负责任大国作用，积极参与全球治理体系改革和建设，不断贡献中国智慧和力量。

第三节 把握世界历史发展的动态趋势，超越"资本逻辑"

世界历史发展的动态趋势主要是指，世界历史在发展的过程中不断积累、生成扬弃资本主义的因素、关系和力量，展现向更高阶段，即社会主义和共产主义世界历史发展的趋向。这种否定之否定的发展态势是社会形态演进的基本特征。如梅扎罗斯指出："全部历史复杂性中的趋势的出现和展示的历史现实性,社会主义进攻的历史条件和现实,迫切需要重新构建从资本主义到共产主义的过渡理论。"① 作为制度的资本主义国家在努力调整着自身的生产方式、社会组织、运行方式和交往方式,以适应这个动态的趋势;而作为制度的社会主义国家则更需要有敏锐的视角洞察那些能引起质变的细小量变,有意识地自觉做好世界历史从第一阶段过渡到第二阶段的准备,为实现最终的转变铺平道路。

一、"资本逻辑"给中国带来的正反两方面影响

在马克思的笔下,"资本逻辑"是具有二重性的。一面是对"资本逻辑"曾经历史作用的巨大褒奖和对它以一种"以太光"普照大地的必要性的认可。资本开启了现代社会的序幕,资本的逻辑推开一切,成为人类一切领域的主宰,"资本逻辑"使生产力得到巨大发展,重组了世界秩序,将欧洲、美洲、亚洲、非洲、大洋洲紧密地联系在一起,形成了全球资本体系,使理性、科学、民主蔚然成风。另一面是对它所产生的矛盾问题及对人的剥削、压迫、异化的最为激烈地、无情地、深刻地批判。资本抹去了一切神圣职业的光环,撕下人与人之间甚至是家庭成员之间温情脉脉的面纱,斩断了封建社会形形色色人格依赖的羁绊,"把人的尊严变成了交换价值,用一种没有良心的贸易自由代替了无数特许的和自力挣得的自由","人与人之间除了冷酷无情的'现金交易',就再也没有任何别的联系了"②。

"资本逻辑"的二重性在今日的中国或多或少都有一些表现。改革开放之后,随着市场的启用、非公经济的发展、等价交换原则的应用、生产要素进入分配领域等一系列市场化举措,"资本逻辑"开始发挥其巨大的作用。这一作用促使生产力的发展在中国大地上达到了前所未有的高度,短短40年,中国就从一个贫困大国转变为经济总量世界第二、制造业规模世界第一的经济体和国民收入达到中等偏上的国家,使中国用几十年的时间走完了发

---

① [英]梅扎罗斯:《超越资本——关于一种过渡理论(下)》,郑一明等译,北京,中国人民大学出版社,2003年版,第1094—1097页。
② 《马克思恩格斯文集》第2卷,北京,人民出版社,2009年第1版,第34页。

第四章 超越"资本逻辑":中国道路的世界历史解读

达国家几百年走过的发展历程,创造了世界发展的奇迹;但与此同时,资本也成为现代社会繁荣必要的恶。马克思指出两级分化是资本主义世界的必然趋势:一极是财富的积累、奢侈品的积累和无度挥霍的积累,而在另一极,"是贫困、劳动折磨、受奴役、无知、粗野和道德堕落的积累"①。进入资本主义世界体系,运用"资本逻辑"的中国同样也无法幸免。在体会到资本的魔法所幻化出现代世界的光鲜亮丽、纷繁多彩的同时也尝到了资本的罪恶和带来的苦果。其中最大的危机在于"资本逻辑"泛化于一切领域,获得最高优先性。当"金钱至上""一切向钱看"的观念深入骨髓;当贫富差距越来越大,最富有的1%家庭占据了30%的财富②;当只看眼前利益,转变经济发展方式成为一纸空文;当股票和金融市场变成庄家赢者通吃的天堂;当高房价绑架了国民经济也绑架了老百姓几代人的生活;当不顾子孙后代,冒天下之大不韪到处污染环境;当教育成为牟利的工具,阻断了平民子弟的上升通道;当看病难看病贵使百姓与医院医生形成生死对立;当在等价交换的原则下一些公权力者开始"权力寻租",腐败的毒瘤开始侵蚀党员干部的肌体时,人们开始怀疑这种"资本逻辑"恶的必然性价值,我们是不是像浮士德为了周游世界而与魔鬼签订盟约一样,在我们与资本主义和资本主义的世界体系达成"国际惯例"时,把自己的灵魂一同出卖?马克思对资本主义批判的声音不绝于耳,而我们真的如撒切尔夫人所说真的"别无选择"③吗?于是开始怀疑改革开放的论者越来越多,有的对改革的方向产生怀疑,有的对改革本身产生怀疑,有的对中国特色社会主义道路产生了怀疑,更有甚者提出要回到改革开放之前的老路上……

一边是福山"历史的终结""人类社会已达意识形态演化的尽头""西式自由民主制度已无可争议地变为各国独一无二的选择,此后人类面临的唯一问题是如何实施的具体细节"等新自由主义的陈词滥调;一边是"回到文化大革命前时代""回到那个路不拾遗、夜不闭户,人人均等的社会主义年代"新"左"派论者的呼声。实际上这两种思潮及其代表的"邪路"和"老

---

① 《马克思恩格斯文集》第5卷,北京,人民出版社,2009年第1版,第773—744页。
② 据国家统计局数据,中国在1999年基尼系数突破0.4的警戒线,到2013年达到0.473,已成为世界上贫富差距最大的国家和地区之一。根据北京大学中国社会学科调查中心《中国民生发展报告2014》显示,中国最富有的1%家庭占据了30%的财富。
③ 撒切尔夫人从1979年上台,担任英国首相11年,她有一句口头禅:你别无选择(There Is No Alternative)。指的是除了资本主义,世界上没有别的选择。在此期间新自由主义沉渣再起。

路"在马克思世界历史理论面前都显得苍白,不攻自破。面对"历史终结"的新自由主义论,恩格斯有一个形象的比喻,资本主义的自我毁灭就像行星撞向太阳那样不可避免。虽然资本主义从出现到现在发生了诸多改变,到目前为止依然没有消亡的迹象,但在历史的长河中看,资本主义作为制度的稳定只是相对的,是世界历史发展的静态本质。而"历史终结"论者错把相对当成绝对,以一种形而上学的片面眼光看待历史的发展和资本主义制度的存废,当然是站不住脚的。所谓"历史终结于资本主义民主政治制度"也只是一厢情愿;面对"回到老路"的新"左"派论者,马克思指出,生产力的发展是必要的前提,否则只会有贫穷,而在贫穷状况下,又会开始争夺必需品的斗争,"全部陈腐污浊的东西又要死灰复燃"①。"贫穷不是社会主义",邓小平的话仍在耳边徘徊。社会主义必须建立在生产力足够发达,世界交往普遍而广泛的基础之上,作为经济社会落后国家建设社会主义由于先天不足,除了运用"资本逻辑"达到真正进入共产主义第一阶段的物质财富和精神条件之外,别无选择。但这种"别无选择"绝不是要选择资本主义制度,而是利用资本主义生产样式。分析改革开放以来所出现的矛盾和问题的根源,可以说有"资本逻辑"的因素,但是造成这些矛盾问题更加突出的根本原因是前资本主义因素的"死灰复燃"与不受约束的"资本逻辑"的结合。比如,在发展市场经济方面,中国的问题不是市场经济本身带来了问题的根源,而是封建思想与"资本逻辑"相结合发展出的"官僚资本主义""裙带资本主义""权贵资本主义"等,这些畸形的资本主义不仅起不到马克思所说的那种"伟大文明作用",反而,会葬送我们的改革事业,葬送我们的制度。再如,在发展私有制方面,中国的问题也不是私有制太多了,冲击了社会主义制度,而是"权钱交易""权力寻租"导致国有资产的流失和人民主体的销蚀,而究其根源依然是"官本位""行政本位""等级本位"思想在作怪。这些思想极大地干扰了社会主义改革和法治,极大地损害了国家和人民的利益。还如,在思想文化领域,"一人得道鸡犬升天"的封建思想与等价交换的原则相结合,就会使中国共产党的领导干部从"为人民服务"的公仆转变为"为人民币服务"的阶下囚。

作为处于社会主义初级阶段的中国来说,运用"资本逻辑"是为了超

---

① 《马克思恩格斯文集》第1卷,北京,人民出版社,2009年第1版,第538页。

越"资本逻辑",最终目的不是在"资本逻辑"中沉沦,而是新生。这个新生就是要为实现世界历史向更高层次发展创造积极因素与前提条件。这是坚持马克思主义指导思想的根,是指引中国特色社会主义不断前行的明灯。改革开放以来,中国共产党找到了运用"资本逻辑"来发展社会主义的方法,使中国特色社会主义建设在资本主义世界历史中取得了巨大成就。然而,有些人就忘乎所以,抱着"资本逻辑"不愿撒手、屈服"资本逻辑"、对"资本逻辑"顶礼膜拜,奉其为圭臬,就像人们为了过河而过桥,而当他们站在桥上看到美丽的风景时,却忘记了过河一样。习近平指出:"一切向前走,都不能忘记走过的路;走得再远、走到再光辉的未来,也不能忘记走过的过去,不能忘记为什么出发。"①运用"资本逻辑"是我们的策略,是发展处于初级阶段社会主义的必由之路,但是,它不是终极目标,历史到资本主义并没有终结,也不会终结,而是向着更高更新更美好的共产主义社会而发展。对于这一点,我们深信不移,而我们要做的是要为这种趋势做好准备,使这种趋势来得更早一些。

二、超越"资本逻辑"是中国特色社会主义的价值目标

中国特色社会主义是科学社会主义基本原则与中国特色的有机统一,两者缺一不可。"中国特色"主要体现在时代性与民族性上。时代性,即中国式社会主义处于资本主义占统治地位的世界历史之中;民族性,即在发展社会主义的过程中必须与中国历史与中华文化紧密结合。这两点构成了中国特色社会主义最大的"共时性"特征。即在把握中国具体国情的基础上驾驭与运用"资本逻辑"。而"科学社会主义基本原则"主要体现在目标性与趋势性上。目标性,即中国特色社会主义的终极目标是实现每个人的自由而全面的发展;趋势性,即世界历史的发展规律是从资本主义的世界历史向共产主义的世界历史转变。这两点构成了中国特色社会主义最大的"历时性"特征,即这一转变不是一蹴而就的,需要经历相当长的历史时间,这就要求有先进的政党在推进社会主义发展过程中自觉地把握趋势、瞄准目标,不断为自由个人的全面发展创造条件和前提,为最终实现跨越奠定良好的基础。

在马克思那里,共产主义绝不仅仅是一个代表了乌托邦式的梦想和美

---

① 《习近平在庆祝中国共产党成立95周年大会上的讲话》,《人民日报》2016年7月2日第1版。

好社会的彼岸，也是一种世界历史发展的趋势和规律，是一种通过实践而能够企及的现实的社会形态。但是，也必须看到这个过程必将是历史的和长期的。与"资本逻辑"相对的"共产主义逻辑"是与"资本逻辑"在社会经济建构方式、建构形态上完全不相同的历史发展阶段，具有异质性。正如马克思指出的："共产主义和所有过去的运动不同的地方在于：它推翻一切旧的生产关系和交往关系的基础，并且第一次自觉地把一切自发形成的前提看作是前人的创造，消除这些前提的自发性，使这些前提受联合起来的个人的支配。因此，建立共产主义实质上具有经济的性质，这就是为这种联合创造各种物质条件，把现存的条件变成联合的条件。"① "资本逻辑"虽然促使了社会生产力极大的发展，但这种发展是异化的、畸形的，与人的自身发展相矛盾的。在"资本逻辑"的支配下，掩埋在平等交换那种貌似公平的行为下，资本家通过所谓的"公平交易"完成了对劳动者剩余价值的占有，从而造成了生产与消费的分离，体现出来的是市场逻辑对人的统治：普通劳动者既不能掌控自己，也不能掌控自己的劳动产品，劳动纯粹是一种生存的手段，最终使人的关系产生异化。随着科学技术的迅猛发展，实现了生产力的极大飞跃与人与人之间交往的扩大，按理来说，科技的发展带来了劳动生产率的提高，可以使劳动者拥有更多的自由支配时间。但是，在"资本逻辑"下，这种变化带来的却是非劳动者（资本家）的更加自由，而不是普通劳动者的自由。相反，科学技术的发展使资本家更多地榨取了劳动者的剩余价值，加深了这种不平等的经济关系。正如马克思所说，"现今财富的基础是盗窃他人的劳动时间"。只有到了共产主义，社会财富才"表现为生产和财富的宏大基石的，既不是人本身完成的直接劳动，也不是人从事劳动的时间，而是对人本身的一般生产力的占有，是人对自然界的了解和通过人作为社会体的存在来对自然界的统治"。"一旦直接形式的劳动不再是财富的巨大源泉，劳动时间就不再是，而且必然不再是财富的尺度，因而交换价值也不再是使用价值的尺度"②。共产主义是人的本质的回归，是"资本逻辑"矛盾的真正解决，是使资本与劳动在社会历史过程中的真正协调与和解，使社会生产的目的由生产资本、获得剩余价值向实现人的需要转变，使社会形态由"对物

---

① 《马克思恩格斯文集》第1卷，北京，人民出版社，2009年第1版，第574页。
② 《马克思恩格斯文集》第8卷，北京，人民出版社，2009年第1版，第196页。

第四章 超越"资本逻辑":中国道路的世界历史解读

的依赖"向"自由个性全面发展的人"的跨越。共产主义对"资本逻辑"的超越是建立在从对资本、市场的扬弃与人的发展的历史运动中探寻新社会的生成机理与构成特质的。共产主义打破了"资本逻辑"统治个人的悖论,使每个人不再痛苦地接受劳动,使资本与私有财产不再拥有占据统治地位的力量,使时间可以由个人自由掌控,使人与人、人与社会之间实现真正的和谐,最终实现人与自然的和谐。这样,资本被超越就具备了合法性基础。正因为如此,共产主义是远离了空想乌托邦的现实历史过程,是反对"资本逻辑"与超越"资本逻辑"的新社会。在共产主义社会中,劳动已不再是谋生的手段的时候,随着个人的全面发展,集体财富的一切源泉都充分涌流。只有到了那时:"才能完全超出资产阶级权利的狭隘眼界,社会才能在自己的旗帜上写上:各尽所能,按需分配!"[①]

从把握世界历史"动态矛盾"规律的角度上看,超越"资本逻辑"是中国特色社会主义的必然要求,而最终目标无疑是实现那个自由人的联合体,即共产主义的新社会。学界有人认为,中国特色社会主义的"特色"就是体现在与传统科学社会主义原则不一样的地方,特别是把中国特色社会主义与传统的"苏联模式"来比较,提出"特色"主要体现在公有制、计划经济、分配制度等方面的差异。如果说在"苏东剧变"之前,这种论调还有市场的话,那么现在恐怕是很难说服人的。从马克思世界历史理论所揭示的历史规律和趋势来看,所谓的"市场经济""商品"与"私有制"可能在相当长的一段时期都是从经济社会不发达国家进入社会主义社会的"共性东西",而不仅仅是中国的差异性,因为,从根本上看,这些不是由中国的传统文化所带来的,而是从历史向世界历史转变所必需的。而同样,这些东西本身也是暂时的,是为了实现向更高级社会形态而过渡的。中国特色社会主义的矛盾性就体现在:一方面,中国的"社会主义社会形态"与马克思经典著作中描述得不一致,特别是在马克思那里"商品""私有制"与"市场经济"都是备受批判的东西,在中国特色社会主义中都存在,而且还有很大空间,这一点与资本主义制度看似毫无差别;另一方面,中国特色社会主义还不得不把"商品""私有制"与"市场经济"发展到极致,以期实现由量变到质变的转化,达到商品的消亡、私有制的消亡与市场经济的消亡,只有这样才能实

[①]《马克思恩格斯文集》第3卷,北京,人民出版社,2009年第1版,第436页。

现最终极的目标。从某种意义上说,中国特色社会主义在社会主义发展史上是具有开创性的;在国际共产主义运动史上具有里程碑意义。

三、中国特色社会主义要为实现人的全面发展创造条件

始终关注人的发展是马克思终其一生进行科学研究的目的和归宿。在《德意志意识形态》中,马克思在论述历史向世界历史转变的原理时,提出了"世界历史性个人"的概念,这个概念是随着世界历史发展的终极目标——"共产主义"的提出而提出的。马克思认为只有世界历史由第一阶段发展到第二阶段,即真正到了共产主义阶段,"最后,地域性的个人为世界历史性的、经验上普遍的个人所代替"①。而共产主义本身与历史的推动力量——无产阶级都"只有在世界历史意义上才能存在"②。后来,在《政治经济学批判》(1857—1858年手稿)中,马克思在深入研究政治经济学,剖析资本、商品、货币及私有制对人的奴役后,以人的发展为标志把历史划分为三个阶段,其中把处于最高阶段——共产主义阶段——的人的状态描述为"建立在个人全面发展和他们共同的、社会的生产能力成为从属于他们的社会财富这一基础上的自由个性"③。在《哥达纲领批判》中,马克思提出了"人的全面发展"的概念,他指出,只有到了"共产主义社会高级阶段,在迫使个人奴隶般地服从分工的情形已经消失,从而脑力劳动和体力劳动的对立也随之消失之后;在劳动已经不仅仅是谋生的手段,而且本身成了生活的第一需要之后"④,每一名社会成员才能摆脱那些"威慑和驾驭他们的完全异己的力量",才会真正实现"个人的全面发展"。可以看出,在马克思的语境中"世界历史性个人""个人全面发展的自由个性"与"人的全面发展"都是指摆脱了异己力量的人,真正使生产关系与交换关系重新受自己支配的人。无论是社会主义、共产主义,抑或是中国特色社会主义的终极目标都是如此,马克思所揭示的世界历史发展的规律与趋势是通向这个目标,所揭示的历史的自觉的阶级力量——无产阶级的奋斗目标也是如此。当然也应该看到,实现这样一个目标是一个长期的、复杂的过程,需要无数代人的不懈

---

① 《马克思恩格斯文集》第1卷,北京,人民出版社,2009年第1版,第538页。
② 《马克思恩格斯文集》第1卷,北京,人民出版社,2009年第1版,第539页。
③ 《马克思恩格斯文集》第8卷,北京,人民出版社,2009年第1版,第52页。
④ 《马克思恩格斯文集》第3卷,北京,人民出版社,2009年第1版,第435页。

第四章 超越"资本逻辑":中国道路的世界历史解读

努力。

当前对于中国特色社会主义来说,首要问题不是如何实现"人的自由而全面发展"的问题,因为当前的生产力水平与人与人之间的交往关系与这个终极目标差得很远,而是在道路的选择和迈进过程中,始终坚持这个目标不动摇并自觉为实现这个目标创造更多的前提和条件,逐步培育实现这个目标的因素。由此看来,要为实现马克思所说的第三阶段的人的发展目标创造前提与条件,就必须在当前的现实中不断去除和突破人在发展的第一阶段和第二阶段所遭受的异化和限制,使人的发展彻底突破人身依附关系、最大限度制约物的依赖关系对人的发展的副作用。

第一,彻底突破人身依附关系,消灭小农经济意识形态。马克思认为社会历史发展的第一阶段,即"起初完全是自然发生的"人的依赖关系是社会发展的最初的形式,是基于较低的生产力及在狭小范围和孤立地点上发展起来的,完全没有超越地域性限制与民族狭隘性的制约,与工业大生产和世界市场是矛盾的存在。中国特色社会主义虽然作为社会主义制度已经建立。但是,其社会中依然留有许多旧社会的痕迹,这些痕迹不是资本主义的,大量存在的是与自给自足小农经济相联系的封建思想:"重农轻商""封闭僵化""官本位""等级本位"等观念,社会生活中离不开血缘联系、离不开人际关系网络、离不开等级依附等现象。这些思想观念是人的发展的第一阶段——最初阶段的产物,虽然当前中国在世界范围内与其他国家建立了经济、政治、文化、生态、生态、外交、军事等全方位的联系,已经打破了闭关锁国的地域性限制。但是这些封建主义思想在中国人的脑子里深深扎下了根,对于没有经历资产阶级启蒙的中国来说,极难去除。以致当今中国出现了一些怪现象:一边是规范市场经济,一边有企业法人想方设法与掌权者发生千丝万缕的联系;一边是完善"人民当家作主"的政治体制,一边是"一把手"不受监督、为所欲为的怪圈;一边是关注民生、注重社会治理,一边是生老病死、吃教住行"不求人办不成事";一边是守住生态文明的底线,一边是"形象工程""政绩工程",吃子孙后代的饭。这些现象的出现让人们觉得作为制度的社会主义中国甚至赶不上作为制度的西方资本主义。的确如此,当前中国社会和人与人之间存在的这些封建思想和小农意识形态不仅没有超越资本主义中对物的依赖性,甚至还远远没有达到它们的水平。因此，中国特色社会主义要为实现人发展的最高阶段——自由而全面的发展创造前提、条件，首先就要坚决肃清封建主义的残余，彻底打破人的依赖性及人身依附，使人从对人的依附中完全解放出来。而我们要实现这个目标必须发展第二个阶段，从对人的关系的依赖转变为对物的关系的依赖。

第二，最大限度制约物的依赖关系对人的发展的副作用。根据马克思的观点，人对物的依赖的"物"是指货币，而这个"物"（货币）[①]体现出来的不是物本身，而是凝结在物（货币）中的人的互相间的"物化关系"[②]。"货币所以能拥有社会的属性，只是因为各个人让他们自己的社会关系作为对象同他们自己相异化"[③]。但是这种对物的关系的依赖相对于对人的依赖无疑是具有相当的进步性的，对物的关系的依赖是与生产力的普遍提高，突破地域性、民族局限性、狭隘的视野的产物，是资本扩张与世界市场的形成与发展所带来的，并且这一阶段是进入第三阶段的必经之路。如马克思指出，在对物的依赖性下"才形成普遍的社会物质交换、全面的关系、多方面的需要以及全面的能力的体系"。[④]也就是说如果没有这一阶段的发展，交往就不可能扩大到世界范围，生产力也不可能成倍地增长到为最后一阶段的发展奠定丰富的物质基础，地域性的个人就不可能真正转变为世界历史性的个人，而"人的自由而全面发展"这一终极目标就将成为一个空想。从这个意义上看，中国特色社会主义的为今之计就是要发展第二阶段，用第二阶段对物的依赖抵制第一阶段对人的依赖的残余。运用和驾驭"资本逻辑"就是这方面的证明，只有在社会主义制度下有效地发展资本主义因素，发挥资本主义生产样式中的历史进步意义方面，才能真正为实现人类发展的第三步奠定良好基础；同时也应该看到，对物的依赖性也不完全都是进步的，其中的副作用也不小。一旦资本的扩张和对物的依赖发展起来，也会成为人的异己的、在他们之外的强制力量，而随着生产力的发展和世界市场的形成，这种力量已

---

① 这种"物"就是货币，马克思指出："每一种别的抵押品对抵押品持有者可以直接作为抵押品来用，而货币对于他只作为'社会的抵押品'来用，但货币所以是这种抵押品，只是由于它具有社会的（象征性的）属性。"见《马克思恩格斯文集》第8卷，北京，人民出版社，2009年第1版，第55页。

② 《马克思恩格斯文集》第5卷，北京，人民出版社，2009年第1版，第54页。

③ 《马克思恩格斯文集》第5卷，北京，人民出版社，2009年第1版，第55页。

④ 《马克思恩格斯文集》第5卷，北京，人民出版社，2009年第1版，第52页。

经"不依赖于人们的意志和行为"①，反而开始支配他们。这种诱发着"物的崇拜""金钱的崇拜"的东西自改革开放和社会主义市场经济建立起就开始渗透进入当今中国的社会生活。情况更为复杂的是，人对物的依附关系与人对人的依附关系相互交织，你中有我、我中有你，这两种关系中的糟粕与弊病纠缠在一起，使封建思想残留的"权力本位"、"等级本位"思想与"资本逻辑"所带来的拜金主义时而独立出现，时而交互出现，对共产党员的政治信仰与社会大众的思想道德产生了巨大冲击，导致了权力与资本的勾结、行政资源与其他资源采取"等价交换"的方式相互渗透、官员权力寻租、消极腐败、社会中道德失范、诚信缺失等问题。因此，作为制度的社会主义，哪怕在初级阶段，中国特色社会主义也必须坚持"人的自由而全面发展"这个终极目标，在发展对物的依附关系的同时，限制这种关系的副作用，把这种副作用带来的损害降至最低。从政策和策略上就需要坚持以人民为中心的发展理念、坚持以共同富裕为价值取向、培育社会主义的核心价值体系与价值观来化解资产阶级的价值观等。只有这样，才能为那个最终到来的目标做好准备，有意地缩短通向终极目标的时间和距离。

第三，培育人的主体权利意识与基本道德规范。在人身依附的阶段，人们是没有政治主体意识与权利义务意识的。黑格尔指出东方是一个人的自由，即专制君主的自由。经历了两千多年的封建专制制度，中国人心中的政治主体意识与权利义务意识相对淡漠，传统思想中的"尊卑等级""君君臣臣"思想根深蒂固，"自由""民主""平等""人权"等体现现代化的思想缺乏。同时，人治思想严重，权利与义务思想淡漠，法治思想缺乏。在物的依附关系阶段，虽然人们有一定的政治主体意识与权利义务意识，但是这种意识是建立在物的依赖性上的，是被物所扭曲的。比如，西方的民主政治制度是建立在献金政治基础之上的，被物化的民主政治选举出来的政府不可能代表广大人民的利益，而仅仅是代表大资本家、大财团的利益。中国特色社会主义在发展中必须有意识地超越这两种阶段，培育面向"人的自由而全面的发展"目标的人，使人们增强政治主体意识与公民的权利义务思想，为发挥他们的自由个性打好基础。遵守基本的道德规范是提高人的交往方式的重要环节。做人要有道德底线，交往要有公德，做事要有职业道德，道德是

---

① 《马克思恩格斯文集》第1卷，北京，人民出版社，2009年第1版，第538页。

一个民族走向世界、在世界立足的资本与法宝。当前中国,由于封建思想与市场交换价值双重影响,人们的道德出现滑坡,做人不诚实、做事不诚信影响了中国人的形象,所生产的产品因为仿冒、山寨、劣质损坏了"中国制造"的形象。要使中国道路走向世界,成为世界意义上的典范,成为实现"人的自由而全面的发展"的榜样,必须从道德抓起,提高人的道德水平,在全世界树立起负责任大国的国家形象,树立起自信、诚信、谦和、有风度的泱泱大国的国民形象,树立起质量过硬、物美价廉、创新性强的中国制造品牌形象。

新中国成立70年的历史和改革开放40年的历史无可争辩地证明:不运用"资本逻辑",处于初级阶段社会主义的发展就没有出路;不驾驭"资本逻辑",对其放任自流,也只会葬送中国特色社会主义事业。因此,我们的结论是利用"资本逻辑"和驾驭"资本逻辑"。要利用"资本逻辑"去除社会机体中前资本主义因素的残留,发展合法的、规范的资本主义生产样式;要坚定以人民为中心,发展市场决定、政府调控、全民共益的市场经济;创造性地转化资本主义制度所创造的一切积极成果;提升中国在世界市场和全球价值链中的地位。只有这样中国特色社会主义才能超越传统资本主义和传统社会主义,才能展现出相比资本主义更大的制度优越性,才能有资格为世界各国探索社会制度提供"中国方案"①。

---

① 《习近平在庆祝中国共产党成立95周年大会上的讲话》,《人民日报》2016年7月2日第1版。

第五章 超越"民族性":中国道路的世界历史意义

在马克思世界历史理论中,各民族(国家)①历史与世界历史的关系问题以及蕴含于其中的民族主体与人类主体的关系问题是最为基本的问题。民族(国家)是随着社会分工的出现、城乡的分离而产生的,但是随着生产力水平的提高与人类交往的普遍扩大,特别是科学技术与资本在世界范围内的推广与扩张,各民族(国家)间狭隘的、地域性的隔绝逐渐被打破,全球一体化的趋势逐渐形成,各民族(国家)的历史逐渐转化为世界历史。一旦历史转变为世界历史后,各民族(国家)历史与世界历史的关系、民族主体与人类主体的关系就不仅仅是特殊与一般的关系,还具有了部分与整体之间的关系,二者不是同一种关系,但是往往交织在一起,纠结不清。从世界历史发展的动态趋势看,两者之间的关系应该是前者越来越被后者包容,更多地体现出部分与整体的关系,以期最终实现民族消亡、国家消亡,实现全人类的解放与大同,历史完全转变为世界历史;而从世界历史发展的静态趋势看,世界历史在资本主义阶段的发展还很不平衡,以致把不同发展阶段的民族(国家)放在同一个平台上竞争与合作,使民族(国家)间矛盾增多、冲突加大,在向世界历史转变的过程中融合与反抗并存,两者之间的关系则更多地体现出特殊与一般的关系。中国道路的发展很具备典型性:一方面,从鸦片战争之后,被迫卷入世界历史到实现民族(国家)独立、人民解放的一百年,是中华民族追赶世界潮流、追随世界历史的过程,而民族(国家)主体性的认可自始至终是主旋律;另一方面,从新中国成立到21世纪中叶达到社

---

① 民族是基于个人生产力和物质交往的一定的人群在对外部交流中对自身确认的共同体形式,而国家是基于个人生产力和物质交往的一定的人群在对内部控制中对自身确认的共同体形式。民族的发展需要国家的确认(如犹太民族需要建立以色列国家进行确认),而稳定的国家形态也需要有民族的确认。在世界历史的发展过程中,民族和国家的产生是同一个过程,从民族主义与爱国主义这个角度上讲,两者可以通用。这就是本书在运用中使用"民族(国家)"的原因。

会主义现代化强国，进而实现中华民族伟大复兴的一百年，是中华民族融入世界历史、塑造世界历史、引领世界历史，乃至主导世界历史的过程，是为人类探索更好社会制度提供"中国方案"的过程。从这个意义上说，第二个百年是中华民族从民族性上升为世界性的问题，即民族性的超越过程。习近平总书记指出，当前我们要"使民族性更加符合当代中国和当今世界的发展要求，越是民族的越是世界的。解决好民族性问题，就有更强能力去解决世界性问题；把中国的经验总结好，就有更强能力为解决世界性问题提供思路和办法。这是由特殊性到普遍性的发展规律"①。杨耕认为："马克思主义中国化的实质，就是使马克思主义同中国面临的实际问题相结合，使现实问题上升为理论问题，在这个过程中批判地继承中国传统文化，并对之进行创造性转换、创新性发展，使其中的理论要素进入马克思主义理论中，从而使马克思主义取得民族形式；历史规律的重复性是在一个个不可重复的历史事件中实现的。"②

第一节 以中国特色彰显人类文明发展的多样性

世界是多元的，人类文明发展的道路也应该是多样的。马克思世界历史理论一方面揭示了人类文明发展的一般规律与人类社会发展的基本趋向，另一方面认为人类文明的发展过程是具有差异性和特殊性的，在不同的国家和民族的发展中会体现出不同。正如"在现象上显示出无穷无尽的变异和色彩差异"③一样。但是，在"西方中心主义"的话语体系下，人类文明发展的路径似乎只有西方文明这一种，人类社会从传统到现代的转型似乎也只有西方的现代化模式这一种，但是对于这"唯一的"途径，也不是哪个民族国家都可以效仿的，起码到目前来看，发展中国家通过这条路真正实现现代化的少之又少。近百年来，中华民族以一个落后者的身份进入世界历史，在内部衰败化与外部殖民化的双重压力下没有也不可能沿着西方的老路变革，只

---

① 习近平：《加快构建中国特色哲学社会科学》，《习近平谈治国理政》第二卷，北京，外交出版社，2017年版。
② 杨耕：《重新理解哲学的职能与马克思主义中国化的实质》，载《南京政治学院学报》2015年第1期。
③ 《马克思恩格斯文集》第5卷，北京，人民出版社，2009年第1版，第894页。

能被迫进行革命化与现代化，最终走出了自己的道路，形成了自身的发展模式，取得了举世瞩目的发展成就，不仅使中华民族避免了被"开除球籍"的危险重回世界之林，而且使中华文明较好地与现代化融合，展现出新的蓬勃生机。

一、创造现代化发展奇迹，使中华民族重回世界民族之林

在5000多年的文明史中，中华民族创造了悠久的文明和巨大的财富，中国最辉煌之时，经济总量在世界上占到1/3，中国曾经是世界经济文化的中心。过去2000多年的时间里，中国有1800年在经济与科技上都是遥遥领先于世界，只有在最近的200年里，正当欧洲国家大步迈向现代化的过程中落后了下来，沦为半殖民地半封建社会。一个没有国家独立、政治解放的社会必将成为西方资本主义的附庸。据史料记载，1894—1936年日本全面侵华战争爆发之前，外国资本占中国经济比越来越高，我国资本几乎没有发展空间，如表5-1所示。

表 5-1

年 份	合计（万元）	本国资本		外国资本	
		万元	%	万元	%
1894	8952.6	3519.1	39.3	5433.5	60.7
1920	236825.0	70079.2	29.6	166745.8	70.4
1936	821000.0	177600.0	21.6	643400.0	78.4

而新中国成立之后，获得了民族独立和政治解放的中华民族实现了向现代化转变的加速发展，特别是40年的改革开放及经济发展，使中国面貌焕然一新，使中国在世界经济中的地位逐年提升。如表5-2所示。

表 5-2

年份	GDP（亿元）	世界排名	人均GDP（元）
1933	817.1	–	123.4
1952	658.8	–	115.2
1980	4545.6	11	463
1990	18667.8	10	1653

续表

年份	GDP（亿元）	世界排名	人均GDP（元）
2000	99214.6	6	7902
2010	401202	2	30567
2015	676708	2	49351
2018	900309	2	64985

从表5-2可以看出：1933年，处于战乱中的中国人均GDP为123.4元，合当时62美元，相当于日本1886年的水平，远远低于日本1930年的水平（人均GDP264美元），到1952年时，新中国成立之初，由于常年征战，经济发展水平甚至比1933年还低。到1980年时，中国经济总量达到4545.6亿元，位居世界第11位，2000年上升到第6位，2004—2007四年连超意大利、法国、英国、德国，又于2010年超过日本成为世界上第二大经济体。当前，中国成为世界第一制造业大国。在全球400多种制成品中，中国有200多种产量居世界第一。在对外贸易方面，2018年全年货物进出口总额为305051亿元，比上年增长9.7%，其中，出口为164177亿元，增长7.1%；进口为140874亿元，增长12.9%。对外直接投资方面，1985年不足3亿美元，2018年，增加到1298.3亿美元（不含银行、证券、保险）。目前，中国已成为大部分国家（超过100多个）的大（或最大）贸易伙伴。1980年，中国外汇储备居世界第37位，2006年起升至第一，2018年底达到30727亿美元。中国创造了连续30年以上高速发展的世界奇迹，全世界能做到的只有7个国家或地区，而像中国这样面积极大、人口众多、地区不平衡的国家是独一无二的。种种迹象表明，中国正在实现由一个区域性大国向世界性大国转变。世界上一些国家和机构纷纷预测中国成为世界第一大经济体的时间，2011年国际货币基金组织（IMF）在WEO数据库中预测如果按照购买力平价（PPP）计算，到2016年中国的经济规模将超过18万亿美元，占到全球经济总量的18%，超过美国（17.8万亿美元）成为世界第一大经济体。即使是按汇率计算，最迟也就是到21世纪中叶，中国将成为世界第一大经济体。有外媒评价说，"我们正在见证美国霸权的终结"，甚至有的把2016年称为"中国世纪元年"。经过这些年的发展，中国摆脱了工业产品主要依赖进口的状态，1937年，重工业所依赖的全部石油、95%的钢铁、85%的车辆船艇、一半以上的电器都需要进口；而今天，中国成为"世界工厂"，建造了世界上

第五章 超越"民族性":中国道路的世界历史意义

最好的火电厂、水电站、核电站、特高压电网,最好的油气炼化工厂,高速铁路里程位居世界第一。与其他发展中国家相比,中国拥有优越的投资环境、良好的基础设施、廉价的劳动力成本与勤奋的劳动者。现在,全世界都在享受"中国制造"所带来的福利,正如萨拉·班吉奥尔尼所说:"没有中国你也可以活下去,但是生活会越来越麻烦,而且代价会越来越大。"①按照世界银行的统计,从2007年到2011年,中国的工业总产值由相当于美国的60%左右,一跃反超美国,成为世界上制造业最强的国家,结束了美国自1893年以来保持世界最大工业国的历史。现代化的核心是工业化,可以说中国创造的发展奇迹使中华民族自鸦片战争以来梦寐以求的工业化与现代化成为现实。正如习近平指出,中国正前所未有地由弱到强转变,前所未有地进入世界舞台的中心。这一切成绩取得的根本原因就是我们找到了中国道路这条正确的道路。1989年,邓小平曾预言说:"在六十一年后,一个十五亿人口的国家,达到中等发达国家的水平,是了不起的事情。"②中国的发展不仅对于自己的民族和人民有重大意义,而且对世界的财富增加、减少贫困以及他国的繁荣发展也具有巨大价值。首先,中国是一个人口大国,占世界人口的20%,中国的富强会使整个人类的经济实力明显增加。中国道路使3亿多人摆脱了贫困,让13亿多人迅速搭上现代化的列车,这对全世界来讲都是巨大的贡献,以往40年来世界减少贫困目标的90%以上都在中国实现。其次,中国经济发展拉动了世界经济增长,给世界各国带来了发展的机遇。中国的巨大市场消费了国外大量的产品,为其他国家提供了许多就业岗位,同时相对低价质优的中国商品使世界人民享受到"中国制造"的实惠。再次,中国以负责任大国的身份履行国际职责,让世界各国共享经济成果。据统计,1950年至2016年,中国累计对外提供援款4000多亿元,实施各类援外项目5000多个,为发展中国家在华培训各类人员26万多名。最后,中国经济的发展为危机中的世界经济带来了希望。中国作为一个经济大国在每次国际经济(金融)危机中总是能够起到定盘星的作用。1997—1998年亚洲金融风暴,人民币坚持不贬值,使亚洲各国减少损失,重拾世界对亚洲的信心,2007—2008年国际金融风波,中国又采取各种宏观调控的方式促进经济发展,成为世界经济复苏与增长的坚定力量。据统计,国际金

---

① Sara Bongiorni, *A Year Without "Made in China": One Family's True Life Adventure in the Global Economy*, Hpboken, NJ: John Wiley & Sons, 2007.

② 《邓小平文选》第3卷,北京,人民出版社,1993年版,第305页。

融危机爆发以来，中国经济增长对世界经济增长的贡献率年均在30%以上……正如有学者指出"当亚洲经济、世界经济出现危机时中国始终是一支稳定的'金锚'"①。

在民族复兴的这一段历程中有两个时间点和重大事件是非常关键的。一个是1949年新中国成立，这一重大历史事件的意义不仅仅是中国共产党领导人民夺取了全国政权，从宏观来看，新中国的成立标志着中国由旧式国家、近代国家向现代国家的历史过渡，对外实现了独立主权和人民的政治解放，对内使中央主权深入国土的每一个角落，这是自鸦片战争以来的100多年的中国都没有实现的，使拥有5000多年历史的中国第一次以一个现代意义上的民主国家展现在世界舞台之上，而这一点是实现现代化的基础。在现代化的发展路径中，一般说来分为两种，一种是西方的现代化，另一种是非西方的现代化。西方的现代化是基于历史发展的自然要求和全球扩张这两个最重要的历史条件和优势的②，这两个无与伦比的优越条件使西方现代化的过程不可复制。可以说，它是踩在非西方国家的背上进行现代化的，它的现代化是建立在其他国家的殖民化基础之上的，是带有原罪性质的。而非西方国家的现代化相比西方国家是非常不容易的，一方面要摆脱西方国家对他们的蹂躏，一方面要靠自身的努力一步一个脚印地实现。在非西方国家现代化过程中最大的悖论就是：一方面他们要向先发展的西方国家学习；另一方面要实现民族独立又必须反对它们。中国在这条道路上可谓是历经磨难，当所有现存的道路都走不通时，中国共产党带领中国人民独立自主、自力更生走出了一条新民主主义道路，实现了民族独立和现代国家的建国大业，这是中国实现现代化的根本基础。从所有后发展国家的发展路径中，我们发现只要没有摆脱殖民统治，建立起独立主权的国家，在现代化的道路上都是步履蹒跚、踟蹰不前；而中国之所以能够取得现代化发展的成绩的关键之一就是实现了民族独立，建立了国家主权。

另一个是1978年的改革开放，把社会主义与市场经济结合起来，把超越意识形态的全方位开放作为基本国策，主动融入世界历史。这一政策制度的安排，是中国改革开放40年来取得巨大成绩的直接基础。世界上在推进现

---

① 辛向阳：《中国特色社会主义道路与世界文明发展》，www.wenming.cn，2010年10月12日。
② 俞可平：《现代化和全球化双重变奏下的中国文化发展逻辑》，载《学术月刊》2006年第4期第2页。

代化的诸多后发国家中，采用资本主义与市场经济的很多，其中大多数没有成功转型，而采用传统社会主义与计划经济的国家也无一成功。中国奇迹的最大奥秘就是把市场经济置于社会主义之下，开启了社会主义市场经济的先河，与全方位的开放政策。1991年，东欧剧变与苏联解体后，两极格局被打破，世界范围内迎来了真正意义上的全球化。在这种大的背景下，中国抓住机遇，主动融入全球化与世界市场，特别是2001年加入世界贸易组织，前后历经15年，在加入前后，中国对国内的法律法规做了一系列调整，以符合世界贸易组织的要求和"国际惯例"，可以说中国的外贸政策和外商投资体制在所有的发展中国家都是最为开放的。这种坚定的开放信念与超常规的政策措施是中国加入WTO之后全球竞争力凸显的坚实基础，如果当时没有融入世界市场的坚持与妥协，就没有今天有能力参与塑造世界经济规则的实力。回顾这一段历史，时任外经贸部副部长的龙永图说，搞计划经济的国家，从来就没有成为经济全球化的一个组成部分。中国必须搞市场经济，才能融入世界经济体系中，有效地参与经济全球化进程。这段话实际上为中国转型为市场经济体制与融入全球化作了一个注脚。到目前为止，许多外国学者把中国取得经济奇迹的根本原因归结为社会主义与市场经济的结合以及全面融入全球化进程，从经济层面上说，无疑是有道理的。不过中国行之有效的政府调控和社会民生目标以及独特的中华传统文化等，实现了经济社会的快速发展，使中华民族成为民族复兴的典范和后发国家学习的榜样。

二、突破"西方模式"，为他国实现现代化提供"中国方案"

从历史上看，现代化起源于西方，它包括了经济、政治、文化、社会等多要素的转型，其根本是由传统的农业社会转变为现代工业社会。从经济结构上看，主要指资本主义生产样式与市场经济机制；从政治制度上看，主要形成了西方民主制，即选举制与多党制的民主制度；从思想文化上看，起源于17世纪欧洲的资产阶级启蒙运动，形成了"自由、理性和个人权利"的"启蒙价值"。在这样一种"西方模式"下，不同的西方资本主义国家也有所不同，比如有更加强调个人自由的盎格鲁—撒克逊模式（英美模式），有更重视政府功能和福利社会的莱茵模式等。20世纪美国政治学者巴林顿·摩尔[①]把现代化转型归纳为三种不同的道路：一是最早的以英法，包括美国为代表的资本主义与议会民主相结合的发展模式；二是以德国、日本为代表的资本主义与法西斯主义结合的发展模式；三是以苏联和中国为代表的社会主义发展模式。西方普遍认为最后一种模式随着苏联解体、苏共垮台而瓦解，因此，它们认为不存在一种有别于欧洲、北美模式的新模式，特别是1989年"历史终结论"的提出，更是强化了这种认识。通过西方的宣传与推广，把西方化与现代化紧密地联系在一起，作为一种意识形态强行兜售给全世界，并且把这种模式上升为评价一个国家或地区现代化发展水平的标尺。例如，西方一些教科书上是这样写的：评价一个国家政局的好坏，就看这个国家是否有符合西方标准的民主制度。在此基础上，早期的经济史学家从沃尔特·罗斯托到查尔斯·金德伯格是以英国的发展为参照系进行现代化研究的，比如沃尔特·罗斯托提出由传统社会向现代社会转型的典型公式，即"传统社会、为起飞创造前提条件、起飞、向成熟推进、高额大众消费"这一线性进程。但是，随着实践的发展，人们越来越意识到不是每一个国家都能沿着这条道路实现现代化的。特别是以美国为首的西方国家在全世界大力推行所谓的民主—现代化模式处处碰壁之后，一个个"民主"的泡沫破灭。比如，在中东推行大中东战略，伊拉克战争、阿富汗战争没有使这些国家走上真正的民主、自由与人权的现代化之路。十几年后，地区动荡，恐怖主义盛行，连最基本的生存权都无法保障；在阿拉伯国家推行所谓的"民主自由制度"，利比亚、叙利亚、埃及、也门、突尼斯等国至今也没有实现想象中的现代化转型，反而沦为滋生极端民族主义、宗教激进主义与恐怖主义的温床；给东欧一些国家进行现代化转型开出了"休克疗法"的药方，导致东欧国家和俄罗斯一蹶不振，给面临经济拐点的拉美国家抛出"华盛顿共识"，致使拉美国家迎来了"失去的十年"，史称"拉美陷阱"。经历了残酷的教训之后，人们发现现代化的模式绝不应该只有一种"西方模式"，西方国家的现代化与非西方国家的现代化是有差别的。西方国家的现代化是自发性的、内源性的现代化，是第一波和第二波的抢占先机的现代化，它们的现代化之路往往是建立在对非西方国家侵略、掠夺和殖民的基础之上的。而一旦

[①] 巴林顿·摩尔（1913—2005），美国著名社会学家，比较政治学家，现代化的三条道路就是其在代表作《民主和专制的社会起源》中提出的。

形成了这种不平等的世界市场与世界体系，非西方国家就很难改变，要完成从传统社会向现代社会的转型，非西方国家就必须面临国内旧势力的干扰与西方殖民主义者的阻挠，要走西方曾经走过的路显得不太可能，要开辟符合自身实际的新路又是极其不易，因此，非西方国家的现代化是被逼的、外源性的现代化。这种类型的现代化之路如何走，时至今日依然是一个难题，因为真正实现现代化的非西方国家只是凤毛麟角。非西方国家实现现代化的国家和地区到目前为止，主要是东亚地区，即"亚洲四小龙"，而这"四小龙"都是地域小、人口少的国家或地区，真正地域广阔、人口众多的大国一个都没有。

　　面对西方权力借助经济向全球扩张和渗透，面对资本追求利益的本性，面对猛烈的外部冲击，非西方世界只有采取三种模式应对。一是顺从屈服。接受西方的模式和价值观，在人权高于主权的口号下，按照全盘西化的理念与制度改造原有的社会制度，这样带来的结果是虽然这些国家在融入世界体系的过程中捞到了一些好处，但主权被削弱，加深了对资本主义西方强国的依附，在国际社会中丧失了发言权。从总体上看，西方资本主义主导的国际体系与政治秩序是更加牢固了，而与之相对应的是南北国家的贫富差距不断拉大。据统计，1982年之后，国家间的不平等扩张趋势非常明显，1994年后仍有扩大的趋势。①即使这些国家认识到了这一点，期望改变现有的政治经济秩序，但是深陷其中的他们却毫无办法。东欧国家与巴西等拉美国家就是这方面的例子。二是不屈反抗。对资本主义世界历史的发展潮流不屑一顾，把西方的现代化拒之门外，他们更倾向于停留在资本主义世界体系之外，反抗、破坏着这个体系。但是由于没有认识到资本主义世界历史的发展是世界历史发展的必然阶段，任何反抗和挣扎都是徒劳的。毕竟体系的力量过于强大，以致任何反抗最终都反噬自身，所以这些国家在反抗的过程中付出了高昂的代价。面对强有力的冲击，不得不顽固地加强旧体制，加大政治控制与意识形态控制，但是，状况都不尽如人意。朝鲜、古巴是具有代表性的。三是妥协塑造。这类国家意识到世界历史的发展趋势不可阻挡，资本主义占统治地位的世界历史阶段不可超越，作为世界历史这个整体中的民族国家，在

---

① ［美］布兰克·米兰诺维奇（Branko Milanovic）：《世界的分化——国家间和全球不平等的量度研究》，罗楚亮译，北京，北京师范大学出版社，2007年版，第42页。

面对历史潮流时，一方面不能全盘接受"西方化"，但是另一方面也不能拒绝现代化。为今之计在于"先在狼群中变成狼，然后成为狼王引导狼群"，即妥协与塑造。中国正是这样做的，当西方的全球化冲击来临时，中国在经济体制上做出了一系列的调整，以适应"国际社会"。在全球化的浪潮中，不迷失、不迷航，坚持马克思主义指导思想和社会主义制度，用中华文化的极大包容性吸纳西方资本主义文化，使之在融合中去除其糟粕，留下其精华，吸收人类的一切优秀成果。在风浪中不断充实自己，增强自身的实力，当实力达到一定的程度之后，开始悄然地改变规则、重塑规则，然后改变现有的国际经济政治秩序，使之更符合自身的要求和世界历史发展的趋势。

中国特色社会主义道路既区别于"西方模式"，又区别于"苏联模式"；既避开了"拉美陷阱""依附论"，又逃脱了"中心—半边缘—边缘的世界体系理论"；既创造性地克服了近代以来现代化道路上的种种失误与挫折，又成功跨越了发展中国家所面临的种种困难，为发展中国家通向现代化之路提供了有益借鉴。在中国共产党建党95周年大会上的讲话中，习近平首次提出了"中国方案"的命题。这一命题的提出是中国为世界其他国家探索更好的社会制度提出的可选择、可行性的方案，即冲破了关于是否存在"中国模式"的争论，又打破了"西方模式"一统天下的局面。从20世纪80年代，邓小平提出的中国要有"中国模式"[①]，到30年后习近平提出"中国方案"，标志着中国道路越走越有信心。本书认为"中国方案"应该包括"静态"与"动态"两个方面的内涵。从静态方面看就是"中国方案"在制度上的基本内涵。比如，在经济方面：产权结构上，以公有制为主体多种所有制共同发展；交往方式上，实行由市场起决定性作用、政府调控的社会主义市场经济；分配方式上，按劳分配为主体与多种分配方式并存；对外开放上，实行自立主导型全方位开放制度。政治方面：坚持党的领导、人民当家作主与依法治国的有机统一，坚持人民代表大会制度、中国共产党领导的多党合作和政治协商制度、民族区域自治制度与基层群众自治制度，坚持构建中国特色社会主义法治体系。文化方面：坚持马克思主义的指导地位，以社会主义核心价值体系与社会主义核心价值观引领文化建设。社会方面：突出以民

---

① 1988年邓小平在会见莫桑比克总统希萨诺过程中指出："世界上的问题不可能都用一个模式解决。中国有中国自己的模式，莫桑比克也应该有莫桑比克自己的模式。"见《邓小平文选》第3卷，北京，人民出版社，1993年版，第261页。

生为主的优化社会治理体系和治理能力的提升。生态文明方面：推行美丽中国、绿色中国发展战略等。从动态方面看，就是实现这个目标的过程、战略与政策。比如，在经济上的市场化倾向与社会主义的结合；在民主政治领域的谨慎探索与社会稳定优先的政治考量；在推进转型过程中始终坚持的人民主体地位；在方式方法上坚持的渐进式改革；在思想方法上坚持的实事求是、实践是检验真理的唯一标准等。今天许多西方主流学者都不再否认"历史终结于西方民主制度"[①]的观点失之天真，甚至连福山本人也在2011年表示"美国民主没有什么可以教中国的"，美国前国务卿基辛格也指出："中国的发展模式，无论对中国还是对世界其他国家都具有重要的意义。"[②]俄罗斯科学院院士季塔连科在谈到中国问题时认为，经过40年的改革开放，中国不仅解决了本国的问题，并且给全世界树立了榜样，许多不赞成社会主义的西方学者也对中国的改革开放实践给予充分的肯定[③]。

三、展现文化自信，使中华文明焕发出新的蓬勃生机

从文化的角度来看，民族主体的世界历史性的核心就是文化的世界历史性问题。从世界历史的发展来看，各民族国家历史与世界历史之间是部分与整体的关系，一方面，世界历史的发展使各民族越来越趋向于一体化，使其原有的地域性消失、隔阂消失、狭隘性消失；另一方面，在资本主义占统治地位的世界历史中，由于其不平衡的地位，使各民族国家的狭隘性加强、隔阂加强、防范性加强。这一点在非西方国家、后发展国家上体现得尤为突出。对于后发展国家来说，面对全球化浪潮的汹涌冲击，分不清哪些是代表人类文明成果和世界历史发展趋势的优秀文化，哪些是充斥着"别有用心"的西方政治理念和价值观，这就造成对待民族传统（文化）与外来文化冲击过程中的两种错误倾向：一种是表现出强烈的民族狭隘性，对外来文化采取一种保守、消极、逆反的抗拒心态。这一点在与西方的异质文化圈显得尤为突出，比如，东亚文化圈里的中国、日本，中国一直是以自我为中心的，对"蛮夷小国，不屑一顾"；日本在受到西方文化冲击时，其反抗也曾非常激

---

① 张维为：《中国超越》，上海，上海人民出版社，2014年版，第103页。
② 潘维，郑永年，吴敬琏：《中国模式之争》，北京，中国社会科学出版社，2013年版，第20页。
③ ［俄］季塔连科：《中国找到了一条符合国情的发展道路》，光明日报，2009-9-16。

烈，在19世纪中后叶"明治维新"过程中，最终下定决心"脱亚入欧"，表现出与先前文化的决断。另一种是表现出强烈的"一切西方的都是好的"的全盘接受心态。这一种情况在苏联解体之前是非常典型的，在苏共二十七大上，苏共中央总书记戈尔巴乔夫提出，苏联的社会主义将要做出重大转型，转向"民主的、人道的社会主义"，他认为苏联所面临的问题与西方国家是完全一样的，是人类问题、全球问题。

中华民族经历了5000多年从未中断的悠久文明，在这样一片大陆上曾经建立起了历史上最稳定最完备的封建帝国制度；创造了比世界上其他地域多得多的财富，最多时占到世界的三分之一；形成了一整套哲学与文化传统。在相当长的时间里，中华文化对世界的贡献都是巨大的，哲学思想、科技发明、制度安排都走在了世界的前列。中华文化有海纳百川、兼容并蓄的品质，对于外来的思想文化，不是被它们同化和带领，而是把它们纳入中华文化的轨道中，吸纳进来，使其成果成为中华文化的一部分。历数中国传统哲学思想过程中，一般认为是"儒、释、道"三家思想，实际上，佛教思想就是典型的外来思想文化，这一文化传入中国，没有与本土文化发生剧烈的碰撞与冲突（像基督教与伊斯兰教、犹太教那样），反而经过中华文化的洗礼，佛教文化在自我改变的过程中不断发扬光大，更加符合中国国情，并且深深地融入中华文化之中。这正是历史上中华文明5000多年源远流长的重要原因。但是，不得不承认，中国传统文化是建立在自给自足的小农经济与封建制度基础之上的，当面对一种完全不同质的资本主义现代化冲击的时候，表现出了极大的不适应。几千年来构成中国自给自足发展体系的核心价值观是"天下国家"和"夷夏之范"的儒家思想，并在此基础上形成的"自我中心"意识，当西方国家的使节来华的时候，中国仍然一直视其为"藩属"，采取鄙视的态度。当西方文化冲击中华文化时，"尊夏攘夷"的思想更为明显，表现出一种保守主义，认为"中学优于西学"，即便是在清朝洋务运动过程中也是秉持着"中学为体，西学为用"的思想，传统观念认为中学中"尊王贬霸""重本攘末""贵义贱利"的思想才是主流、是正道，而西方文化中的"霸权扩张""重商主义""百工技艺"等都是"雕虫小技"，不值一提。直到西方用坚船利炮叩开中国的大门，面对"蛮夷小国"，在经济上仍然老大第一的"泱泱大国"屡战屡败、多次赔款，逐渐沦为半殖民地半封建国家时，中国人才认识到这是一次亘古未有的挑战，是"三千年未有之变局"，是中华文化历经血与火的洗礼的又一次重生。罗荣渠指出："中国近代史上是多种不同性质的矛盾相互交织，其中最主要的有三种：一是殖民主义与反殖民主义的矛盾；二是资本主义新的生产方式与古老中国农副结合的生产方式的矛盾；三是正在兴起的以基督教文化为核心的现代工商文明与以儒教文化为核心的华夏农耕文明的矛盾。"[1]这一次中华文化所遭受的是东西两大文明体系的冲击，是在历史向世界历史转变的关头，代表世界历史发展趋势的现代文明对游离于世界历史之外文明的挑战，结果可想而知。马克思的话犹在耳边回荡，殖民主义在被殖民国家所行使的"双重使命"正在中国展现出强大威力。

中国在被迫卷入世界历史进程，由于西方占主导的世界历史的冲击，中华民族的民族主体一度受到了巨大的挑战，民族特性遭受了质疑，民族传统遭到了消解，在消除民族狭隘性的同时使中华民族越来越不自信，这种不自信涉及走的道路、自身的政治制度与传统文化。长达两百年的落后挨打的历史逐渐使中国人的文化自信一下子从天上重重地摔到了地上。直到中国共产党带领中国人民找到了中国道路，实现了民族独立与解放，扭转了近代以来中华民族不断衰落的根本命运，实现了中国人民从站起来、富起来到强起来的伟大飞跃。在中国道路的选择过程中，越来越体现出了中华传统文化与民族特色。比如，在现代化目标上，中国共产党提出"全面建成小康社会"的思想，把小康社会的思想作为"中国式的现代化"蓝图；在社会建设领域，提出构建"和谐社会"的思想；在民生领域，提出"以人为本"的思想；在对外开放与交往领域，提出"和而不同"的思想；还有当前引领中国道路的宏伟目标实现中华民族伟大复兴的"中国梦"思想……它们的根源都来自传统文化。在中国特色社会主义道路的开辟与发展过程中，从党的十二大提出"建设有中国特色的社会主义"，到党的十六大提出"中国特色社会主义"，到党的十七届四中全会提出中国特色社会主义四大特色，即"理论特色、实践特色、民族特色、时代特色"，再到党的十九大提出"中国智慧""中国方案"。可以说，中国道路的发展过程就是文化自信的过程。诺贝尔经济学奖得主美国芝加哥大学教授舒尔茨在研究了世界思潮400年的历史

---

[1] 罗荣渠：《现代化新论》，上海，华东师范大学出版社，2013年版。第195页。

后发现：凡是以当时的社会主流思潮进行改革的，无一例外是成功的，而中国自1978年来的改革开放，取得了巨大的成功，使6亿多人摆脱了贫困，使中国这样一个落后的农业国逐步转变为较为先进的工业国。这一成功既是道路的胜利，也是制度和文化的胜利，使传统的中华文化与中华文明在现代世界中展现出勃勃生机。

当代中国先进文化在全世界所展现出来的包括三个层面：一是政治模式与制度安排；二是核心价值与现代文明范式；三是话语权与国际规制的创设能力。关于第一个方面，一些人，特别是西方媒体对中国改革开放以来所取得的成就是认可的，但一般把它归结为市场经济的运用与对"华盛顿共识"某些方面的继承，几乎很少与中国的政治制度与模式联系起来，传统中西方容易把现代化与所谓的"民主体制"画上等号，在它们脑海中突破不了这种定式思维，甚至有的认为，近30多年中国在经济上是成功的，但是政治文明上没有进步，依然是权威体制。但实际上，这种观点是片面的，是戴着有色眼镜看中国。我们很难想象一个不合理的政治制度能够带来经济、文化、社会等方面的巨大变革。中国经济成功本身就无可争辩地证明中国的政治制度是符合中国国情的，是优越的。这种中性的、较为强势的、高效的中国政府的治理能力恰恰是中国取得成功的重要条件。在政治领域"协商民主"的有效运用，民族问题中"区域自治"制度的全面贯彻，遇到急难险重任务时，社会主义集中力量办大事的优势等都是体现出治理体系"善治"的重要因素。虽然中国模式与中国制度到目前为止依然没有定型，还处在动态变化之中，但是，一些基本理念已经被世界人民所接受，一些好的经验和制度安排已经被一些发展中国家所借鉴。中国的道路优势与制度优势越来越超越本土，辐射到全世界整个发展中国家，甚至有部分发达国家。2008年国际金融危机之后，西班牙、希腊、意大利等国在经济上遭受了巨大创伤，在复苏的过程中，它们需要中国的帮助，并且对中国的道路与制度本身也越来越感兴趣。关于第二个方面，布热津斯基认为要成为世界性的领导国需要在四个方面占优势，分别是经济实力、军事实力、科技水平与文化实力[1]。其中文化软实力在21世纪显得尤为重要，而一个国家要想成为世界领导国，必须要建立起一整套的现代文明范式与核心价值观。而这些不仅需要本国人民的认

---

[1] [美]布热津斯基：《大棋局》，上海，上海世纪出版集团，2014年版，第21页。

第五章 超越"民族性":中国道路的世界历史意义

同,还需要世界上其他国家的民众认可。比如20世纪的美国被认为是值得钦佩的国家,是世界各国的样板与典范,不仅美国人是这样认为的,世界上其他国家的人们也这样认为。即使美国国内本身存在这样那样的问题,如种族歧视问题、犯罪率高的问题、枪支泛滥问题、贫富差距问题等,但这并不影响外人对美国的看法。因为自由、民主、理性、人权的价值观深入人心,美国被视为全世界最自由的国度而令人向往。这实际上就是一种"吸引力",这种"吸引力"是软实力的核心。中国这些年发展经济实力,特别是经济总量上去了,中国所倡导的社会主义核心价值观与文明范式正在为世界上其他国家所慢慢了解与接收。比如,"中国梦也是世界人民的梦想""和而不同""和和美美""命运共同体""一带一路"倡议等理念越来越为外国人所称道。习近平指出,要"讲好中国故事、传播好中国声音",[1]就是要把中国的全新理念传播给全世界,要让一个现代的、健康的、负责任的中国的形象建立起来,一种中国式的现代范式与核心价值观深入人心。关于第三个方面,话语权与国际规制的创设能力。和平时期,话语权之争是中国与西方的一个主战场。由于进入现代之后,中国一直处于落后追赶地位,几乎所有的话语体系都来自西方,从哲学到社会科学再到自然科学,这就为中国的发展带来了阻碍。标准都是别人的,要适应和融入,这就是改革开放之后,首先有一个与"国际接轨"的过程。但随着中国的崛起,中国在许多方面作出了很大的成就,一些方面达到了世界领先,在一些领域我们就有权利制定自己的标准,掌握自己的话语权。特别是在道路的选择、政治制度的评判与文化传播上,我们有能力形成自己的话语体系,有能力有资格评价自己,甚至有能力评价他人。比如,在经济领域,以前对于国家和单位的信用评级主要依靠西方,特别是美国,现在中国也有了自己的评级机构;在政治领域,中国对自己的政治制度有自己的评价,不是按照西方模式和西方标准等。随着不断发展,中国从追赶世界历史、尾随世界历史,现在不仅要参与世界历史,还要引领世界历史。国际规制的创设能力是话语权在多边领域的表现。在一百年的美国霸权体系中,国际体系与国际组织基本上都是美国和西方创制的,基本上按照它们的意志、服务于它们的利益。作为后来者,中国在短

---

[1] 习近平:《把宣传思想工作做得更好》,《习近平谈治国理政》,北京,外文出版社,2014年版,第156页。

时间内不可能突破这样原有的国际规制，只能先融入进去，慢慢地改造和重塑，使它们更好地面向发展中国家，特别是为中国的利益服务。这样的话，我们的文化自信就会越来越强，中华民族的伟大复兴也就会在不远的将来实现。

第二节 以全面深化改革开创科学社会主义发展新纪元

社会主义从1516年莫尔的《乌托邦》算起至今500余年了，从19世纪40年代马克思、恩格斯创立科学社会主义以来也有170多年的历史了，其间机遇与挑战并存、兴盛与衰败相伴，科学社会主义运动走过了不平凡的历史。辉煌时全世界十五六个社会主义国家，形成了与资本主义对垒的社会主义阵营；衰败时如东欧剧变、苏联解体之后，世界社会主义运动转入低潮，传统的社会主义国家只剩五个，其中除了中国这个社会主义大国发展得不错以及越南紧跟中国搞革新开放发展得还可以之外，其余如朝鲜、古巴、老挝等都不尽如人意。如果说以前是苏共扛着社会主义的大旗，中共在后面亦步亦趋的话，现在科学社会主义的大旗只剩下中国独立支撑。有人提出新中国成立之前是"只有社会主义才能救中国"，而现在是"只有中国才能救社会主义"的论调，前半句无疑是正确的，后半句虽然有一定的说服力，但是在理论上是说不通的，因为根据马克思世界历史理论，社会主义是历史发展的趋势和未来，是不以哪一个国家或国家集团的意志为转移的。但无论如何，中国道路的开辟与发展代表了科学社会主义在21世纪的发展，中国取得的成就也是科学社会主义在当代的成功。正如习近平总书记在评价中国共产党领导人民取得胜利的伟大意义时指出："使具有500年历史的社会主义主张在世界上人口最多的国家成功开辟出具有高度现实性和可行性的正确道路，让科学社会主义在21世纪焕发出新的蓬勃生机。"①

一、有效回应当今世界两大挑战，引领科学社会主义走出低谷

科学社会主义在当代世界面临两大挑战，一个是来自发达资本主义的，

---

① 《习近平在庆祝中国共产党成立95周年大会上的讲话》，人民日报2016年7月2日第1版。

另一个是来自民主社会主义的。

首先,发达资本主义给科学社会主义带来的挑战,主要基于以下两大问题:一是被科学社会主义定义为腐朽的、垂死的资本主义为什么还能掀起新的科技革命推进生产力的巨大发展,丝毫没有没落和灭亡的表象?二是为什么长期以来奉行科学社会主义的十几个国家在20世纪八九十年代竞争不过资本主义国家而崩溃,最终又回到资本主义?这两个问题,是相互联系的,也可以说是一个问题的两个方面。其核心是在资本主义与科学社会主义两者之间的竞争中,为什么处于更高阶段的社会主义社会不如比之低一个层次的资本主义优越?按照马克思世界历史理论,当今世界历史依然处于资本主义占统治地位的世界历史,无论是作为制度的社会主义国家还是资本主义国家的主要任务应该是发展生产力,为未来更高级的社会创造条件和奠定物质财富基础。这就是说无论是社会主义国家还是资本主义国家,谁能够营造更加符合生产力发展的经济社会条件,谁能够吸引到有思想、有自由、能创新的人,并最大限度地发挥出人的创新力推动科学技术的发展,谁就能够更大地体现出社会制度的优越性。具体包括八大社会条件,即"市场经济、民主政治、法治管理、多元文化、素质教育、思想自由、社会需求和对外开放"①。而资本主义在这些方面做得更好一些,所以至今能够站在科技进步和生产力发展的前头,在世界历史中起支配地位和作用,引领世界历史的发展。资本主义社会的发展经历了萌芽阶段、工场手工业阶段、自由竞争阶段与垄断阶段。资本主义从一开始在历史上的作用就是非常革命的。一方面它使人从封建专制中解放出来,14—16世纪的文艺复兴运动、16世纪的宗教改革与18世纪的启蒙运动,极大地冲破了人们的思想禁锢,使人们摆脱了封建皇权和教权的束缚,获得了思想的自由,为尔后推进科学技术创新奠定了非常好的思想和智力基础。1776年英国人瓦特改进了蒸汽机,由此掀起了以蒸汽化为标志的第一次工业革命的浪潮;1867年德国人西门子发明的发电机面世,掀起了以电气化为标志的第二次工业革命的浪潮;20世纪初爱因斯坦建立了相对论,在此基础上德国人创立了量子力学,推动了以微观粒子、原子能为标志的第三次工业革命的浪潮;20世纪下半叶,美国发明了世界上第一台电

---

① 高放 李景治 蒲国良:《科学社会主义理论与实践》,北京,中国人民大学出版社,2009年第5版,第288页。

子计算机，掀起了以计算机、信息网络为标志的第四次工业革命的浪潮。可以说至今为止几乎所有的科技革命的发起国都是资本主义国家。另一方面，在科技的大发展下，资本主义实现了生产力的巨大飞跃。但随着资本主义的不断发展，各种矛盾凸显了，特别是在资本主义发展到垄断资本主义的过程中，国内国际矛盾变得不可调和：国内社会贫富差距加大、经济危机频现、阶级矛盾越来越尖锐……国际上反殖民主义与民族主义风起云涌、反对帝国主义压榨、掠夺的冲突此起彼伏、旧的国际体系已经到了崩溃的边缘……资本主义国家爆发了世界大战，陷入了自相残杀的死胡同和大陷阱。在这种情况下，列宁提出了"垄断资本主义是腐朽的、垂死的资本主义"的论断，但同时他也指出："如果以为这一腐朽趋势排除了资本主义的迅速发展，那就错了。不，在帝国主义时代……整个说来，资本主义的发展比以前要快得多。"①二战结束后，资本主义国家把主要精力都放到生产力发展与经济恢复上来，经历了大规模地调整、借鉴了许多社会主义的理念与手段，比如，更加重视政府调控、改善工作条件、缩短工作时间、增加人们的自由民主、解决贫富差距、关注生态环境、提高人民生活水平等，使资本主义的基本矛盾大大缓解，实现了资本主义新一轮的大发展。虽然2008年国际金融危机使几乎所有资本主义世界体系受到重创，再一次证明了资本主义制度的基本矛盾不可消除，但从总体上来看，资本主义与科学社会主义的力量对比还没有发生根本性的扭转，可以预见在一段时期内，资本主义依然是世界历史的主导者。

反观以苏联为首的社会主义国家，以苏联为例。苏联是在一个相对落后的资本主义国家俄国的基础上成立的，在帝国主义的薄弱链条上，只是经历了蒸汽化的俄国就取得了社会主义革命的胜利。新政权成立之初，在面对内忧外患的局面下，实行了"战时共产主义政策"：收企业为国有；实行余粮征集制；取消商品、货币等。急于通过战时共产主义政策过渡到社会主义。这些措施对于保卫新生政权具有积极意义，但从长远看与生产力发展水平不符。后来，列宁意识到了这个问题，对落后国家的国情有了较为深入的了解，开始探索通过新经济政策迂回、间接过渡到社会主义的新路，即有计划地发展商品经济，发展社会主义民主和文化教育，引进先进的技术与管理，

---

① 《列宁选集》第2卷，北京，人民出版社，1995年版，第685页。

第五章 超越"民族性":中国道路的世界历史意义

通过实现国家的工业化、电气化逐步走向社会主义。但是,1924年列宁逝世后,斯大林于1929年提前结束了新经济政策,取消了商品经济,推行指令性的计划经济,实行政治集权、限制民主自由、大搞个人崇拜等,形成了以高度集中的经济、政治、文化体制为特征的苏联模式。这一模式在短时间内依靠强大的政治信念与冲天的革命热情发挥了奇效:苏联在20世纪20—30年代加速实现了社会主义工业化与电气化,二战期间又赢得了反法西斯战争的伟大胜利,使苏联在受到战争严重破坏的情况下较快恢复了国民经济,并且支援了欧亚等国的社会主义建设发展。但是随着高度集权模式的长时间运行,缺少民主自由、开放活力等弊端进一步显现,社会问题与矛盾越来越突出,加之资本主义国家抓住社会主义国家的一些弊病,大肆炒作,在社会主义国家搞"和平演变",最后导致苏共垮台与苏联解体。东欧一些社会主义国家也随之瓦解。苏联解体后,继承其的最大国俄罗斯由代表自由派的叶利钦执掌了政权,重新回到了资本主义的老路。可以说东欧剧变、苏联解体并不是科学社会主义的失败或终结,恰恰是教条式地照搬照抄科学社会主义、误读曲解或是背离科学社会主义带来的严重后果。它的失败只能代表了"苏联模式"的灭亡,而不是科学社会主义的灭亡。正如陈学明所说:"以社会基本矛盾理论为核心内容的马克思主义的唯物史观借助于中国道路的成功,在新的历史条件下再一次得以'证实',也正因为中国道路证明了以社会矛盾运动为基本内容的马克思主义的唯物史观是颠扑不破的真理,从而也就说明马克思主义从整体上、本质上看并没有过时。"[①]

其次,民主社会主义给科学社会主义带来的挑战,主要基于两大问题:一是民主社会主义与科学社会主义的区别在哪里?如何看待民主社会主义?二是为什么民主社会主义在世界上的影响超过科学社会主义?东欧国家发生转变后纷纷转向社会民主主义?当今世界共产党与社会党(社会民主党、工党等)源出一家,随后分流。在19世纪时期建立的工人阶级政党统称为社会民主党,虽然党内形成左右两派,但是都奉行社会民主主义即科学社会主义。恩格斯去世后,党内左右两派分界日益明显。在第一次世界大战过程中,右派表现出了狭隘的民主主义和沙文主义立场,支持本国参与资本主义

---

① 陈学明:《中国道路对马克思主义的"证实"——论中国道路的马克思主义意义之一》,载《南京政治学院学报》2015年第4期。

世界大战，背离了科学社会主义的基本立场，而左派则坚持科学社会主义，反对帝国主义战争。其中以列宁为代表的左派退出社会民主党，另建共产党。1918年3月俄国社会民主党改名俄共（布），从此，在国际工人运动中，共产党与社会民主党分道扬镳，形成了科学社会主义与民主社会主义的对立。民主社会主义与科学社会主义的主要区别体现在三个方面：在对待马克思主义的问题上，民主社会主义从开始的追随、信奉，到后来的背弃；在对待资本主义的问题上，民主社会主义背离了"两个必然"①的思想，主张放弃革命的方式实现社会主义，而是要通过改良的方式在资本主义框架内寻求民主与福利，提出要充当"资本主义病床边的医生和护士"；在对待社会主义的问题上，民主社会主义不主张把社会主义作为一种更高级的社会制度，而是作为一种道德目标。从根本上讲，民主社会主义是忘了本的社会主义，忘了为什么出发，要到哪里去，本质上是资本主义！但是从短期看，社会民主党大讲政治民主、经济民主、社会民主和国际民主，关注民生福利和人民生活水平，在实践中确实得到了民众的支持。民主社会主义这种忘了本的妥协在世界历史的第一阶段，即资本主义占主导地位的世界历史中，无疑是能够适应形势的，这就是后来民主社会主义在欧洲发展壮大的根本原因。20世纪末欧洲许多国家，包括英、法、德等大国都迎来了社会民主党（或左派工党）的执政，到21世纪时，全球社会民主党成员超过160多个，党员达到4000多万人。而以苏联为首的传统共产党执政国家由于对科学社会主义的歪曲、僵化，在国际上推行大党主义、大国主义致使共产主义政党执政的11个社会主义国家垮台，社会主义国家的数量锐减为5个，现在共产党长期执政的5个国家的共产党员有9000多万，其中中国就有8900万。除去中国，共产党的数量比社会民主党要少得多，影响力也要小得多。

中国共产党提出："我们不走封闭僵化的老路和改旗易帜的邪路。"一方面划分了中国特色社会主义道路与传统苏联模式之间的界限，也划分了中国特色社会主义道路与民主社会主义及西方新自由主义道路之间的界限；另一方面，也是对中国共产党一直以来毫不动摇地坚持科学特色社会主义，毫不动摇地根据时代的变化丰富和发展科学社会主义的经验总结。20世纪20年

---

① "两个必然"的思想是马克思恩格斯在《共产党宣言》中提出来的，是指"资本主义必然灭亡、社会主义必然胜利"。

第五章 超越"民族性":中国道路的世界历史意义

代,在俄国"十月革命"的鼓舞下,马克思主义传到了中国,在救国图存的历史进程中,中国共产党选择了马克思主义,并且坚持把科学社会主义的基本原理与中国国情相结合走出了中国自身的道路。在新民主主义革命时期,中国没有采用传统的城市中心暴动,而是根据国情走了农村包围城市、武装夺取政权的路;新中国成立之后,在社会主义革命时期,也没有使用暴力的方式,而是采取了和平赎买的改造之路;社会主义建设时期,中国共产党提出以"苏联为借鉴",探索符合国情的新道路;改革开放之后,中国共产党也没有沿用"苏联模式"一条道走到黑,而是开辟了中国特色社会主义道路。特别是在20世纪80年代末90年代初世界社会主义运动发生严重挫折时,世界上信奉科学社会主义的国家纷纷转向、瓦解、崩溃,数量锐减到5个。在这种"泰山压顶"的氛围中,邓小平看得最清楚,他认为当时全球资本主义都希望将社会主义纳入国际垄断资本的轨道,如果中国不坚持社会主义就不可能发展起来,即使发展起来也只会是附庸国。只有社会主义才能救中国、才能发展中国,中国顶住压力与逆流,力挽狂澜,毅然决然坚持科学社会主义。邓小平指出:"中国的社会主义是变不了的。中国肯定要沿着自己选择的社会主义道路走到底。谁也压不垮我们。只要中国不垮,世界上就有五分之一的人口在坚持社会主义。我们对社会主义的前途充满信心。"①在这次的世界共产主义运动的严重危机前,中国站稳了脚跟,也稳住了其他几个社会主义国家的阵脚。此后30年,在有自身特色社会主义道路的摸索和建设中,中国社会主义不仅没有停步,反而进行了大的发展,成为世界社会主义的中坚力量和代表着未来发展的希望和榜样。从本质上说,中国特色社会主义道路是科学社会主义的基本原则与中国实际的完美结合,既面向共产主义的终极目标,又立足资本主义世界历史的现实要求,既有代表方向的战略目标,又有策略方面的政策考量,很好地体现了解放思想、实事求是的精髓,带领着世界社会主义运动走出低谷,走向复兴。

二、正确处理与资本主义国家的关系,重构科学社会主义世界战略

从马克思世界历史理论来看,由世界资本主义发展到世界社会主义是

---

① 《邓小平文选》第3卷,北京,人民出版社,1993年版,第127页。

一个必然的历史进程。但是这一过程是长期的和复杂的，是不以人的意志为转移的，其发展过程也不会因为人的主观热情而缩短。19世纪科学社会主义形成以后，马克思恩格斯对社会主义的发展提出了世界战略。其核心要点是："全世界的无产阶级联合起来！"包括组成民族的和国际的无产阶级政党领导工人阶级和广大人民群众进行斗争。当和平手段不能奏效时，采取暴力革命的手段取得革命的成功；主张革命首先在欧洲经济较发达的资本主义国家基本上同时取得胜利，然后将革命的火种传播到世界上其他地区，让先进国家帮助亚、非、拉的落后国家走上社会主义的道路，最终实现世界社会主义时代的到来。在实践中，马克思恩格斯指导了19世纪40—50年代的席卷欧洲革命与19世纪70年代的由于普法战争失败导致的"巴黎公社革命"，虽然这些社会主义革命在历史上都产生了非常重大的影响，特别是世界上第一个由工人夺取并建立起的革命政权——巴黎公社，采取了许多社会主义的性质的措施，为社会主义国家的建立与建设探索了历史经验，但是由于主客观原因，这些革命最终都失败了。主要原因就是当时的资本主义还有相当大的自由发展余地，资本主义还处于上升阶段，而无产阶级特别是马克思和恩格斯把社会主义革命的过程看得过于简单化、短暂化，犯了急于求成的错误。正如1895年恩格斯在评价1848年革命以及以后的欧洲历史时指出："历史表明，我们以及所有和我们有相同想法的人，都是不对的。""当时欧洲大陆经济发展的状况还远没有成熟到可以铲除资本主义生产的程度。"[①]即便是巴黎公社时，进行社会主义革命的时机与条件依然不成熟。列宁后来指出："马克思和恩格斯在估计革命时机很快到来这一点上……常常犯错误。他们在1871年也犯了错误。"[②]

虽然列宁认为"马克思和恩格斯在估计革命时机很快到来这一点上……常常犯错误"，但他自己也犯了同样的错误。当俄国无产阶级抓住帝国主义之间的斗争的薄弱链条取得胜利建立起世界上第一个无产阶级领导的社会主义国家后，1919年列宁就认为国际苏维埃共和国的建立已经为期不远了，苏维埃社会主义共和国联盟是未来全世界社会主义联盟的形式。在1936年苏联宣布建成社会主义时，斯大林认为西方必然发生革命，而作为世界社会主义

---

① 《马克思恩格斯选集》第4卷，北京，人民出版社，1995年版，第512—513页。
② 《列宁选集》第1卷，北京，人民出版社，1995年版，第728页。

第五章　超越"民族性"：中国道路的世界历史意义

的中心，苏联可以率先进入共产主义，他指出："'一个国家内的共产主义'，特别是在苏联这样的国家内，是完全可能的。"①在中国实现新民主主义革命胜利后，进行了短暂的新民主主义建设就完成了社会主义革命，进入社会主义建设阶段，在"大跃进"以及20世纪60年代，毛泽东的想法是在中国内部"跑步进入共产主义"，在国际上，大搞革命输出，支持亚、非、拉等国的无产阶级与共产党，期望被压迫的民族和人民，打一场世界范围内农村包围城市、落后国家包围发达资本主义国家的人民战争，打出一个红彤彤的社会主义新世界。

在社会主义革命形势处于高潮的不同历史阶段，不同的社会主义领导人作出关于世界社会主义战略的判断是无可厚非的，而革命风暴的席卷容易使人产生急于求成的思想，希望通过一次或几次革命实现整个世界社会主义的胜利。历史的发展是具体的，我们不能用现在的眼光去苛责前人，因为在经典作家那里并不存在一个社会主义新世界与资本主义旧世界长期存在、相互交流、相互依存的图景，不论是在资产阶级的理论中，还是无产阶级的理论中，资本主义国家与社会主义国家的关系一般就是热战对抗与冷战对峙，即使能短暂和平相处也是不停地在背后制造事端，妄图颠覆对方的政治制度。正如列宁指出："只要存在资本主义和社会主义，它们就不能和平相处，最后不是这个胜利，就是那个胜利……这是战争的延期。资本家是会找借口来打仗的。"②自从第一个社会主义国家——苏联成立以来，资本主义国家就从未停止对社会主义国家热战与冷战，曾经四次武力入侵社会主义国家③，在20世纪60—70年代以后，西方资本主义国家开始了与以苏联为首的社会主义阵营的长期冷战对峙。这些历史教训也使得世界上两大阵营划分明显，两大制度以斗争为主，不是东风压倒西风，就是西风压倒东风。

20世纪八九十年代以后，随着苏联解体，社会主义阵营瓦解，西方资本主义庆幸胜利，终于获得了资本主义一统天下的局面，认为人类历史演进到西方资本主义民主政治就此终结。虽然中国顶住了压力，坚持了科学社会主义，但是如何对待西方资本主义成为一个必须解决的问题。作为处于社会主

---

① 《斯大林文集（1934—1952）》，北京，人民出版社，1968年版，第510页。
② 《列宁全集》第40卷，北京，人民出版社，1986年版，第78页。
③ 1918—1920年英、法、美、日等国纠合14国军队对苏俄进行武装干涉；1941—1945年德国法西斯大规模入侵苏联；1950—1953年的朝鲜战争与1945—1975年法、美先后入侵印度支那的战争。

义初级阶段的中国是应该继续旧的社会主义世界战略,以中国为策源地发动世界范围内的社会主义革命与资本主义战争和对峙呢?还是应该尽量多地争取和平相处的时间呢?改革开放以后,邓小平开始重新思考如何处理中国社会主义与资本主义之间的关系问题。在科学判断国际国内形势后,邓小平作出了和平与发展是当今世界的两大主题的正确预判,这使中国共产党的对外工作重心从早打大打核战争转移到发展与包括资本主义国家在内的各个国家之间的关系上来,成为中国全面开放的先导。随着中国特色社会主义道路的开辟,中国在对待社会主义与资本主义的关系问题上形成了一套符合时代发展的思路与做法。

一是把与资本主义长期和平共处作为一项战略。一方面,当今世界新科技革命迅猛发展,全球化趋势越来越明显,世界格局发生了根本性的变化。全球经济、政治、文化交往加深,呈现出你中有我、我中有你的态势。从这个角度来看,社会主义同资本主义国家和平共处完全可能是长期的,完全可能不必用战争手段来解决不同制度国家之间的矛盾和问题。因此,与资本主义国家的和平共处可以不只是权宜之计,应该成为一项长期有效的战略,也是不发达的社会主义国家通向发达社会主义国家的正确路径。另一方面,二战之后核武器的出现使世界大国之间实现了核恐怖下的平衡。任何一个有核大国都有摧毁地球几次的能力,这就必然导致谁也不敢轻举妄动,冒天下之大不韪发动大规模的世界大战。第三方面,由于以往的经验教训,各国领导人也越来越认识到通过武力解决不了问题,国际问题的解决还需要靠和平谈判与政治磋商来解决。在这样的背景下,中国完全有可能抓住历史机遇发展自己。

二是社会主义在世界范围内的胜利将是一个长期的渐进的过程。从历史的教训可以看出,当今世界资本主义的发展仍有相当大的余地,资本主义制度所容纳的生产力还没有完全地发挥出来,经过调整与改变的资本主义依然展现出强大的生机与活力,而作为制度的社会主义国家大都是从经济社会不发达的状态中发展起来的,要想在短期内实现社会主义代替资本主义制度是不现实的,也是不可能的。而对于处于社会主义初级阶段的中国来说,只有融入资本主义的世界体系才能发展自己,才能实现为社会主义的发展创造更多的物质财富,推动世界历史的发展。可以说改革开放40年来,中国特色社会主义之所以取得如此大的成绩,其中一个很重要的原因就是在对待资本主义的问题上一改以往一边倒的趋势,实行了超越意识形态的全方位的开放政策。

三是社会主义国家只有发展生产力、提高人民生活水平才能增加制度的吸引力。在以往的教训中,社会主义国家往往把战争与革命摆在首位,设想发动世界范围内的社会主义革命,不惜一切代价搞革命输出,支持国家无产阶级运动,而忽视了本国的经济建设与人民生活水平的提高,导致人民的根本利益得不到保障,人民对社会主义制度优越性不能感同身受。而在世界范围内,由于缺少资本主义强国那样的榜样,导致社会主义制度的吸引力不强,加之以往一些社会主义大国搞大国沙文主义,使一些国家心有余悸。列宁在推行新经济政策时期,已经意识到要把重点由政治转移到经济上来,1920年,他指出:"今后最好的政治就是少谈政治。"他把经济建设纲领作为第二党纲,认为"如果俄国布满了由电站和强大的技术设备组成的密网,那么,我们的共产主义经济建设就会成为未来的社会主义的欧洲和亚洲的榜样"。[①]改革开放之后,邓小平继承了列宁关于新经济政策的一些正确的思想,提出社会主义的根本任务就是解放和发展生产力,实现了党的工作重心的转移。40年来中国特色社会主义一如既往地把发展作为第一要务,不断发展经济,提高人民生活水平,当前中国的经济总量成为世界第二,人均GDP比1978年上升了30多位。中国特色社会主义道路、理论、制度的优越性显露无遗,目前中国不仅成为全世界社会主义的榜样,也成为发展中国家人民向往的国度。

改革开放以后,中国与资本主义国家关系的重新定位,表明了中国对当代资本主义发展的新认识,对社会主义发展阶段、发展方向的新认识,对世界历史发展趋势的新把握,为中国成功开辟并发展中国特色社会主义道路奠定了坚实基础,为中国在短短的40年内实现高速发展营造了良好国际环境,为中国重返世界体系、重塑世界格局提供了重要前提,同时,也在新的历史起点上重构了科学社会主义新的世界战略。

---

① 《列宁选集》第4卷,北京,人民出版社,1995第3版,第362、366页。

三、探索和平条件下社会主义建设经验，丰富发展科学社会主义理论

马克思恩格斯是科学社会主义理论的创立者，但是由于时代限制，并没有建立起真正的社会主义制度，只有巴黎公社短暂72天的实践，也不完全是搞建设，因此，关于如何建设社会主义的问题，在他们的论述中涉及极少。世界上第一个社会主义国家苏联建立之后，在社会主义国家建设方面逐步形成了"苏联模式"，但随着东欧剧变与苏联解体，"苏联模式"随之消亡，在历史上可以说是教训多于经验。因此到了20世纪七八十年代，邓小平讲如何建设社会主义的问题仍然没有搞清楚。中国特色社会主义正是在这样的历史背景下采取"摸石头"和"试错"的方式，一步一步走出来的，到目前一些经验正在定型。中国特色社会主义道路对科学社会主义的理论创新主要体现在以下方面。

第一，把解放和发展社会生产力作为社会主义的发展任务。马克思、恩格斯在许多场合都专门论述道，未来社会是生产力高度发达的社会，共产主义社会是财富涌流的社会……因为马克思恩格斯当时设想社会主义是首先由发达的资本主义国家率先进入，从理论上讲，这样的发达国家在它的资本主义阶段就已经实现了生产力的巨大发展与人类交往的极大丰富，因此，在传统意义上的社会主义社会中，发展社会生产力就不是一个问题。而实践中往往是经济社会落后的国家首先建立起了社会主义制度，这种社会主义制度一经建立就必须要利用其政权大力发展生产力，为真正迈入人类发展的下一个更高级的阶段打下坚实基础。而一些在经济社会落后基础上建立的社会主义国家，没有很好地抓住这一点，导致在实践中走了很多弯路。比如，中国在取得社会主义革命胜利之后继续坚持"以阶级斗争为纲"，相继发动了"反右斗争扩大化""文化大革命"等，直到改革开放之后，党的工作重点转移到经济建设上来，坚持解放和发展社会生产力，才实现了经济社会的较快发展。

第二，把社会主义与市场经济结合起来，不断推进改革开放。马克思恩格斯都认为社会主义不是一成不变的社会，必须随着时代的发展而发展，在不同的历史时期需要经历改革和调整。对中国来说1978年的改革开放是第二次革命，改革使当今中国生产关系中一些不符合生产力发展的因素被逐步革

第五章　超越"民族性"：中国道路的世界历史意义

除，最为重要的就是在社会主义思想史上与国际共产主义运动史上第一次明确把社会主义与市场经济很好地结合起来，推动了经济社会的巨大发展，使中国社会主义增添了生机与活力。开放使中国200多年以来第一次主动迎接西方资本主义世界体系的挑战。毫不夸张地说，现今一切成绩的取得都依赖于40年前的改革开放。但是，改革没有尽头，开放也没有尽头。党的十八届三中全会之后，中国共产党正在中国推进新一轮的全面深化改革，推进国家治理体系与治理能力的提高。如果说1978年的改革是启航，那么这次的改革就是深航，推动改革向深水区和攻坚期发展：在完善社会主义市场经济体制，推动市场起决定性作用；完善协商民主，进一步发展社会主义民主政治；加强文化强国建设，发展社会主义先进文化；着重改善民生，不断加强社会建设；着眼美丽中国，推进社会主义生态文明建设；以强军目标为引领，推动国防和军队建设；全面从严治党，推进党的建设新的伟大工程等方面做出新的部署。只有在不断地改革开放过程中，中国特色社会主义制度才能越来越完善，越来越定型。

第三，把人民主体地位的思想贯穿始终。党的十八大提出"坚持人民主体地位"的思想，党的十八届五中全会进一步提出"以人民为中心的发展思想"。人民立场与人民原则是马克思主义唯物史观的重要思想，是无产阶级政党与其他一切党派的根本区别。马克思、恩格斯认为，人民群众是历史的创造者和推动历史发展的决定性力量。要践行这个理念就必须做到发展为了人民、发展依靠人民、发展的成果由人民共享。这一点在社会主义运动史上是有教训的。当年，第一个社会主义国家苏联在搞社会主义建设时期，过多地关注国家实力的整体提高与发展，过多地关注与资本主义国家的比学赶超，违背经济发展的常理——先发展农业、轻工业，后发展重工业，而是首先优先发展重工业、军事工业，轻视轻工业的发展，以"工农剪刀差"的方式人为地从农业转移财富到工业、重工业，实现资本的积累。这样做的优点就是可以缩短发展的时间，一步迈向工业化强国，能够较快地提高工业能力与国防能力，从而与资本主义国家抗衡，而它的缺点也是相当明显的，对农业的剥削导致农民极易受损，种粮积极性大大下降，威胁到了国家的粮食安全，对轻工业、手工业的不重视又造成生活用品的短缺，人民生活水平提高受到较大影响。没有让人民群众感受到发展的成果与社会主义的优越，这也是苏联在西方和平演变的背景下垮台的内在原因。而新中国成立之初，毛泽东一方面借鉴苏联，另一方面对苏联的这种发展模式提出了质疑，讲了"论十大关系"的问题。在改革开放之后，邓小平更是关注人民的意愿与人民的利益，提出了我们的政策和措施关键要看人民满意不满意、高兴不高兴、支持不支持。党的十八大以来，新一届党中央提出人民主体地位，以人民为中心的发展理念都是把这个问题进一步升华了，成为坚持和发展科学社会主义的重要思想。

第四，坚持共同富裕、公平正义，促进社会和谐。在马克思、恩格斯对未来社会的设想中，应该是无差别的自由、平等、摆脱了人的异化的社会，是自由人的联合体。当前中国处于社会主义初级阶段，不可能达到那样的程度，但是坚持共同富裕、公平正义，促进社会和谐是为下一步社会发展创造前提条件的。这一条体现了社会主义的本质属性，是社会主义关照人，特别是关照大多数人民群众的必然要求，也是社会主义区别于、优于资本主义的重要体现。共同富裕是经济基础，是社会主义建设的重要目标；社会公平正义是社会的根基，只有做好了公平正义，才有社会和谐可言；社会和谐是一个目标，是通向发达社会主义的大门与通道。但是，由于种种主客观原因，实践中的社会主义国家要么是普遍贫穷，要么是形成特权拉大高层与民众的差距。在中国特色社会主义的发展过程中，把这三点作为社会主义的基本要求提出来，是鉴于自身与别国的经验教训的，也是对社会主义建设规律的进一步把握。

第五，坚持和平发展，与资本主义国家在长时间内和平相处。这一条在上个标题中已有详细论述。这里不再赘述。

第六，坚持党的领导，把握科学社会主义最本质的特征。在科学社会主义的原则中，党的领导是最为核心的原则。马克思、恩格斯指出，无产阶级的第一步就是夺取政权，争得民主，然后用这个无产阶级政权发展社会主义的政治经济文化等方面。列宁也有"苏维埃政权+"的思想。实际上可以理解为只要国家政权在共产党手中，只要这个党不犯颠覆性的错误，科学社会主义的方向就不会变。共产党就可以吸收人类文明的一切成果，利用一切可以利用的手段，不仅是战略的还是策略的方法来发展科学社会主义，推动社会主义向更高层次发展。但是，如果科学社会主义失去了共产党的领导，如戈尔巴乔夫在改革新思维中主动放弃了苏联共产党对社会主义国家的政权，导致了国家和社会的混乱，最终致使苏共垮台、苏联解体，教训极为深刻！习近平指出："中国特色社会主义最本质的特征就是坚持中国共产党的领导，中国的事情要办好首先中国共产党的事情要办好。"[①]只有不断加强和改善党的领导，充分发挥党总揽全局、协调各方的领导核心作用，才能使中国共产党始终保持先进性和纯洁性，始终成为中国特色社会主义各项事业的领导核心。

以上这六个方面是对科学社会主义理论的新认识、新概括、新发展，是深刻总结中国特色社会主义建设实践提出的最本质的东西。中国特色社会主义对当代科学社会主义在理论与实践上的探索，为科学社会主义在21世纪的发展摸索出了一条道路，为世界社会主义运动做出了积极贡献。

第三节　以独特的发展道路丰富民族复兴战略

回望人类国际关系的历史，就是一部财富与权力斗争的历史。自1648年威斯特法利亚条约签署以来，国际关系间主要表现为主权国家之间的争斗。不论理想主义者多么乐观，现实主义者多么悲观，建构主义者多么强调主观，人类数千年历史的过往不可争辩地证明：国际关系一直是在无政府状态下主权国家之间争取财富与权力的循环。正如美国学者罗伯特·吉尔平所说，世界政治总是由一场霸权战争走向另一场霸权战争，国际体系也总是由平衡走向不平衡再到恢复平衡。但是在"中国道路"上前行的中华民族，对崛起的追求并不是采取殖民扩张、划分势力范围、搞结盟对抗的传统方式途径，而是从内部着手，通过自身社会革命、组织革命、科技革命和和平发展、开放创新实现社会主义现代化，由民族主体的认可实现文明的全方位赶超，最终实现民族复兴的宏愿。这种崛起从内部来看是文明的转型与提升，对外来看是和平、发展、合作、共赢，它突破了一个新兴大国的崛起必然伴随着战争、争霸、殖民的传统模式，摒弃了"独占""独有""独霸"的传统思维，开创了以和平发展、合作共赢为核心的国际关系新理念。

[①] 习近平：《在纪念邓小平诞辰110周年座谈会上的讲话》，《十八大以来重要文献选编（中）》，北京，中央文献出版社，2016年版。

一、秉持和平发展突破"国强必霸"的零和博弈

"整个世界就是一座舞台,所有的男男女女只不过是其中的演员。"①美国国际政治专家约翰·鲁尔克(John T.Rourke)引用莎士比亚的名言,指出国际关系就是在无政府状态的国际社会中,主权国家,特别是大国政治博弈的舞台。现实主义大师摩根索从人性的自私、贪婪与强烈的控制欲的角度来看待大国间的争斗,提出了"以权力界定利益"的理念,称为"人性现实主义"。结构现实主义代表人物肯尼斯·沃尔兹提出了"国际结构决定国家行为"的理念,提出了"权力作为一种手段,必须大小合适",称为"防御性现实主义"。米尔斯海默提出了大国政治的悲剧,认为一个大国,不论是何种政治或经济体制,仅仅是出于生存与安全的考虑,也不得不与其他大国竞争,争取体系的霸权,即"生存催生侵略行为"②,称为"进攻性现实主义"。自民族国家之间发生关系以来,国际关系几乎全部的历史都是大国争斗与兴衰的历史。至今为止,大国崛起无外乎三种模式:第一种是如西班牙、英国等通过海外殖民扩张,通过资本与舰炮的双重作用,在侵略、蹂躏、掠夺别国的基础上实现自身崛起;第二种是如德国、日本那样走法西斯的极端道路,发动侵略战争,在追求法西斯与军国主义的狂热中崛起;第三种是如美国与苏联,以军事对抗为基础在全世界划分势力范围,追求全球霸权中崛起。从现在看起来,以上这三种崛起的模式都是把自己的崛起建立在别人的痛苦之上,都没有跳出政治上"零和博弈"的怪圈。

中国的崛起是和平的崛起,是走中国道路的必然。中国道路是中国特色社会主义现代化与中华民族伟大复兴的统一。中国特色社会主义道路的开辟者邓小平在改革开放之初就曾提出中国是在和平与发展的大环境下发展,所走的社会主义道路也必须是一条和平之路,他说"我们搞的是有中国特色的社会主义,是不断发展社会主义生产力的社会主义,是主张和平的社会主义"③。正是基于争取和平的国际环境发展自己,邓小平认为中国是维护世界和平和稳定的力量,而不是破坏力量。即"中国发展得越强大,世界和

---

① [美]约翰·鲁尔克:《世界舞台上的政治》,白云真、雷建峰译,北京,世界图书出版公司,2012年第12版,第1页。
② [美]约翰·米尔斯海默:《大国政治的悲剧》,上海,上海世纪出版集团,2008年版,第16页。
③ 《邓小平文选》第3卷,北京,人民出版社,1993年版,第328页。

平越靠得住"①。改革开放40年来,中国一直以一个负责任的大国形象坚定维护世界的和平与发展。当前,习近平认为中国的崛起与民族复兴应该坚持独立自主的和平外交方针,坚定不移走和平发展道路,坚定不移维护世界和平、促进共同发展,推动构建以和平发展、合作共赢为核心的新型国际关系,他指出:"要跟上时代前进的步伐,就不能身体已进入21世纪,而脑袋还停留在过去,停留在殖民扩张的旧时代里,停留在冷战思维、零和博弈老框框内。"②当今中国所处的历史条件与18、19世纪英国崛起与19、20世纪美国崛起时期大不相同,由于信息时代的全面到来,地域上的限制、人为的隔阂都被科技所打破,世界人民从来没有像现在这样成为一个整体,世界上的各国从来没有像现在这样相互依存,你中有我、我中有你。对和平发展道路的选择,从政治上看:是在和平的国际环境中发展自己,以自身的发展促进世界和平;从经济上看:是主动融入经济全球化,通过公平交换而非武力抢夺,和平地获取所需之物,而又立足自身发展,主要通过自己的努力来破解发展中的问题。中国走和平发展道路的自信与自觉主要来源于以下三个方面。

一是来源于中华文明的深厚渊源。自古以来,中华民族就是热爱和平的民族,中华文化中一直有尊"王道"抑"霸道"的思想,对中华文化影响最为巨大的儒家文化强调的是"仁、义、礼、智、信",提倡和合、和洽、和美。中华民族的对外交往史是一部积极开展对外通商的历史,而不是对外侵略扩张的历史。在开放状态下,中国对外交往的两个方面,引进来就是"朝贡体系",走出去就是"丝绸之路"。"朝贡体系"实质上讲是一种贸易体系,朝贡国定期送一定的"贡品"给天朝,而从中国获得的是比"贡品"价值大得多的赏赐以及与中国通商的权利与机会,而"丝绸之路"更是与其他国家自由贸易、互通有无的典范。在长期的古代中国的历史中,中国人民执着于保家卫国,抵御外族入侵,而不是开疆扩土的殖民主义。和平、和睦、和谐的思想深入中华民族的骨髓,溶入中国人民的血液中。即使是近代以来,中华民族备受欺凌与屈辱,割地、赔款,人民生活于水火,但是,残酷的近代史教给中国人民的不是火与血的战争和无休止的争斗,不是弱肉强

---

① 《邓小平文选》第3卷,北京,人民出版社,1993年版,第104页。
② 习近平:《顺应时代前进潮流促进世界和平发展》,《人民日报》2013年3月24日第1版。

食，不是以大欺小和以强凌弱。反而，长期的战争与备受欺凌让中华民族更加感受到和平的不易、发展的可贵。中国人民经历过被侵略、被奴役、被掠夺的悲惨历史，绝不会把这种经历带给别的民族。正如习近平指出："中国人民对战争和动荡带来的苦难有着刻骨铭心的记忆，对和平有着孜孜不倦的追求。中国将通过争取和平国际环境发展自己，又以自身发展维护和促进世界和平。"①另外，相比于其他以宗教为核心的异质性、排他性较强的民族文化而言，中华文化具有极大的包容性，中华文明之所以能够在同一片地域、同一个种族中绵绵流长5000多年，从未终止，海纳百川、兼容并蓄的特点起到了关键的作用。中华文化的包容性甚至能够体现在对突如其来的侵略者的文化上，在相当长的历史时期内，无论外来文化多么强势，最终都会被中华文化所同化而被吸收。从文化的角度上讲，中国崛起的模式不会因为"文明的冲突"而变得极富攻击性和侵略性，因为中国文化的传统就是温和的、包容的。

二是来源于对实现中国发展目标条件的认知。从现实看，和平发展的模式主要是源于对实现中国发展目标条件的正确分析判断。在中国民族复兴的征程上，中国人民做了种种探索，也遭受了种种失败，最后选定了社会主义道路进而发展成为中国特色社会主义道路。这是历史的选择、人民的选择。这是一条与西方模式截然不同的独特的道路，正是这种独特性与差异性决定了它与和平主义有着本质性的联系。它的可能性正是来自"走西方发展道路的不可能"。学者吴晓明指出："对于中国的现代化发展来说，其现实的可能性首先在下述的不可能性中找到依据，即它不可能依循西方资本主义——帝国主义的现代形式求得自身通达的道路。这样一种历史命运固然受制于文化传统，但同时也为其发展道路之开启和平主义方向提供了必要的前提。"②当西方国家在资本的疯狂逐利下突破人的底线、道德的底线使现代文明伴随着杀戮、罪恶与掠夺，作为社会主义的中国决不能向它们那样。中国特色社会主义的发展需要"资本逻辑"，但不会被资本所挟持、所奴役，需要超越"资本逻辑"，超越西方模式。所以中国崛起所追求的目标绝不是征服欲和权力主义的，更不是对霸权的追求。从中国的社会性质与民族复兴的目标来

---

① 习近平：《明者因时而变，知者随时而制——在博鳌论坛2013年年会上的主旨演讲》，《人民日报》2013年4月8日第1版。

② 吴晓明：《论中国的和平主义发展道路及其世界历史意义》，载《中国社会科学》2009年第5期。

第五章 超越"民族性":中国道路的世界历史意义

看,中国崛起的道路绝不会局限于资本主义的范式中,也不会局限于"苏联模式"的革命输出、革命策源地的老套路中,而是一条超越了以往一切现代文明"历史限度"的新路,它有着社会主义的价值趋向和目标,有着民族复兴的强烈愿望与期盼,有着"公天下""和世界"的道德情怀。巴基斯坦前总理阿齐兹说,"中国的崛起不仅仅是和平的——这是北京言行一致的典型表现——甚至几乎是平淡无奇的。这一点本身就非同凡响。对于那些不以中国的行动为依据,反而以他们自身对世界秩序变化的不安为依据评判中国的人,这应该可以让他们闭嘴了。"[①]习近平指出,"实现我们的奋斗目标,必须有和平的国际环境。没有和平,中国和世界都不可能顺利发展"[②],因此,中华民族伟大复兴的目标决定了中国的发展必然是一种和平的发展,中国的崛起必然是一种和平的崛起。

三是来源于对世界发展大势的把握。世界潮流、浩浩荡荡,顺之则昌、逆之则亡。一个大国的崛起需要一种"时代精神",这种时代精神实际上就是顺应世界大势,或者引领世界大势。在18—19世纪英国崛起之时,这种时代精神就是"自由贸易"。作为一个岛国,英国靠自由贸易立国,而在资本主义发展的初期,即自由竞争时代,自由贸易无疑是当时世界经济发展的趋势,符合当时的时代精神。英国抓住了这个时代精神和世界大势,依靠商船在前、军舰在后的贸易开拓、舰炮保障的战略,开辟了大量的殖民地,成了"日不落"帝国;在19—20世纪美国崛起之时,如果再用"自由贸易"与英国相争,美国是占不到便宜的,因为英国是经济自由主义的故乡,是"自由贸易"的鼻祖。英国无论是在单边政策还是在多边政策上都比美国开放,所以,美国从自身的特点和国情出发,创造了一个以"自由、平等、人权"为核心的时代价值,也是美国梦的内涵。美国曾经是欧洲持异见人士的避难所与天堂,而"自由、平等、人权"成了人人向往的理念,对全世界来说有极大的吸引力。美国通过创造这个"时代精神",把握了世界大势和历史机遇,一跃成为世界上唯一的超级大国。英国和美国兴衰成败的经验说明把握世界大势,寻找到符合趋势的"时代精神"既能成为崛起的基础,又能给崛

[①] [巴]肖卡特·阿齐兹:《中国与世界双赢》,《世界热议中国》,北京,中信出版社,2013年版,第128—129页。

[②] 习近平:《更好统筹国内国际两个大局,夯实走和平发展道路的基础》,《习近平谈治国理政》,北京,外文出版社,2014年版,第248页。

起国带来莫大的利益。当今世界正在发生深刻变化,但和平、发展、合作、共赢成为时代的主流。要和平不要战争、要发展不要对抗的声音更加强劲,世界各国都在现代化的道路上摸索、前进,经济全球化、世界多极化趋势愈加明显,国际关系民主化的趋势愈加显现,国际力量继续朝着有利于世界和平与发展的方向发展。在这样一种大势下,中国的崛起必须是在合作共赢的框架下谋划,中国把握的时代精神就是中国梦所代表的"自信与复兴"[①]。这种自信与复兴是基于内源的,不是基于扩张的;是合作共赢的,不是炮舰相逼的。因此,中国的发展不是"别人一天一天烂下去,我们一天一天好起来"——在地球村也做不到,而是中国的发展离不开世界,欢迎世界其他国家搭上中国发展的顺风车。总之,中国的发展模式提供了与西方大国完全不同的崛起模式,成功破解了发展中的"零和博弈",开辟了和平发展的新范例。正如历史学家汤因比所说:"恐怕可以说正是中国肩负着不止给半个世界而是给整个世界带来政治统一与和平的命运。"[②]我们坚信,随着中国道路不断发展,其和平崛起模式的世界意义将越来越充分地展现在世人面前。

二、用中国智慧、中国力量推进国际秩序与治理体系变革

任何体系都内含一定的格局与秩序,国际体系也是如此。从世界历史的角度来看,世界体系总是在新崛起的大国与原有体系主导国(或霸权国)之间更迭。随着新兴国家权力的不断增加,它们会寻求改变国家体系与国际规则——这些体系与规则无疑都是按照原有体系主导国及利益相关国的意愿建立的,对体系提出变化的要求必然对原有体系主导国带来挑战甚至威胁。原有体系的主导国及利益相关国就会采取多种方式进行抵制,比如,提高创新能力、增加劳动生产率、削弱挑战国、巩固盟国、减少国际义务等,但是,这些举措往往起不到治本的作用,国际体系倾向于越来越不平衡,这种矛盾的最终解决就是霸权战争。通过战争实现国际体系的重构,在这过程中新崛起大国确立了新的威望等级,重新分配国际体系制定权与投票份额,最终形成更加有利于新崛起大国的体系与规制。人类社会进入现代以后,出现过三

---

① 郑永年:《未来三十年——改革新常态下的关键问题》,北京,中信出版集团,2016 年版,第 197 页。

② [英]汤因比、[日]池田大作:《展望二十一世纪》,荀春生等译,北京,国际文化出版公司,1985 年版,第 282—296 页。

第五章 超越"民族性":中国道路的世界历史意义

次重大事件,导致国际体系的变革。第一次是20世纪初的第一次世界大战,导致18—19世纪世界霸主大英帝国的衰落、第一个社会主义国家——苏联的诞生和美国真正进入大国行列;第二次是20世纪近中叶第二次世界大战,导致美国霸权的崛起与两极格局的对峙,美苏两极格局一直持续了近半个世纪;第三次是20世纪末,东欧巨变、苏联解体,导致了两极格局的解体与美国全球霸权单极世界的全面到来。21世纪之后,特别是2008年国际金融危机之后,传统西方发达国家在全球经济政治中的分量与地位有所下降,而以中国为代表的新兴国家的实力有所增强,这一变化为全世界所关注。如习近平所指出:"新兴市场国家和一大批发展中国家快速发展,国际影响力不断增加,是近代以来国际力量对比中最具革命性的变化。"[1]从世界历史发展的趋势来看,国际体系力量对比发生了重大变化,国际体系就会随着力量的变化而变化。罗伯特·吉尔平提出了国际体系变革的四个阶段:第一阶段,国际体系处于均衡状态,没有国家试图改变。第二阶段,由于实力与权力的增长造成了国际权力的重新分配。第三阶段,权力的重新分配带来了国际体系的失衡。第四阶段,通过战争、对抗等机制,使国际体系解决了危机,重回平衡[2]。吉尔平作为一位现实主义的代表人物,把这种国际体系的复位归于战争手段,从历史的发展来看是可以理解的。传统霸权国家走的都是这条道路,无一例外。

随着中国的发展,中国越来越进入世界舞台的中心,中国的崛起必然对国际体系与国际格局带来深刻影响。因此,中国能否正确把握当前全球治理格局并对自身身份进行科学定位,进而与世界进行深度互动、全面参与全球治理体系,不仅对于世界来说是一个重要的问题,对中国自身发展来说,同样是一个必须解决好的重大现实问题。中国作为最大的发展中国家的崛起在时代背景、制度性质和发展途径等方面都与西方模式存在较大差异,应该以一种新的方式实现国际体系的变革。比如,从时代背景来看,当今时代是和平发展、合作共赢的时代,老殖民主义、新殖民主义等方式已经不得人心,不能继续;从社会制度来看,社会主义制度的规定性决定了不能搞扩张、进

---

[1] 中共中央宣传部:《习近平总书记系列重要讲话读本》,北京,学习出版社、人民出版社,2016年版,第274页。
[2] [美]罗伯特·吉尔平:《世界战争中的战争与变革》,武军、杜建平、松宁译,北京,中国人民大学出版社,1994年版,第10—11页。

行全球争霸；从国情基础来看，世界上最大的发展中国家在发展过程中必须统筹好国内国际两个大局；从发展方式来看，独立自主、和平发展的模式决定了不能重蹈西方霸权国兴衰成败的老路。当前，推动国际政治经济体系朝着更加公正合理方向发展，符合世界各国的普遍需求。在参与国际体系变革的过程中，中国提出了"推进全球治理体系变革"①的理念。习近平指出："我们参加全球治理的根本目的，就是服从服务于实现'两个一百年'奋斗目标、实现中华民族伟大复兴的中国梦。……推动全球治理体制向着更加公正合理方向发展，为中国发展和世界和平创造更加有利的条件。"②治理是个人和制度、公共和私营部门管理其共同事务的各种方法的综合。它既包括正式的制度安排又包括非正式的制度安排。全球治理包括以下特征：一是全球治理是在国际环境下基于建立全球治理机制的；二是全球治理是由多元化和多样性的行为体所构成的，运行过程也相对比较复杂；三是全球治理的方式是沟通、参与、谈判和协调，不是自上而下的单一模式，而是上下互动的多种模式；四是全球治理与国际政治经济秩序之间存在着紧密的联系。秦亚青认为"全球治理本身是一个协商过程，是一个参与和身份重塑的过程"③，只有彻底摒弃霸权观念，以多元的世界观和伙伴的思维方式参与全球治理的实践，建构起一种互认的全球身份认同，才能克服当前的全球治理失灵现象，化解危机。中国要成为现行国际体系的参与者、建设者与贡献者，而不是破坏者、挑战者与冲击者，真正用中国智慧与中国力量推动国际治理体系变革，以更好地反映大多数国家特别是新兴市场国家与发展中国家的意愿与利益诉求。

首先，塑造具有中国话语权的全球治理价值理念。这个理念就是"共商、共建、共享"的全球治理理念。这个理念最初是习近平在2015年中央政治局第27次集体学习中提出来的，旨在为中国参与全球治理体系提供指导。共商，就是由全球不同层次的参与方包括主权国家、国际组织、非政府组织等协商共议，凝聚最大共识；共建，就是发挥各参与治理方各自优势和潜

---

① 习近平：《推进全球治理体制变革是大势所趋》，《人民日报》2015年10月14日第1版。
② 中共中央宣传部：《习近平总书记系列重要讲话读本》，北京，学习出版社、人民出版社，2016年版，第274页。
③ 秦亚青：《全球治理失灵与秩序理念的重建》，载《世界经济与政治》2013年第4期，第4—18页。

能,共同建设并持续加以推进;共享,就是让全球治理体系的成果更多更公平地惠及全球人民与参与方。"共商共建共享"的全球治理理念是有别于西方全球治理理念的。一直以来西方的全球治理理念主要受现实主义影响,崇尚权力,主要领导国追求霸权,对其他地区和国家追求均势。在许多人的眼里霸权国是国际体系平衡的基础,单极世界及其所主导的国际体系是最稳定的,核恐怖平衡下的两极世界及其国际体系也是相对稳定的,而不平衡状态下的多极世界是最不稳定的。20世纪90年代,苏联解体、两极格局崩溃以后,人们期待的多极世界与国际关系民主化的时代并未到来,以美国为首的西方大国始终没有放弃以霸权主义为内涵的"世界领袖"目标,不断牢固其在国际体系中的地位,借助经济与军事的绝对优势建立起不平等的国际政治经济体制,在全球范围内维护自身及其盟友的利益。传统的世界经济组织:WTO、世界银行、国际货币基金组织等都是在它们的意志下建立与运营的,主要反映它们的意愿,维护它们的利益。随着新兴市场国家和第三世界国家的发展,各国普遍都有推动国际治理体系朝着更加公平合理的方向发展的意愿。而中国是世界上最大的发展中国家,在新兴市场国家、金砖国家中首屈一指,中国提出的"共商、共建、共享"的全球治理理念正好符合其他国家的意愿和愿望,能够形成这些国家的一致共识。一方面打消原有体系领导国的疑虑,中国推动国际体系变革不是推倒重来,也不是另起炉灶,而是发展创新,这个发展完善不是只有哪一个国家说了算,而是所有参与方一起协商、谈判,最终达成共识;另一方面在新兴市场国家和发展中国家可以起到领头羊的作用,以和平共商、合作共建、成果共享的理念与方式赢得国际社会的尊重,在与其他国家的深度交流中实现中国新的国际地位与身份的认同,提高中国在世界中的话语权与政治议题主张能力。

其次,完善构建反映中国意愿与利益的全球治理规制。中国参与全球治理,不只是为了维护自身利益、提升话语权与软实力,更要改变现存国际体系不平衡不合理不可持续的局面。当今的国际组织与国际规制都是发达国家把持的,其中发展中国家处于被边缘化的地位。其中美国作为霸权国家、规制的领导国利用美元的全球霸主地位毫不隐瞒地赚取全世界的财富与产品,美国到处借债,却从未想过偿还。美国的霸权是利用不合法的国际体系建立在发展中国家普遍贫穷的基础上的。发展中国家在"中心—半边缘—边缘"

的世界经济体系中越来越滑向边缘，越来越不重要，丝毫没有进入中心的希望。中国拥有悠久的文明，在中国传统文化中，参与全球治理的智慧莫过于"天下为公"，"天下为公"体现着当代国际体系与国际规制改革的内涵与潮流。"天下为公"就是要改变长久以来西方发达国家突出人性贪婪、争斗、扩张的一面，突出它们"天下为私"、自私自利、损公肥私的一面，突出它们只做世界的警察，对别人指指点点而对自己却为所欲为的一面，建立起一种平等、合理、共益的"公天下"的国际体系与格局，为全球治理体系的良性发展创造条件。在创设过程中，一方面，要对现有的进行重构，赋予新的内涵。要维护以联合国宪章宗旨和原则，维护和巩固第二次世界大战胜利成果，在联合国、世界经济三大组织、G20组织中争取更大话语权，发挥应有作用，推动建设和完善区域合作机制，加强国际社会在应对全球性问题上的合作与能力。另一方面，要提出具有中国特色和风格的新构想。比如，近年来中国提出"一带一路"倡议、金砖国家新开发银行、亚洲基础设施投资银行等国际机制创建，是"源于中国而属于世界"的制度设计贡献。这些都是全球治理的"中国方案"，很好地反映了中国参与国际体系治理的思想与理念，得到了许多国家特别是发展中国家的好评和积极参与，使中国智慧与中国力量在建构世界新秩序中发挥日益重要的作用，使通过制度创新追求和平、公正、民主、进步的非西方"因素"越来越具有现实性。

三、在打造"人类命运共同体"中实现合作共赢

2015年9月，习近平在联合国发表演讲时提出了"打造人类命运共同体"[①]的重大命题。这一重大命题的提出是把握世界历史趋势，推动社会主义发展的必然要求，是近代以来在对中华民族主体性全面认可基础上的超越，是中华传统文化对全球治理的巨大贡献。首先，马克思世界历史理论认为，随着生产力水平的不断提高与人们交往方式的不断丰富，人类社会将越来越紧密地连接成一个整体。虽然马克思从阶级立场出发，主要从无产阶级世界历史性的角度揭示了同阶级的"共同性"与"共同体"的问题，更多地强调无产阶级革命的世界历史意义，由于当时主客观的历史局限性，他没有

---

① 中共中央宣传部：《习近平总书记系列重要讲话读本》，北京，学习出版社、人民出版社，2016年版，第274页。

第五章 超越"民族性":中国道路的世界历史意义

论述在世界历史的第一阶段,社会主义国家与资本主义国家长期并存与共同发展的问题,但是,蕴含在其共产主义社会中"自由人的联合体"思想就是今天我们提出"人类命运共同体"的终极目标。两者之间最大的不同在于处于共产主义社会中,人类已经没有了阶级、国家与民族,"每一个人是其他一切人自由发展的条件",全人类成为一个真正的自由、平等、民主、和谐的共同体,那是对种族、属性、阶级、地域等一切阻碍人的自由和全面发展关系的真正超越和一切矛盾的彻底解决;而处于资本主义世界体系中的社会主义初级阶段,为了适应全球化潮流,推动社会主义的发展,必须要以相互依存、休戚与共的理念,暂时摒弃阶级矛盾与阶级冲突,打造人类命运共同体,构建以合作共赢为核心的新型国际关系。其次,近代以来,中国人民与中华民族受到了来自西方列强的欺负与凌辱,民族国家主体性丧失,中华民族的认可度跌入最低点,随时都有被"开除球籍"的危险。中国道路的开辟与走出,使中国人民和中华民族重新找回了民族自尊与自信,看到了实现民族复兴的希望,也在世界范围内重建了民族主体地位。特别是20世纪70年代末以来,随着中国的不断发展壮大,中国成功的案例越来越被他国所津津乐道,成功的经验越来越被他国所模仿。回顾这100多年的历史,中国逐渐从一个被看不起、被忽视、被遗忘的民族国家一跃成为后发展国家的典范,成为令人钦佩和羡慕的国家,其民族主体地位再次被尊重、被重视。在这种状况下,中国没有膨胀,没有狂热地发泄民族主义,没有像西方发达国家那样"己所不欲,强加于人",而是超越了自身的民族主体性,站在人类主体的高度,思考人类面临的共同问题,"人类命运共同体"的概念应运而生。再次,中华传统文化中关于"天人合一""世界大同""和为贵"的思想根深蒂固,更有"穷则独善其身,达则兼济天下"的治理理念和处世哲学。在这样一个地球村中,面对全球性挑战,没有哪一个国家可以置身事外、独善其身,国际社会日益成为一个你中有我、我中有你的命运共同体。中国希望通过自身的发展为世界其他国家的发展(特别是发展中国家的发展)创造良好的条件和契机,并在世界总体发展的环境中发展自己,欢迎别国搭中国的顺风车。

中国提出的人类命运共同体这一全球价值观包含了推动与各方关系的全面发展:构建健康稳定的新型大国关系,以"亲、诚、惠、容"的理念稳定周边关系，以"真、实、亲、诚"的理念发展与非洲为代表的发展中国家关系。涵盖了政治、安全、经济、文化与环境五大方面。包括政治上建立平等相待、互商互谅的伙伴关系；安全上营造公道正义、共商共建共享的安全格局；经济上谋求开放创新、包容互惠的发展前景；文化上促进和而不同、兼收并蓄的文明交流；环境上要构筑尊崇自然、绿色发展的生态体系。人类命运共同体概念的提出表明在中国和平发展的过程中彻底摒弃了西方现实主义所鼓吹的权力决定论、国强必霸论与大国均势论，站在全人类的高度，用新的主张和理念来看待和思考国际政治与关系问题。建构主义大师亚历山大·温特认为国际社会中无政府状态并不像传统的现实主义者所宣称的是与生俱来的"经验事实"，而是"国家造就的"[1]，实际上这种无政府文化是在国与国之间通过交流与互动的过程中建构起来的"共同知识"。温特把无政府文化分为三种：霍布斯文化、洛克文化与康德文化。如果国家间建构起的共同知识是国家可以自治，也可以被消灭，而国与国之间是彼此竞争并互不承认生存权的敌人，这种国际体系就处在一种霍布斯文化状态；如果建构起的是国家既可以自治，又可以彼此竞争，但是不能被消灭，这时国与国之间就会相互承认主权，这种国际体系就处在一种洛克文化状态；如果建构起的是国家之间相互友好，彼此合作，可以共同面对机遇与挑战，这种国际体系就处在一种康德文化状态。中国在发展过程中，期望能以积极的心态与其他国家建构起一种"人类命运共同体"的"共同知识"，达到康德所提出的"世界公民"与世界主义的状态，真正走出一条"对话而不对抗，结伴而不结盟"的国与国交往新路。

在打造人类命运共同体的过程中，中国同样也不能抛弃底线思维。要把美好理念与最坏打算有机结合起来。当今世界，依然是现实主义、"丛林法则"占主流，依然是靠实力与权力说话，依然是弱肉强食的不平等社会。中国作为一个发展起来的新兴大国，其崛起必然会给原有大国带来焦虑、恐慌，必然会对现有的国际政治经济秩序与国际体系带来冲击。原有大国及其同盟国从自身利益出发，都具有抵触、阻止、削弱新型大国的动机与意愿。而在这一过程中，崛起中的中国容易与守成大国以及周边国家发生冲突与摩

---

[1] Alexander Wendt, "Anarchy Is What States Make of it: The Social Construction of Power Politics", *International Organization*, Vol.46. No.2, 1992, pp.391–425.

擦。如埃弗拉在研究战争产生的原因中提出："当国家的相对力量对比发生剧烈变化时，也就是说，当机会与弱点的窗口都比较大时，战争更有可能爆发。"①所以一方面，中国提出自身的和平发展方式与"共商、共建、共享"的全球治理理念，打造人类命运共同体；另一方面，中国也着眼底线思维，不断增强自身的硬实力与软实力，在和平发展过程中坚决维护国家的核心利益，维护自身的领土主权和正当合理的海洋权益，既要用和平谈判的方式解决争端和分歧，又要做好应对复杂态势和局面的各种准备。习近平指出："任何外国不要指望我们会拿自己的核心利益做交易，不要指望我们会吞下损害中国主权、安全、发展利益的苦果。"②

总之，中国作为一个超大型国家的崛起是必然的，是历史的趋势，而崛起的过程也必将是曲折的，甚至是艰难的。张维为把中国的崛起称为"一个文明型国家"③的崛起，是"超大型人口规模、超广阔疆域国土、超悠久历史传统与超丰富文化积淀"国家的和平崛起。这种超大型国家的崛起是不能依靠对外扩张或输出的方式的，任何一个国家或地区都支撑不了中国的崛起。中国的崛起只能是从内部寻找动力与力量，而中华民族伟大复兴的战略目标无疑点燃了全民族奋起直追、实现赶超的熊熊火焰，激发中国人民在实现民族国家价值的同时实现全人类的共同价值，在实现中国崛起的过程中，推动世界和平与发展大业。

---

① ［美］斯蒂芬·范·埃弗拉：《战争的原因》，何耀译，上海，上海人民出版社，2007年版，第3页。
② 中共中央宣传部：《习近平总书记系列重要讲话读本》，北京，学习出版社、人民出版社，2016年版，第272页。
③ 张维为：《中国超越——一个"文明型国家"的光荣与梦想》，上海，上海人民出版社，2014年版，第143页。

结 束 语

马克思世界历史理论从提出到今天已经有170多年了,但其理论基础依然没有过时,其蕴含的方法论价值依然熠熠生辉。中国道路的马克思世界历史意蕴主要体现在以下三个方面:一是马克思世界历史理论所阐明的世界历史发展阶段理论,即从历史向世界历史转变以来,由资本主义世界历史向共产主义(社会主义)世界历史转变一般规律,为中国特色社会主义道路指明了方向,这个方向就是科学社会主义方向,而不是其他;二是马克思世界历史理论所揭示的世界历史发展的不平衡理论,即在资本主义世界历史中存在世界历史的主导国(中心国家)与非主导国(边缘国家)之间不平衡的世界体系,为中国特色社会主义利用"资本逻辑"发展自己,走中国特色社会主义道路,提高自身在资本主义世界历史中的主导权和话语权提供了理论支撑;三是马克思世界历史理论所表现出的一种超越民族狭隘性与地域局限性的"世界历史眼光",为中国特色社会主义道路在发展过程中正确处理好"一般与特殊""民族与世界"的关系,正确认识社会主义是"世界历史性事业",中国特色社会主义具有"民族性、时代性"提供了辩证思维与历史视角。

恩格斯说过:"一个民族要想站在科学的最高峰,就一刻也不能没有理论思维。"[1]纵观中国道路源起、开辟与发展的历史,马克思主义作为中国革命、建设和改革的指导思想,是历史的选择、人民的选择,是其科学真理性与中国国情相契合的历史必然性使然。回顾历史,一个国家的起起落落通常是以百年为单位,而一个文明的兴衰成败通常是以千年为计量。中华民族,一个经历过沧桑与辉煌的民族;中华文明,一个历经5000多年风雨洗涤和历史沉淀的文明。之所以自近代以来能够通过一百多年的时间由迅速衰落到激

---

[1] 《马克思恩格斯文集》第9卷,北京,人民出版社,2009年第1版,第437页。

励奋起、从根本上扭转命运，主要归功于两种力量：第一种是真理的力量，即马克思主义的思想指导；第二种是先进政党的力量，即用马克思主义武装起来的中国共产党的领导。当无产阶级政党夺取政权之后，一段时间内我们对"什么是社会主义、如何建设社会主义"的根本问题认识不清，不能用辩证的眼光看待最高纲领与最低纲领，要么用最高纲领否定最低纲领——用共产主义或发达社会主义的特征否定处于初级阶段社会主义的政策策略；要么用最低纲领否定最高纲领——沉迷于社会主义市场经济的工具理性和交换原则中不能自拔，忘记初心与最终目标。这些都反映出我们对马克思世界历史理论理解不深、钻研不透，当经济全球化，世界多极化浪潮汹涌而至，当西方主导国"新自由主义""华盛顿共识"的思潮铺天盖地，当发展中国家"依附理论""世界体系理论"等反思弥漫国内，如果我们没有坚定的理论基石，我们就会受到影响，就容易站不稳脚跟，容易摔倒。改革开放以来，中国共产党一直强调要有"世界眼光"和"历史视野"，但如果没有对马克思世界历史理论的真正弄懂弄通，那这些就都只是停留在表面，一碰到大风大浪就看不清，一遇到现实问题就解决不了，以致在解释"中国道路""中国模式""中国经验""中国方案"上落后于西方资本主义的理论体系，把握不住自身的话语权；在中国道路的未来走向上瞻前顾后、左顾右盼、踟蹰不前。可以说，马克思世界历史理论是解决这些问题的正确药方，是中国通向未来社会主义现代化的一把钥匙。"不走封闭僵化的老路，不走改旗易帜的邪路！""我们走的是中国特色社会主义道路！"——中国共产党的声音震耳发聩！

  发展着的实践需要发展着的理论作为指导。马克思世界历史理论的当代价值永远有待挖掘，比如，世界历史的基本问题及其意义、世界历史中民族国家与社会主义的关系、世界历史时间与各民族国家的进入、超越"西方中心"论的方法与逻辑等问题都需要学术界进一步探讨。本书的研究是对马克思世界历史理论当代价值与中国道路相结合的一种尝试，期望用一种新的框架，一种真正的马克思主义视角分析，研究中国道路与发展问题，并以此抛砖引玉，期待学术界更深层次的研究与更有分量的成果。

后 记

时光荏苒，至这本专著付梓之际已是3年有余。回想1200多个日夜，时而陷于书海，时而敲字噼啪，时而踱步来回，时而苦思冥想，多少个不眠之夜，多少个夜晚从梦中惊起而留下思想火花……但是"痛并快乐着"！越来越丰满的文字就如同自己一天天长大"孩子"，顿感人生的意义与价值！此时想起王国维的"治学三境界"："'昨夜西风凋碧树。独上高楼，望尽天涯路'，此第一境也。'衣带渐宽终不悔，为伊消得人憔悴'，此第二境也。'众里寻他千百度，蓦然回首，那人却在灯火阑珊处'，此第三境也。"忽觉顿悟。虽力不能及，但心向往之！此作虽小，但字字发自肺腑，不吐不快！时至今日，自己读起来依然觉得慷慨激昂！有人说人生是一场修行，能在修行中留下自己的一些感悟与心得真是一种幸事！

感谢我的导师张明之教授。张教授是"学高为师，身正为范"的楷模！他为人的谦和、治学的严谨、学术的高深、诲人不倦的态度都是我学习的榜样！还要感谢南京政治学院的何怀远教授、姜延军教授、卢继元教授、杜人淮教授、仲彬教授、赵学清教授、蒋建新教授、杨宁教授，江苏省哲学社会科学界联合会的张浩瀚教授，南京师范大学的蒋伏心教授，海军指挥学院的李铁民教授、张依江教授、宋联江教授、段廷志教授、杨占营教授、高子川教授、谌力讲师、宋国鹏讲师、韦政讲师、王永强博士、王喜国博士、张红博士等关心帮助我的师长和朋友们，没有你们，我在写作中会走更多的弯路。

感谢谌力讲师为这本书的完成付出的辛勤劳动并在工作上给予我诸多帮助支持！

感谢李铁民教授为这本书作序并一直以来对我关心与帮助！

特别感谢我的妻子、父母，多年的写作和繁忙的工作使我对家庭关心不够。是他们悉心照料咿呀学语的儿子，让我远离琐事、安心写作。儿子与本书的文字一样不断长高,当这本书出版时,儿子都要上小学了。也要感谢儿子,他是我的精神支柱与动力源泉,一看到他,我就信心百倍,烦扰尽扫;一想到他,我就加倍工作,力求当好榜样!

学无止尽,研无终点。这本专著所表现出来的可圈可点的地方都有上述人等的功劳,所有的错误、缺陷都应由我一个人承担,我将再接再厉把本书研究的问题引向深入,期望取得新的成果。

吴迪明

二〇一九年六月

参 考 文 献

（一）普通图书

[1]《马克思恩格斯文集》第 1—10 卷，人民出版社 2009 年版。

[2]《马克思恩格斯选集》第 1—4 卷，人民出版社 1995 年版。

[3]《马克思恩格斯全集》第 7 卷，人民出版社 1959 年版。

[4]《马克思恩格斯全集》第 9 卷，人民出版社 1961 年版。

[5]《马克思恩格斯全集》第 12 卷，人民出版社 1998 年版。

[6]《马克思恩格斯全集》第 16 卷，人民出版社 2007 年版。

[7]《马克思恩格斯全集》第 19 卷，人民出版社 1963 年版。

[8]《马克思恩格斯全集》第 21 卷，人民出版社 2003 年版。

[9]《马克思恩格斯全集》第 25 卷，人民出版社 1974 年版。

[10]《马克思恩格斯全集》第 26 卷，人民出版社 1974 年版。

[11]《马克思恩格斯全集》第 32 卷，人民出版社 1974 年版。

[12]《马克思恩格斯全集》第 34 卷，人民出版社 2008 年版。

[13]《马克思恩格斯全集》第 42 卷，人民出版社 1979 年版。

[14]《马克思恩格斯全集》第 46 卷（上册），人民出版社 1979 年版。

[15]《马克思恩格斯全集》第 46 卷（下册），人民出版社 1980 年版。

[16]《马克思恩格斯全集》第 47 卷，人民出版社 2004 年版。

[17]《卡尔·马克思历史学笔记》，中国人民大学出版社 2005 年版。

[18]《马克思古代社会史笔记》，人民出版社 1996 年版。

[19]《列宁选集》第 1—4 卷，人民出版社 1995 年版。

[20]《毛泽东选集》第 1—4 卷，人民出版社 1991 年版。

[21]《毛泽东文集》第 5 卷，人民出版社 1999 年版。

[22]《毛泽东文集》第8卷,人民出版社1999年版。

[23]《邓小平文选》第2—3卷,人民出版社1993年版。

[24]《十二大以来重要文献选编》,中央文献出版社2011年版。

[25]《十三大以来重要文献选编》,中央文献出版社2011年版。

[26]《十四大以来重要文献选编》,中央文献出版社2011年版。

[27]《十五大以来重要文献选编(上)》,人民出版社2000年版。

[28]《十七大以来重要文献选编》,中央文献出版社2013年版。

[29]《十八大以来重要文献选编(上)》,中央文献出版社2014年版。

[30]《十八大以来重要文献选编(中)》,中央文献出版社2016年版。

[31]《决胜全面建成小康社会 夺取新时代中国特色社会主义伟大胜利——在中国共产党第十九次全国代表大会上的报告》,人民出版社2017年版。

[32]习近平:《习近平谈治国理政》,外文出版社2014年版。

[33]习近平:《习近平谈治国理政》(第二卷),外文出版社2016年版。

[34]中共中央宣传部:《习近平总书记系列重要讲话读本》,学习出版社、人民出版社2016年版。

[35]习近平:《习近平关于实现中华民族伟大复兴的中国梦论述摘编》,中央文献出版社2013年版。

[36]陈云年谱(1905—1995)上中下卷,中央文献出版社2000年版。

[37]卢森堡:《资本积累论》,三联书店1959年版。

[38]维科:《新科学》,人民文学出版社1986年版。

[39]托夫勒:《未来的冲击》,中信出版社2006年版。

[40]沃勒斯坦:《现代世界体系》第1—4卷,社会科学文献出版社2013年版。

[41]沃尔什:《历史哲学——导论》,广西师范大学出版社2001年版。

[42]黑格尔:《历史哲学》,上海世纪出版集团2001年版。

[43]叶险明:《马克思世界历史理论与现时代》,清华大学出版社2006年版。

[44]叶险明:《世界历史理论的当代构建》,中国社会科学出版社2014年版。

[45]赵士发:《世界历史和经济发展》,人民出版社2006年版。

[46] 曹荣湘：《马克思世界历史理论与当代全球化》，中央编译出版社 2006 年版。

[47] [英] R.G. 柯林武德：《历史的观念》，中国社会科学出版社 1986 年版。

[48] 汤闯新：《大国竞争决定世界变局》，上海书店出版社 2015 年版。

[49] [日] 望月清司：《马克思历史理论的研究》，北京师范大学出版集团 2009 年版。

[50] [英] E.H. 卡尔：《历史是什么？》，商务印书馆 2008 年版。

[51] [英] 阿诺德·约瑟夫·汤因比：《文明经受着考验》，浙江人民出版社 1998 年版。

[52] [英] 安东尼·吉登斯：《资本主义与现代社会理论》，上海译文出版社 2013 年版。

[53] [英] 安东尼·吉登斯：《第三条道路：社会民主主义的复兴》，北京大学出版社 2000 年版。

[54] [英] 安东尼·吉登斯：《现代性的后果》，译林出版社 2000 年版。

[55] [美] 华尔特·惠特曼·罗斯托：《经济成长的阶段——非共产党宣言》，《从第七层楼上展望世界》商务印书馆 1973 年版。

[56] 丰子义：《走向现实的社会历史哲学——马克思社会历史理论的当代价值》，武汉大学出版社 2010 年版。

[57] [德] 乌尔里希·贝克：《什么是全球化》，华东师范大学出版社 2008 年版。

[58] [德] 乌尔里希·贝克：《全球化与中国》，中央编译出版社 2000 年版。

[59] 俞可平：《全球化时代的"马克思主义"》，中央编译出版社 1998 年版。

[60] 国际货币基金组织：《世界经济展望》，中国金融出版社 1997 年版。

[61] 关立新、王博、郑磊：《马克思"世界历史"理论与经济全球化指向》，中央编译出版社 2013 年版。

[62] [美] 罗兰·罗伯森：《全球化社会理论与全球文化》，上海人

民出版社 2000 年版。

[63] [英] 戴维·赫尔德等：《全球大变革——全球化时代的政治、经济与文化》，社会科学文献出版社 2001 年版。

[64] [美] 阿里夫·德里克：《后革命氛围》，中国社会科学出版社 1999 年版。

[65] 丰子义、杨学功：《马克思"世界历史"与全球化》，人民出版社 2002 年版。

[66] 罗荣渠：《现代化新论》，华东师范大学出版社 2013 年版。

[67] 冯天瑜：《中华文化史》，上海人民出版社 1980 年版。

[68] 李建国编：《中国模式之争》，中国社会科学出版社 2013 年版。

[69] 中国社科院国际中国学研究中心：《中国道路的现实与未来》，中国社会科学出版社 2013 年版。

[70] 魏礼群等：《从经济大国迈向经济强国》，人民出版社 2015 年版。

[71] 上海金融与法律研究院：《重新解释中国：隐忧与出路》，上海三联书店 2013 年版。

[72] 张文显：《二十世纪西方法哲学思潮研究》，法律出版社 1996 年版。

[73] 欧阳康：《中国道路——思想前提、价值意蕴与方法论反思》，中国社会科学出版社 2013 年版。

[74] 王辉耀：《中国模式——海外看中国崛起》，凤凰出版社 2010 年版。

[75] 郑永年：《未来三十年——改革新常态下的关键问题》，中信出版社 2016 年版。

[76] 张远新等：《中国特色社会主义道路的多位透视》，上海社会科学院出版社 2012 年版。

[77] 李玲瑶：《透视美国解读中国——山坡上的中国经济》，北京大学出版社 2010 年版。

[78] 秦亚青：《国际关系理论：反思与重构》，北京大学出版社 2012 年版。

[79] 李铁映：《论民主》，人民出版社、中国社会科学出版社 2001

年版。

［80］［美］徐中约：《中国近代史》，世界图书出版公司2008年版。

［81］［德］洛维特：《世界历史与救赎历史——历史哲学的神学前提》，三联书店2002年版。

［82］［美］吉尔伯特·罗兹曼：《中国的现代化》，上海人民出版社1989年版。

［83］［美］费正清：《美国与中国》，商务印书馆1989年版。

［84］梁启超：《梁启超史学论著四种》，岳麓书社1998年版。

［85］孙中山：《孙中山全集（第1卷）》，中华书局1981年版。

［86］孙中山：《孙中山选集》（上卷）（下卷），人民出版社2011年版。

［87］章太炎：《章太炎政论选集（上册）》，中华书局1977年版。

［88］郭湛波：《近五十年中国思想史》，上海古籍出版社2005年版。

［89］谢立中、孙立平：《二十世纪西方现代化理论文选》，上海三联书店2002年版。

［90］严中平：《中国近代经济史统计资料选辑》，科学出版社1955年版。

［91］中国共产党党史研究室：《中国共产党党史（第二卷1949—1978）上册》，中央党史出版社2011年版。

［92］高放等：《科学社会主义的理论与实践》，中国人民大学出版社2009年版。

［93］沈志华、李丹慧：《战后中苏关系若干问题研究：来自中俄双方的档案文献》，人民出版社2006年版。

［94］逄先知、金冲及：《毛泽东传（1949—1976）》，中央文献出版社2011年版。

［95］［美］保罗·肯尼迪：《大国的兴衰：1500—2000年的经济变迁与军事冲突》，国际文化出版公司2006年版。

［96］农业部办公厅：《农业集体化重要文件汇编（1949—1957）（上）》，中共中央党校出版社1981年版。

［97］［阿］洛丽塔·纳波利奥尼：《中国道路——一位西方学者眼中

的中国模式》，中信出版社2013年版。

［98］［法］萨米尔·阿明：《自由主义病毒/欧洲中心论批判》，社会科学文献出版社2004年版。

［99］［美］罗伯特·吉尔平：《国际关系政治经济学》，上海世纪出版集团2014年版。

［100］［美］罗伯特·吉尔平：《世界政治中的战争与变革》，上海人民出版社2007年版。

［101］姚洋：《中国道路的世界意义》，北京大学出版社2011年版。

［102］［美］布热津斯基：《大失败——二十世纪共产主义的兴亡》，军事科学出版社1989年版。

［103］［美］布热津斯基：《大棋局》，上海世纪出版集团2014年版。

［104］［德］柯武刚、史漫飞：《制度经济学——社会秩序与公共政策》，商务印书馆2002年版。

［105］王绍光：《中国·治道》，中国人民大学出版社2014年版。

［106］［德］迪特·森哈斯：《文明的内部冲突与世界秩序》，新华出版社2004年版。

［107］［英］梅扎罗斯：《超越资本——关于一种过渡理论（下）》，中国人民大学出版社2003年版。

［108］［美］布兰克·米兰诺维奇：《世界的分化——国家间和全球不平等的量度研究》，北京师范大学出版社2007年版。

［109］张维为：《中国超越》，上海人民出版社2014年版。

［110］张维为：《中国震撼》，上海人民出版社2011年版。

［111］张维为：《中国触动》，上海人民出版社2012年版。

［112］张维为等：《中国道路和中国梦》，学习出版社2015年版。

［113］高放、李景治、蒲国良：《科学社会主义理论与实践（第五版）》，中国人民大学出版社2009年版。

［114］［美］约翰·米尔斯海默：《大国政治的悲剧》，上海世纪出版集团2008年版。

［115］［巴西］肖卡特·阿齐兹：《中国与世界双赢》，《世界热议中国：寻找共同繁荣之路》，中信出版社2013年版。

[116] 郑永年:《未来三十年——改革新常态下的关键问题》,中信出版集团 2016 年版。

[117] [英] 汤因比、[日] 池田大佐:《展望二十一世纪》,国际文化出版公司 1985 年版。

[118] [美] 斯蒂芬·范·埃弗拉:《战争的原因》,上海人民出版社 2007 年版。

[119] 贺新元:《中国道路》,福建人民出版社 2014 年版。

[120] [德] 马克思·韦伯:《文明的历史脚步——韦伯文集》,上海三联书店 1988 年版。

[121] [美] 斯塔夫里亚诺斯:《全球分裂——第三世界的历史进程》上下册,商务印书馆 1995 年版。

[122] [波兰] 耶日·托波尔斯基:《历史学方法论》,华夏出版社 1990 年版。

[123] [法] 米歇尔·博德:《资本主义史 1500—1980》,东方出版社 1986 年版。

[124] [美] 爱德华·麦克诺尔·伯恩斯、菲利普·李·拉尔夫:《世界文明史》第 1—3 册,商务印书馆 1990 年版。

[125] [法] 阿尔芒·马拉特:《世界传播与文化霸权》,中央编译出版社 2001 年版。

[126] [英] 约翰·汤林森:《文化帝国主义》,上海人民出版社 1991 年版。

[127] [巴西] 特奥托尼奥·多斯桑多斯:《帝国主义与依附》,社会科学文献出版社 1999 年版。

[128] [德] 马克思·韦伯:《民族国家与经济政策》,三联书店 1997 年版。

[129] [美] 斯科特·戈登:《控制国家》,江苏人民出版社 2001 年版。

[130] [美] 保罗·肯尼迪:《大国的兴衰》(上下),中信出版社 2013 年版。

[131] [法] 费尔南·布罗代尔:《文明史》,中信出版社 2014 年版。

[132] 杨筱刚:《马克思主义:"硬核"及其剥取》,人民出版社 2006

年版。

［133］黄树东：《大国兴衰》，中国人民大学出版社2012年版。

［134］丁学良：《辩论"中国模式"》，社会科学文献出版社2011年版。

［135］［美］约翰·鲁尔克：《世界舞台上的政治》，白云真、雷建峰译，世界图书出版公司2012年版。

［136］Hsin-pao Chang, Commissioner Lin and the Opium War（Cambridge, Mass,1964）.

［137］Kwang-chingLiu,"British-Chinese Steamship Rivalry in China,1873-1885," in C.D.Cowan（ed.）,The Development of China and Japan（London,1964）.

［138］Li Chien-nung,The Political History of China,1840-1928（New York,1956）,ed.and tr.by S.Y. Teng and J.Ingalls.

［139］Sdomon M,Karmel, Emerging Securities Markets in China：Capitalism with Chinese Characteristics，the China Quarterly，Vol. 140，No.4（December 994）.

［140］Yasheng Huang，Capitalism with Chinese Characteristics：entrepreneurship and the state，New York：Cambridge University Press，2008.

［141］Peter .L. Berger,"The Uncertain Trinmph of Democratic Capitalism,"Journal of Democracy 3（July 1992）,3.

［142］Sara Bongiorni,A Year Without "Made in China":One Family's True Life Adventure in the Global Economy,Hpboken,NJ:John Wiley&Sons,2007.

（二）学位论文

［143］刘招明.从世界历史到全球化——马克思的世界历史理论及当代拓展［D］.［博士学位论文］.长春：吉林大学哲学社会学院，2009.

［144］马武刚.马克思世界历史理论与中国社会主义［D］.［博士学位论文］.天津：天津师范大学，2008.

［145］唐宏.论经济全球化与当代中国的历史选择［D］.［博士学位论文］.西安：陕西师范大学，2008.

［146］李江新.关于"中国模式"若干问题的理性审视［D］.［博士学位论文］.南京：南京大学，2012.

[147] 毛德儒. 中国模式兴起的逻辑［D］.［博士学位论文］. 北京：中央党校，2008.

[148] 刘爱武. 国外中国模式研究评析［D］.［博士学位论文］. 石家庄：河北师范大学，2008.

[149] 倪娜."世界历史"与全球化问题［D］.［博士学位论文］. 长春：吉林大学，2004.

（三）期刊析出文献

[150] 胡为雄. 马克思的"世界历史"理论与"世界历史"的形成及后果［J］. 江苏行政学院学报，2003（1）.

[151] 马俊峰. 马克思世界历史理论的方法论意义［J］. 中国社会科学，2013（6）.

[152] 杨耕. 马克思世界历史理论的当代意义［J］. 北京社会科学，1994（4）.

[153] 顾红亮. 马克思的世界历史概念及其念义［J］. 学术月刊，1997（11）.

[154] 葛谢飞. 马克思世界历史理论及其对社会主义建设实践的启示［J］. 南京政治学院学报，2013（6）.

[155] 张天勇、戚甜甜. 从马克思世界历史理论看中国道路［J］. 江苏社会科学，2014（6）.

[156] 杨耕. 马克思的社会发展理论研究述评［J］. 北京：中国社会科学，1996（1）.

[157] 吕世荣. 马克思的世界历史思想与经济全球化［J］. 哲学研究，2002（10）.

[158] 薄一波. 关于过渡时期总路线提出问题致田家英的信［J］. 党的文献，2003（4）.

[159] 叶险明. 马克思超越"西方中心论"的历史和逻辑［J］. 中国社会科学，2014（1）.

[160] 伊恩·布雷默. 国家资本主义的蓬勃发展［J］. 北京：国外理论动态，2012，（5）.

[161] 俞可平. 现代化和全球化双重变奏下的中国文化发展逻辑［J］.

学术月刊，2006（4）：2.

［162］吴晓明.论中国的和平主义发展道路及其世界历史意义［J］.中国社会科学，2009，（5）.

［163］秦亚青.全球治理失灵与秩序理念的重建［J］.世界经济与政治，2013（4）.

［164］刘臻.从马克思"世界历史"理论看"中国梦"［J］.武夷学院学报，2013（12）.

［165］赵兴良.马克思主义世界历史理论初探［J］.江西社会科学，2003（1）.

［166］何颖.马克思的世界历史理论［J］.马克思主义研究，2003（2）.

［167］张晓忠.论列宁世界历史理论即全球化思想的三大理论渊源［J］.社会主义研究，2009（1）.

［168］陆剑杰."世界历史"理论的发展和中国现代化道路的选择［J］.宁夏党校学报，2000（5）.

［169］丰子义.马克思"世界历史"思想的方法论意义［J］.北京大学学报：哲学社会科学版，2000（4）.

［170］张爱武.马克思恩格斯关于历史向世界历史转变机制的理论及方法论启示［J］.毛泽东邓小平理论研究，2003（2）.

［171］刘洋.马克思世界历史理论的全球化意蕴［J］.哲学研究，2013（2）.

［172］罗文东.马克思的"世界历史"理论与全球化［J］.中共云南省委党校学报，2002（6）.

［173］贺新元.辩证思维下的"中国道路"解读［J］.马克思主义研究，2013（6）.

［174］王庆五.中国道路、中国模式与中国经验［J］.江苏行政学院学报，2009（3）.

［175］宣兴章.中国道路与中国共产党［J］.当代世界，2010（8）.

［176］朱佳木.从改革开放前后两个时期的历史性质及其相互关系上认识中国特色社会主义道路的内涵［J］.当代中国史研究，2010（8）.

［177］李慎明.八大前后开始的中国特色社会主义道路的探索与当今中

国的发展壮大[J].当代中国史研究,2006(5).

[178]秦刚.中国特色社会主义:道路与理论体系的关系[J].中国特色社会主义研究,2008(1).

[179]陈平.中国道路的本质和中国未来的选择[J].经济社会体制比较,2012(3).

[180]郭万超.论中国道路的五大特性[J].党建 2013(9).

[181]王国敏.关于"中国模式"与中国道路问题的再探讨[J].理论探讨,2014(1).

[182] Rowan Callick, The China Model [J]. The American, 2007, 1 (7)

[183] Joel Andreas, "Changing Colours In China", New Left Review, 2008 Nov./ Dee.

[184]刘志明.中国道路成功的根本原因[J].国外理论动态 2012(1).

[185]薛俊强.超越"资本逻辑":共产主义的历史承诺[J].西南大学学报,2015(5).

[186]禚丽华、孔扬.从马克思的两种世界历史视野看中国特色社会主义道路选择[J].东北师范大学学报,2015(2).

[187]王仕国.邓小平对马克思世界历史理论的丰富、拓展与实践[J].江西社会科学,2015(2).

[188]刘明国.二十一世纪中国道路的选择[J].改革与战略,2015(2).

[189]李健、孙代尧.关于中国道路和前途的四种"主义"辨析——以源流关系为视角[J].毛泽东邓小平理论研究,2015(2).

[190]项佐涛.黄宗良教授关于苏联模式与中国道路若干问题的看法[J].当代世界与社会主义,2015(2).

[191]张瑞芹.驾驭资本逻辑避免"中等收入陷阱"[J].当代经济探讨,2015(10).

[192]孙德忠、余潇辉.论中国道路的哲学基础及其世界历史意义[J].湖北文理学院学报,2015(9).

[193]田鹏颖.论中国改革开放的世界历史意义[J].马克思主义研究,2015(5).

[194]孙武安.论中国特色社会主义理论体系的建构原则[J].马克思

主义研究, 2015 (3).

［195］白钢. 美国霸权的终结与中国道路的启示［J］. 红旗文稿, 2015 (6).

［196］刘敬东、王淑娟. 破坏与重建：英国之于印度的双重使命——马克思世界历史理论的印度个案［J］. 现代哲学, 2015 (2).

［197］张国荣. 浅析"中国道路"的内涵及其世界性意义［J］. 钦州学院学报, 2015 (1).

［198］田旭明. 实践理性与价值逻辑交汇处的反思："中国道路"的伦理内蕴［J］. 理论探讨, 2015 (1).

［199］薛俊强. 唯物史观视域下的"中国道路"问题的理论辨析［J］. 马克思主义哲学研究, 2015 (1).

［200］张兴国、江敦秀. 现代化视域下的"中国道路"及其世界意义［J］. 学术交流, 2015 (5).

［201］常青. 中国"国家治理体系"与"全球治理体系"统一问题研究导言——中国道路的哲学基础和世界意义［J］. 延边大学学报, 2015 (9).

［202］陈学明. 中国道路对马克思主义的"证实"——论中国道路的马克思主义意义之一［J］. 南京：南京政治学院学报, 2015 (4).

［203］杨耕. 重新理解哲学的职能与马克思主义中国化的实质［J］. 南京：南京政治学院学报, 2015 (1).

（四）报纸文献

［204］胡绳. 关于近代中国与世界的几个问题［N］. 人民日报1990年10月17日.

［205］习近平在庆祝中国共产党成立95周年大会上的讲话.［N］. 人民日报, 2016-7-1 (1).

［206］［俄］季塔连科. 中国找到了一条符合国情的发展道路［N］. 光明日报, 2009-9-16.

［207］习近平. 顺应时代前进潮流促进世界和平发展［N］. 人民日报, 2013-3-24 (1).

［208］习近平. 明者因时而变, 知者随时而制——在博鳌论坛2013年年会上的主旨演讲［N］. 人民日报, 2013-4-8 (1).

［209］习近平．推进全球治理体制变革是大势所趋［N］．人民日报，2015-10-14（1）．

［210］宫敬才．马克思世界历史理论与全球化［N］．光明日报，2000-12-12．

［211］社会主义＋中国民族传统＋国家调控的市场＋现代化技术和管理俄共领袖归纳中国成功公式［N］．参考消息，2004-05-01（1）．

［212］康慨．马克·莱昂纳德：中国在想什么？［N］．东方早报，2008-03-05（C07）．

［213］中国模式源于"中国奇迹"——专访美国布鲁金斯学会中国研究中心主任李成［N］．参考消息，2009-09-17（14）．

［214］世界银行经济学家撰文指出发展中国家无须恐惧中国崛起［N］．参考消息，2005-01-13（1）．

［215］［美］迈克尔·舒曼．为什么我们害怕崛起的中国［N］．参考消息，2011-06-09（14）．

［216］［美］斯蒂芬·哈尔珀中国崛起是否意味战争［N］．参考消息，2011-03-08（14）．